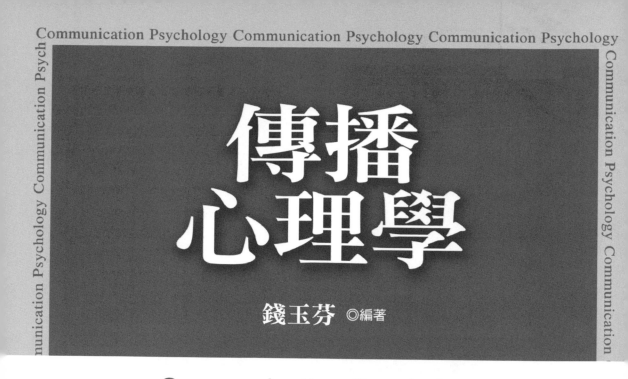

傳播心理學

錢玉芬 ◎編著

Communication Psychology

序

出書的動機很多種，有為增加個人積分、有為升等、有為對當代說話、有為歷史留見證……而我編寫這本書的動機為的只是表達一些感恩情懷。感謝國內的教育體制，把一個家境有點清寒、對未來有點茫然的小鎮女孩，培養成一名傳播博士；感謝心理學界給我六年紮實的訓練，奠定我行為科學研究的基礎；感謝傳播學界讓我用九年時間從容的完成博士學位，形塑我寬廣卻具批判的思考模式。

當一個人知道自己領受的完全是恩典時，所能做與想做的就是回饋，於是想出版一本能結合心理學與傳播研究的專書，就成為我對自己的一項期許，甚至是一項學術使命，因為我曾經在這兩個學術領域中獲得許多造就。

就我所了解的心理學與傳播研究，我發現傳播（或稱溝通）是心理學研究的一項重要現象，而心理學的研究方法是傳播研究所不可或缺的研究途徑，兩者其實是互依的，但卻因單一研究，在論述時有角度與文字上的諸多限制，而使二者少有互動，國內外鮮少有人將兩個關係極為密切的領域做一整合與長期觀察。因此懷著對這兩個領域的熱愛與感恩，我期望本書能為傳播現象系統性地描述心理研究取向，也能為心理學研究擴展更豐富的應用領域。

能對這項自許的學術使命有初步的貢獻，我完全無法一人居功。事實上，本書是多人共同努力的具體結果：2000年政大廣電研究所邀請我開設「傳播心理學」（當時的系主任是黃葳威教授），這是一個開創性的邀約，我在國內外的群書中，找不到適合的教科書，於是我就用一些心理學專有名詞，在十年間傳播研究的相關期刊上，地毯式的蒐尋相關論文，作為第一年課堂上的閱讀材料；第二年、第三年……在每一年的課程中，我就增加當年的新期刊論文；到了第四年，我發現「傳播心理學」教科書的內容骨幹，已經在我腦海中若隱若現，而

且那一年我在課堂上與五位深情、且願意與我一起拓荒的研究生晴華、紹鈞、合清、典嘉、蘭芳相遇，於是我們展開了一個「不可能的任務」──著手撰寫或許是國內外第一本的「傳播心理學」。

撰寫與出版的過程是這樣的：由我事先規劃書中每一章的相關書籍與期刊論文，上課時仔細講解心理學的基本知識，學生報告相關論文的內容，我們細細討論哪些結論值得收錄，哪些觀點有待商榷……我們並且在每一次上課時都錄音，課後再由五個研究生寫成初稿。一學期下來我們發現，有共同、具體的目標，上起課來的收穫遠遠超過想像與過去經驗。當然稿件並不是一拍定案，後來我又得另一些學生之助，逐章地編修文稿……最後，我獲致一份「從天上掉下來的禮物」──家維，同學封他為「Office 小天王」，亦是我見過最細心的一位研究生，他花了一學年的時間逐章逐字地校對，本書才得以送交出版社。在學術界，我不是大師，也沒啥知名度，但感謝威仕曼文化公司的閻富萍小姐，堅定地支持本書出版，讓我看到一個文化人對知識的尊重與熱愛。

不厭其煩的寫出這些過程，為的是讓自己再一次地回味這過程中的溫暖，並讓讀者知道本書不是我一人的功勞，本書是「教學相長」的美事的最佳見證。最後，我要把本書獻給在心理學界與傳播學界曾與我交會過的師長、學長、學生以及我所最親愛的丈夫和孩子們，更願本書一切的果效與榮耀，都歸與愛我極深的神。

錢玉芬　謹識

目　錄

序　i

導　論　傳播心理學的組成要素　1

錢玉芬

前　言　2
第一節　心理學的基本要素　2
第二節　傳播的基本模式　5
第三節　傳播心理學的領域範疇　7

第一部分　大眾傳播的刺激歷程　11

第一章　藏鏡人現形記——傳播者的影響　13

錢玉芬、王晴華、高培修

前　言　14
第一節　傳播領域中的傳播者　15
第二節　藏鏡人現形一：傳播者個人的選擇　18
第三節　藏鏡人現形二：組織的控制　25
第四節　藏鏡人現形三：行業的影響　32
第五節　閱聽人眼中的傳播者　44

第二章　傳播訊息的影響——語文訊息　55

錢玉芬、柳紹鈞、楊舒雁

前　言　56
第一節　語文訊息研究的傳統觀點　57
第二節　訊息與說服　64

第三節　語文訊息中的框架效果　72
第四節　語文訊息的弦外之音　76
結　語　80

第三章　非語文資訊的刺激歷程　83

錢玉芬、江典嘉、陳家樂

前　言　84
第一節　心理學在非語言研究上的主要結論　85
第二節　大眾傳播裡的非語言訊息　97
第三節　應用非語言訊息的訊息設計　106
結　語　語言與非語言──新興的整合　115

第四章　傳播媒體的影響力──你，無所遁形！　119

錢玉芬、嚴蘭芳、范師豪

前　言　120
第一節　傳播媒體的種類　121
第二節　傳播媒體的特性　125
第三節　傳播科技與新媒體　129
第四節　傳播科技對閱聽人的影響　138

第五章　傳播環境對閱聽人的影響力　143

錢玉芬、林合清

前　言　144
第一節　閱聽人的使用動機　145
第二節　他人對閱聽人的影響　147
第三節　文化影響　151
結　語　158

第二部分　閱聽人的內在歷程　161

第六章　化無形爲有形——閱聽人的訊息處理歷程　163

錢玉芬、陳嘉琪、王培倫

前　言　164
第一節　認知心理學與訊息處理模式　165
第二節　感覺與知覺　167
第三節　記　憶　170
結　語　177

第七章　訊息處理的捷徑——談閱聽人認知基模的作用　181

錢玉芬、林合清、陳嘉琪

前　言　182
第一節　認知基模的基本概念　182
第二節　認知基模與新聞節目　187
第三節　認知基模與戲劇節目　191
第四節　認知基模與廣告創意　195
結　語　197

第八章　你是哪種人？——談閱聽人與性格　201

錢玉芬、江典嘉、廖依婷

前　言　202
第一節　心理學的性格議題　202
第二節　傳播研究中的性格議題　210
第三節　研究舉隅：傳播學與心理學的對話　215
結　語　224

傳播心理學

第九章　傳播的緊箍咒(一)──閱聽人的動機　229

錢玉芬、楊晴華

前　言　230

第一節　心理學領域裡的動機研究　230

第二節　傳播領域裡的動機研究　239

第三節　動機在傳播的應用　243

第十章　傳播者的緊箍咒(二)──閱聽人的情緒　249

錢玉芬、楊晴華、楊秀敏

前　言　250

第一節　心理學領域裡的情緒觀點　250

第二節　傳播領域裡的情緒研究　256

第三節　情感的互動對傳播效果的影響　269

第三部分　大眾傳播效果　275

第十一章　無遠弗屆的魅力──媒介效果導論　277

錢玉芬、廖子蔚

前　言　278

第一節　媒介效果研究的軌跡　278

第二節　媒介效果的分類　284

第三節　影響媒介效果的閱聽人活動　288

結　語　293

第十二章　　只要你喜歡，我就可以⋯⋯──態度本質與說服歷程　297

錢玉芬、廖子蔚

前　言　298
第一節　態度的意義與元素　298
第二節　說服與態度改變相關理論　303
第三節　態度、行為意向與行為　308
第四節　諜對諜的說服大戰　310

第十三章　　閱聽人的接收行為　317

錢玉芬、柳紹鈞

前　言　318
第一節　閱聽人的動機、需求與使用滿足　318
第二節　閱聽人到底是主動的還是被動的的訊息接收
　　　　者？　321
第三節　人口特性與閱聽人的收視行為　323
第四節　閱聽人接收行為的研究實例　328

參考文獻　337

一、中文部分　338
二、英文部分　350

導 論

傳播心理學的組成要素

- ☞ 前　言
- ☞ 第一節　心理學的基本要素
- ☞ 第二節　傳播的基本模式
- ☞ 第三節　傳播心理學的領域範疇

前　言

　　傳播（communication）是心理學研究的一項重要課題，而心理學又是傳播研究的一項重要的研究途徑。由於學術研究的分工漸趨細微，使得心理學與傳播都各自擁有一片絢麗多彩的研究天空，但卻少有互動，甚至少有人將兩個關係極為密切的領域做一長期的觀察與整合。本書的主要目的便是基於上述的學術使命感，期望能蒐尋兩領域中關係密切的相關研究，一方面為傳播現象建構一具系統性的心理學研究取向，另一方面也為心理學研究擴展更豐富的應用領域。

　　要了解傳播心理學到底涵蓋哪些範疇，需要分別從心理學與傳播等兩門學術領域的基本範疇作為思考的起點。因此，以下的論述將分成三部分：第一部分是介紹心理學的基本要素；第二部分是闡述傳播的基本模式；第三部分則是嘗試從心理學與傳播的基本要素中，釐定傳播心理學的主要範疇。

第一節　心理學的基本要素

　　心理學的定義雖然眾多，但一般皆認為「心理學是一門研究人類行為的科學」，在這個基本定義下，心理學有以下四個基本的組成要素，分別是個體、行為、刺激及反應，以下將分別敘述之。

一、個體（Individual / Organism）

　　誠如心理學的基本定義所言，心理學是一門研究人類行為的科學，開宗明義地便指出心理學的研究對象是人，而且是個體式的人（有別於

集體）。也就是說，心理學的研究結果或所建構的理論，所要應用與推論的基本單位是個人，例如心理學指出，人有成就的需求，這是指每一個個人都有成就的需要，而不是指社會中絕大多數的人有成就的需求。因此，「個體」的概念便成為心理學首要的基本要素。此外，心理學中「個體」也是指有機體（organism），是有生命本體的個人，因此心理學並不論及（也無法論及）怪力亂神等超自然現象。

二、行為（Behavior / B）

心理學既是一門研究人類行為的科學，「行為」便是心理學研究的另一項關鍵的基本要素。在心理學的研究中，行為的定義可以是廣義的，也可以是狹義的。狹義的行為是指人能被直接觀察、測量與記錄的外顯活動，如走路速度、呼吸的頻率、眨眼的次數、心跳、聽力……等；但是人還有許多活動，是肉眼與儀器無法記錄的，如態度的變化、情緒的起伏、動機的強弱……等，都無法以肉眼觀察或科學儀器加以記錄，需要個體自己去體驗、評估，再加以陳述出來，因此心理學所要研究的人類行為，在廣泛的意義中應該包括人的外顯行為與內省活動。

三、刺激（Stimulus / S）

人的行為幾乎都不是空穴來風的自主反應，常常是為了因應環境變化而產生，因此心理學在研究人類行為之際，不可能不對行為的起因加以探究，而行為的起因在研究中常被稱為「刺激」。「刺激」可以來自於外在環境，例如：氣溫、明亮度、顏色、聲音……等，當然「刺激」也可能來自個體的內部，例如：女性的生理期、體內賀爾蒙的變化、胃部痙攣……等，都可能成為刺激來源而影響人的行為反應，如情緒反應或工作績效等。

此外，心理學在論及刺激的概念時，也常根據刺激與反應之關係程

度將刺激分爲有效刺激與潛能刺激。所謂有效刺激是指能夠立即引起個體採取行動的刺激，例如快速奔馳而來的汽車使過馬路的行人快速閃避，這快速奔馳的汽車對行人而言就是有效刺激；而潛能刺激則是指該項刺激對個體的影響不是立即的，但卻會於日後適當的時間或情境中顯出影響的結果，例如個體常於自己成爲父母之後，才發現父母對待自己的方式對自己教養孩子的模式有關鍵的影響力；又如傳播研究中涵化理論（cultivation theory）亦發現，媒體內容對閱聽人的價值觀有長期的影響力存在。父母的對待與媒體的內容，這些刺激可能在當下並無法顯出其影響力的全貌，因此一個刺激對個體會有哪些影響，若不納入長期、潛在的觀點，是無法透視的。

四、反應（Response / R）

當心理學所要研究的人類行爲，是因爲刺激所引發的行爲時，此時行爲就不是全然沒有範圍的，而是要因應於刺激被個體所「選取」的活動，才能視爲是研究者所要觀察的重點，這種被個體所「選取」的活動，在心理學研究中被稱爲「反應」，亦屬心理學研究中的一項基本要素。例如要觀察學生上課是否專心，並不是記錄他上課的所有行爲，而是要觀察學生於老師講課時，所因應的相關活動，所以注視老師的時間長短、埋首寫筆記的次數、東張西望的頻率程度，可能都是相關「反應」，但是學生無意識摸頭髮的次數或偶爾咬筆桿的舉動，可能就不能列爲該研究所要記錄的範圍（當然這其中還是有相當大的個別差異，也許有些人咬筆桿就是不專心的表現）。

總結來看，心理學作爲一門研究人類行爲的科學，在四大基本要素下，人類行爲的另一種更確切的說法是「S-O-R」的歷程，也就是「個體因應內外在刺激而產生的反應」。因此，心理學也可以稱爲是一門「研究 S-O-R 歷程的科學」，「S-O-R」便成爲描述心理學的基本模式。

第二節　傳播的基本模式

　　傳播心理學的另一個重要的學術領域就是「傳播」，Lasswell（1949）曾經為傳播歷程寫下五個 W 的模式，雖說此模式提出的時間年代久遠，近年來，對於傳播模式的探究也已從線性模式（linear model）進入非線性的模式（non-linear model），然而，5W 的傳播歷程仍可代表傳播歷程的基本模式。當傳播心理學要結合傳播與心理學兩個學術領域時，所需要思考的是此二領域最單純簡潔的元素。因此，本書擬仍以此一模式為思考的起點（參考圖 0-1），並逐一解說每一個 W 的意義與範疇。

一、Who

　　是指傳播者，狹義的傳播者是指傳播訊息的個人，但從整體的傳播環境來看，傳播者不能單指傳播訊息的個人，因為傳播訊息的個人會受雇於媒體組織，因此，媒體組織對傳播訊息的個人有著強大的影響力。此外，媒體也不是可以單獨存在，它會有同業的競爭壓力，政府法令的規範以及會受到利益團體的遊說，也就是說，媒體的運作也非常受所有與媒體有關的機構、團體甚至文化所影響，這是屬於傳播行業層面的因素。因此廣義的傳播者應該包括三個層面：

　　1. 個人層面（包括編採人員、消息來源……等）。

圖0-1　傳播歷程的基本模式

資料來源：Lasswell, 1949.

2. 組織層面（指媒體內部的規範、制度、組織文化……等）。

3. 行業層面（包括與媒體有關的機構、社會及文化等環境面向……等）。

二、Says what

是指傳播者所傳遞的訊息。而訊息一般而言又可包括兩大類：

1. 語文訊息：包括傳播訊息中的文字與口語字句，一般人認為語文訊息是最能代表訊息內容的核心，因此有許多的傳播研究常常會用內容分析的方式研究某一類訊息的核心意義。

2. 非語文訊息：非語言訊息在一般人心目中，通常比較容易被忽略，但是不論是心理學或是傳播研究都發現，一則傳播訊息中的非語言訊息常常對訊息的意義有關鍵性的影響力，例如說話時的音調、速度、訊息傳播時的背景音樂，皆有非常重要的影響，是不容忽視的。

三、To whom

是指受訊者或閱聽人，也就是接收訊息的個人。近年來，在傳播領域中，關於閱聽人的研究已多得不可勝數，甚至可以在傳播教育中開成一門課程。然而，心理學是研究人類行為的科學，因此閱聽人的研究也自然能直接轉介心理學的知識、理論，故閱聽人研究這部分是傳播與心理學有最多交集之處，心理學中的基本議題如感覺、知覺、認知、動機、情緒、人格……的特徵與運作原則，皆可直接應用於閱聽人的研究中。

四、By what channel

是指傳遞訊息的各種媒體管道。隨著時代的進步以及多元化資訊社會的來臨，媒體的種類越來越豐富，也越複雜；從報紙雜誌等平面媒體到廣播電視等電子媒體，乃至普及率直線攀升的網路媒體，甚至戶外看板、公車、捷運也都成為重要的媒體。這些媒體幾乎是以鋪天蓋地的氣勢包圍著閱聽人，這些媒體因為呈現訊息的方式與性質不同，因此，當本書要探討傳播歷程中的各種心理現象時，不能忽略因媒體本身的不同性質，而引起的特殊效果。

五、With what effects

是指傳播效果。這是線性的傳播歷程中的最後一站，也是許多傳播者所最關注的。傳播者傳遞出一些訊息，透過性質各異的媒體傳給極具個別差異的閱聽人，最後會產生什麼效果呢？以最直接且簡單的意義來看，傳播效果可以是指閱聽人的態度或行為是否被改變、被傳播訊息說服了。但是，事實上傳播效果的範疇不只這些，它可以從許多不同的面向來加以界定與觀察，例如：從傳播效果發生與持續的時間長短來看，可分為短期或長期效果；再例如：關心閱聽人個人如何受媒體影響與關心社會整體或某個族群如何受媒體影響，此二者所指之傳播效果亦有所不同，一是微觀層次（micro level），另一則是鉅觀層次（macro level）。此外，學界對於傳播效果還有許多不同角度的解說，本書將一一介紹。

第三節　傳播心理學的領域範疇

綜合前二節，分別對心理學與傳播基本模式的簡介，本書認為傳播心理學探究的範疇，可以從結合心理學的 S-O-R 模式與傳播歷程的 5W

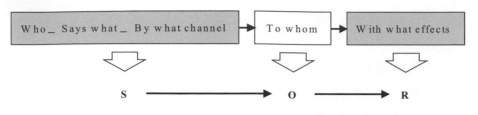

圖0-2　傳播與心理學的彙整模式

模式二者開始（參見**圖0-2**）。

　　若回歸到心理學的模式，且融入傳播歷程的線性模式來看，傳播心理學可以分成三大部分：

一、傳播心理學中的刺激部分

　　可包括5W的前三個W，即傳播者、傳播訊息與傳播媒體。對接受訊息的閱聽人而言，傳播者、傳播訊息與傳播媒體，都是刺激的來源，例如：某個閱聽人一早起來，打開電視（傳播媒體），看××剛鬧過緋聞的新聞主播（傳播者），在評論某位政治人物的桃色新聞（傳播訊息），此時閱聽人不屑的嗤之以鼻，此閱聽人之所以如此反應，絕非僅受傳播者、或傳播媒體、或傳播訊息，單一的刺激因素所影響，而是三個刺激元素共同作用的結果。當然，單一刺激因素也可以影響閱聽人的反應，例如：同樣一則災難消息，電視報導與廣播報導（傳播媒體）所帶出的效果，會截然不同；同一位電視主播報導災難與節慶消息（傳播訊息）也會帶給閱聽人不同的情緒感受。因此，在傳播心理學中，傳播者、傳播訊息與傳播媒體三者，皆是傳播心理歷程中重要的刺激來源。

二、傳播心理學中的個體部分

　　心理學是一門著重個體層次（individual level）的學門。所謂個體層

次，口語化的說法就是個人，而傳播心理學中的個體，指的就是閱聽人個人。當傳播刺激被閱聽人接收時，閱聽人本身的特徵條件與內在歷程都會影響其對傳播刺激的認知與詮釋。這些個人的特徵條件與內在歷程可包括性別、年齡、教育程度……（特徵條件），及認知歷程、基模、感覺與知覺、動機與情緒……（內在歷程）等。例如：同一個電視娛樂節目，在不同教育程度的閱聽人眼中有不同的觀感與評價，此即個體條件不同造成的影響，而不是傳播刺激所造成的。因此，傳播心理學中不能忽略閱聽人個體的特徵條件與內在歷程。

三、傳播心理學中的反應部分

從圖0-2的彙整模式中，可以清楚的看到閱聽人的反應，其實可以呼應到傳播歷程中的傳播效果。因此在傳播研究領域中，舉凡與閱聽人的態度、行為有關的傳播研究，皆可視為是傳播心理學的當然課題，例如：近年來廣告效果的研究，開始重視所謂的負面效果，如閱聽人逃避廣告的行為，相關研究發現閱聽人會藉由轉台或與親友聊天……等方式來逃避接收廣告訊息，這類研究是閱聽人行為面的研究。此外，關於閱聽人態度的研究在傳播領域中，可謂汗牛充棟，自不在話下。故總而言之，所有有關個體層次的傳播效果研究皆是傳播心理學中所應重視的課題。

因此，本書嘗試結合傳播與心理學兩大研究領域，綜合上述的探討，將以心理學S-O-R模式融合傳播歷程的基本模式，分為三大部分：第一部分是傳播的刺激歷程；第二部分是閱聽人的內在歷程；第三部分是傳播效果的反應歷程。期望藉著本書的探討，能夠將心理學與傳播此二重要的研究領域，做一系統性與初探性的論述，期能拋磚引玉，引發學術界與實務界更多先進的討論與指正。

第一部分　大眾傳播的刺激歷程

第一章

藏鏡人現形記——傳播者的影響

— ☞ 前　言

— ☞ 第一節　傳播領域中的傳播者

☞ 第二節　藏鏡人現形一：傳播者個人的選擇

☞ 第三節　藏鏡人現形二：組織的控制

☞ 第四節　藏鏡人現形三：行業的影響

— ☞ 第五節　閱聽人眼中的傳播者

前　言

　　我的一位親戚是位擅長北方麵食料理的廚師。幾年前，他從著名連鎖餐館離職，同嬸嬸兩人在一家醫院附近經營自己的店面。餐廳的菜色是叔叔觀察鄰近商家，和民眾的消費與口味習慣之後做的決定，並且偶爾會配合當季食材推出特別料理，而料理價格的制定則是根據民眾的消費能力和成本。由於長年累積的經驗，叔叔的餐廳一開張就頗受好評，每天都有不少的客人前來光顧。

　　以前去餐廳吃飯，只知道菜好不好吃，從沒想過連一盤炒青菜，都還要考慮用什麼牌子的油、哪家店的蔬菜最新鮮。但自從目睹親戚艱辛的創業歷程後，才知道原來擺在面前的每一道料理，背後都是有故事的，就連裝在什麼樣的盤子裡，都是一番學問呢！

　　傳播跟料理有著異曲同工之妙。坐在家裡，與全球觀眾同步收看正在日本與韓國舉行的世界杯足球賽現況、打開報紙得知中東的最新情勢，你在媒體上看到的訊息內容與呈現方式，就像所吃到的料理，其實都是傳播者經過細心安排，再傳送到閱聽眾面前的媒體真實。你所看到的明星、主播或記者，都只是看得見的傳播者；事實上，還有許多人躲在背後，操控訊息的產出。

　　在本書的第一章，我們就要抽絲剝繭，一一揪出這些沒有浮上檯面的藏鏡人，看看他們是如何不著痕跡地操控我們所接收到的資訊，進而影響我們對真實（reality）的認知。

　　本章內容可以三大部分論述：第一部分是以傳播的角度，於第一節探究傳播領域中對傳播者的定義與傳播者所扮演的角色；緊接著第二部分，則在第二、三、四節中，試著揭示那些隱藏在媒體產製流程背後操弄訊息的藏鏡人之真面目，藉以看清傳播者在刺激歷程中所扮演的角色和影響；第三部分，則在第五節中，以閱聽人的觀點，論述閱聽人眼中

的傳播者到底是什麼模樣，並試著借用傳播與心理學兩個領域的扣連，描繪出傳播者的輪廓。

第一節　傳播領域中的傳播者

　　科技的進步與資訊需求的增加，使得傳播媒體越趨多元與普及。以台灣為例，從 1993 年有線電視法通過以來，有線電視的普及率從 50% 逐年攀升至 1998 年的 80%，也就是說，每五個台灣家庭就有四個裝設有線電視。

　　對這些坐在沙發上輕鬆享用電視大餐的閱聽眾來說，明星、主播、記者與主持人等這些消息來源，就像餐廳那些負責點餐與送上熱騰騰大餐的服務生一樣，似乎是從表面就可以輕易被理解的傳播者。但真的是那麼簡單嗎？其實不然！若你肯走進廚房，你就會知道這箇中的複雜性。

　　餐館廚房講求的是以有限人力，高效率地完成餐食製備與服務，光是這一部門就可區分出切肉房、冷廚房、主廚房、點心房等；工作職稱由上到下，又有行政主廚、行政副主廚、主廚、副主廚、部門領班廚師、廚師、幫廚、學徒等（請參考銘傳在職進修餐旅科網站：http://education.mcu.edu.tw/food/setup/build.htm）。

　　一個電視台的新聞部就像是一個中央廚房的概念，在螢光幕主播背後還有很多記者及工作人員，所有人向外蒐集資料後，再透過編輯等形成一個新聞平台供所有節目使用（黃新生，1994）。

　　以傳播領域的角度，傳播者的內涵可從個人延伸到整個傳播組織，也就是說在新聞產製過程中，從小到一個整點新聞的主播，到大如一家媒體集團的所有工作人員，都是參與新聞訊息製作、運作及傳送的傳播者，也是層層關卡的守門人。社會學家 Wright 就認為，「傳播者（傳播來源）通常是一個傳播組織，或經過組織化的個人」（李金銓，1990）。

　　在國外的研究中也提出類似觀點，Shoemaker（1991）曾提出「守門」

是一種多面向行為的過程，包括了以下五個層次：傳播者個人守門決定、傳播常規影響、組織層級守門行為、社會和機構因素，以及社會系統影響。

　　McQuail（1994）則以五個分析層次來論述大眾媒體組織，分別為：傳播者角色、媒體組織、媒體體制、社會與國際（見圖1-1）。此分析層次又呈現階層關係：傳播者雖享有新聞等職業自由，卻受命於所屬的媒體組織；媒體組織雖主導新聞議題與內涵的設定，卻須受媒體體制的監督與社會輿論的檢視；媒體組織，乃至整個媒體環境，不僅受到市場或政治力量的影響，也受到未付諸文字的社會和文化所左右。

　　在國內，錢玉芬（1998）則更進一步地將傳播者的概念加以擴充，含括在行業面、組織面與個人面等三個範疇裡，並清楚地勾勒出新聞行業社會系統中的傳播者，以及相關的影響因素（見圖1-2）。

1. 所謂的行業面（industrial），是指與新聞相關的具體可見的環境條件，例如：新聞法規與專業組織等等。

圖1-1　McQuail 大眾媒體組織的分析層次

2. 而組織面（organizational），指的是媒體組織中的一些具體的管理制度、措施或新聞政策。

3. 至於新聞從業人員的個人面（individual），則是指新聞從業人員對新聞工作的信念與相關行為等（引自錢玉芬，1998）（見**圖1-2**）。

圖1-2 除清楚顯示傳播者所涵蓋的三個範疇外，更值得注意的是，在整個新聞行業社會系統中，明白揭示新聞的內容與訊息發送的過程，並不單是受到傳播者影響，事實上，訊息呈現的幕後，存在著許多看不見的黑手。

Gurevitch（1994）在《文化、社會與媒體：批判性觀點》中認為，媒體雖然是「社會真實的主要定義者」，卻無法客觀地反映社會真實。這

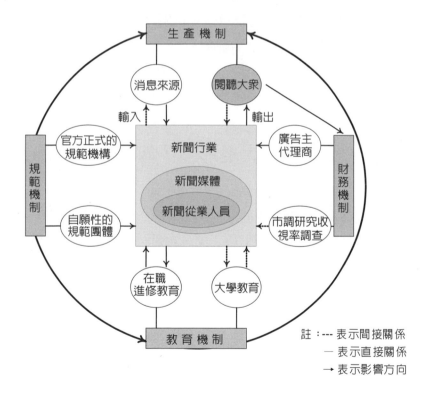

圖1-2　廣義的傳播者概念圖

資料來源：引自錢玉芬，1998，頁165。

是因為媒體僅是社會眾多系統中的一次系統，須與其他次系統相互共存，而所謂的社會真實是在此情形下被共同定義出來。因此，媒體所報導的媒體真實，其實也只能算是部分的社會真實。

DeFleur 和 Ball-Rokeach（1989）從社會系統的互動觀點指出，任何一種大眾媒體與規範體制（legislative bodies）、財務支援系統（financial backers），與媒體內容生產系統的社會角色或社會系統有深切的互動。例如，錢玉芬（1998）從與專家跟社會學者的訪談中發現，傳播或新聞行業必須靠規範體制、財務系統、生產系統，以及教育機制四類社會角色發揮正向的影響力，或是跟它們有良性互動，才能提升或實踐新聞的專業性。

在探討「媒體再現」新聞事件的中介因素時，新聞專業規則、個人價值與社會共識、媒體立場及新聞室控制以及社會、政治、經濟等因素，皆會影響媒體對社會真實的解釋。

所以，從廣義的意義來看，這些社會角色也應該被視為傳播者。下面的章節裡，我們就要讓這些干擾訊息傳送的藏鏡人一一地現出原形。

第二節　藏鏡人現形一：傳播者個人的選擇

下面這個現象萬花筒中的兩則新聞，雖然都是報導旅行社主管涉嫌對女性職員性騷擾的案件，但是〔民視新聞〕選擇偷拍錄影帶的旅行社經理作為主角，來描述其涉嫌犯下的不法情事，而《中時電子報》則是以受害人「莉莉」的角度，說明嫌犯的犯罪經過。

新聞會因為記者對題材報導的切入角度與呈現方式的不同，有不同的表現，所以看〔民視新聞〕和《中時電子報》的讀者，所接收到的訊息也就不同。

現象萬花筒

經理假面試之名　向應徵者伸魔爪

〔民視新聞〕 2002/10/10

　　台北市驚傳旅行社經理假借面試，卻向前來應徵的小姐們伸出魔掌，還用針孔錄影機錄下過程。警方在接獲報案後前往搜索，果然搜出十多捲偷拍錄影帶。

　　台北市驚傳旅行社經理假借面試對應徵者毛手毛腳，很多來此面試的女孩子都會被經理問及如果被客人毛手毛腳時要如何應對的問題。經理並當場化身為客人，對來面試的小姐上下其手，重點是全程都被針孔攝影機拍下來。

　　這起事件是和經理有金錢糾紛的離職員工揭發的，警察趕來搜索，搜來搜去沒發現針孔，倒是看到一些算是大型的攝影器材和這一大袋的錄影帶，數一數將近三十卷。

　　警察說目前正積極找經理出面說明，另外也請找工作的女性多注意面試安全。

- -

旅行社之狼要求換裝　「她」成了偷拍女主角

《中時電子報》 2002/10/10

　　二十歲的「莉莉」是台北市某大學的學生，因為曾和朋友參加過華年旅行社出國的旅遊團，而認識經理王再雄，因此獲得工作機會。她萬萬沒想到會踏入王再雄布下的陷阱，成為被偷拍的女主角之一。而她獲錄用後，還被王再雄以「等一下要見客戶」為由，要求她換裝，又多次成了偷拍的女主角，還遭王嫌強吻。

　　「我真的被偷拍了嗎？」聽到自己成為王嫌偷拍的對象之一，長相甜美的「莉莉」忍不住皺起眉頭，努力回想在華年旅行社工作的幾個星期時間。她說，「就是因為王再雄很奇怪，常常要我換衣服，我才會辭職不想

做的。」

「莉莉」說，在旅行社內的工作相當無趣，都是做一些接電話的雜事，辦公室內通常只剩下她和王再雄獨處，其他人多半帶團出去或跑業務去了，工作無聊是讓她辭職的原因之一。不過王再雄「奇怪的要求」才是促使她辭職的最重要原因。她說王再雄常以「等一下要見客戶」為由，嫌她穿著不適當，要求她在辦公室內換衣服。

「莉莉」說，她覺得自己的穿著很得體，為什麼還要換上奇怪的緊身衣和迷你裙。而且，王再雄拿出來的衣服相當難看，第一次被要求換裝時，「莉莉」為了工作，忍氣吞聲，依照指示辦理。第二次再被要求換裝時，她忍不住邊換邊哭出來，卻被佯裝安慰的王再雄吃豆腐。「莉莉」說，王再雄一邊安慰她，一邊順勢抱著她，在她來不及反應之下，乘機偷襲強吻得逞。

「就是這種恐怖的經驗，我才會逃之夭夭。」「莉莉」說，還好沒被更進一步侵害。她也透露辦公室內有個小房間，總是上鎖，還規定員工絕對不可以入內，原來裡面放的都是王再雄偷拍的錄影帶。「莉莉」說，自己好不容易鼓起勇氣報案，希望警察能為她們討回公道，將色狼繩之以法。

台北市勞工局昨日指出，針對雇主以徵女職員名義對應徵者毛手毛腳、並以針孔攝影機偷錄女性更衣畫面，此舉不僅涉及刑責，依就業服務法，可能還會因刊登不實徵才廣告受處罰，最高可處一百五十萬元之罰鍰。此行為同時可能違反兩性工作平等法第七條及第十三條招募性別歧視及構成職場性騷擾雙重觸法之嫌，每條皆可依同法第三十八條處以一萬至十萬元之罰鍰。

資料來源：〔民視新聞〕、《中時電子報》，2002/10/10。

　　為什麼同樣的事件，會有不同的訊息呈現？學者們發現，訊息的呈現，受傳播者個人的影響很大。例如編輯覺得無聊、不好宣傳等等被列為「頗為主觀」的因素，會成為傳播者在產製過程中一項「守門」的理由（李金銓，1990）。不僅如此，國內外研究中也陸續發現傳播者的心理認知、框架，以及專家和生手等等心理因素，也會影響到訊息的產生。

一、傳播者的個人喜好

　　研究發現編輯們獨立判定讀者的需求與喜好，決定了一則新聞的生死。在媒體產製的過程中，來自不同消息來源的稿件，如果不能馬上受到編輯的青睞，命運就是被丟到廢紙簍（臧國仁，1999）。

　　在記者報導新聞與認知形式的研究中也發現，個人喜好會影響記者對新聞角度的選擇。過去曾經聽聞電視台主跑立法院的記者，因為對某位立委特別有好感，所以在新聞裡，這位立委的畫面相較之下會比其他立委來得多。而且即使是同一則新聞，不同的新聞記者所喜歡的報導角度不一樣，所認為的新聞重點也不盡相同。

　　許多傳統研究文獻發現，新聞從業人員（記者與編輯）取捨新聞有時只憑主觀決定，而從業員身旁的同事、上司及報社組織的考慮，往往比讀者的影響大許多，報社也少有主動進行市場或讀者意見調查，只憑過去經驗與常規作法繼續經營。

二、傳播者的框架與心理認知

　　社會學者認為「框架」（framing）是社會行為者的主觀或處理事件的基本組織原則，是一種前後連貫的整體，目的在提供特殊的解釋。在回顧相關文獻後，提出較為廣泛的定義：「框架主要牽涉了選擇與凸顯兩個作用。框架某一事件的意思，是將對這件事所認知的某一部分挑選出來，在溝通文本中特別處理，以提供意義解釋、歸因推論、道德評估，

以及處理方式的建議。」（鍾蔚文，1992）

　　從新聞產製的觀點中解釋，框架是「新聞內容的中心思想」，新聞報導中所描繪的情境（context）與主要議題，均須透過選擇、強調、排除與詳述等手法，才得以實現。而「新聞個人框架」簡單來講，指的就是新聞工作者的認知結構，本書第七章「閱聽人認知基模的作用」會再詳細的介紹。框架的產生是不可避免的，因為層出不窮並散布在社會各地的社會事件，對個人而言通常是遙不可及，所以必須透過符號轉換（transformation），才能與個人內在心理發生關聯。框架的詮釋是建立在認知心理學的觀點上，認為新聞記者在處理資訊時，常會使用到本身已具備的知識系統；亦即說明讀者（包括新聞工作者）常利用框架選擇、組織和詮釋外界的資訊（鍾蔚文，1992）。而知識結構就像是理論，能讓個人對外來資訊有了先入為主之見。在展開驗證過程中，使用者用個人原有的知識結構為基礎，外來資訊就成為佐證的材料（臧國仁，1999）。

　　Stocking 和 Gross（1989）曾經以認知心理學的角度，分析新聞工作人員在產製過程中，如何受到個人認知的引導和約束。研究發現，記者無論在選擇事件、引言或報導角度時，常習慣以認知結構中所熟知的慣用方式進行。而且這個過程還會不斷影響記者後續的採訪工作，只要和原來的思考模式不合的事件或觀點，記者就不予選擇。另外，章倩萍（1994）在觀察記者如何報導新聞的研究中，發現新聞記者在採訪之前，就先將採訪的事件進行分類，以既有的知識結構為基礎，作為認識新聞事件、處理新聞資訊的起點。但是從另一觀點，既有的知識結構如同一個認知框架，反而侷限了我們的認知範圍與思考方向。

　　許舜青（1994）曾以新聞寫作來探索記者在產製新聞的心理歷程，發現新聞寫作也是一種認知的轉換；換言之，記者對事件的認知決定了新聞寫作的主題方向與新聞內容的文字細節。就上述新聞案例結尾的描述，可以發現〔民視新聞〕的記者認知該事件是屬於面試時所發生的工作陷阱，而《中時電子報》記者認知該新聞事件卻是職場性騷擾案件，所以出現了截然不同的報導寫作方向。

　　真實建構觀點不同於以往的新聞客觀性，該觀點認為與其說新聞報導真實，不如說事實是被「界定」出來的。新聞是新聞記者經由一連串個人認知結構的衡量，而決定何者該報導（或不該報導）以及如何報導，屬於一種意義建構的產物。如新聞記者信奉的「新聞價值」（news value），其實也是認知框架的一種展現，是新聞記者判斷事件重要性與新聞性的標準；經由新聞價值，新聞工作者在處理新聞過程中可據以做專業判斷，選擇什麼社會事件予以分類，並強調其特點將之製作成新聞事件，在 1990 年代就有傳播學者用框架來解釋新聞價值（蘇蘅，1995）。

　　什麼是新聞價值（news value）？Stempel（1962）分析了二十五家報紙的一百五十六則新聞，發現了六個因素，分別為：緊張－衝突性（suspense-conflict）、公眾事務（public affairs）、人情趣味（human interest）、正面事件（positive events），及政府與政治的爭議事件（controversy about politics and government）。Badii 和 Ward（1980）則發現四個面向：重要性、顯著性、不尋常性和回饋（reward）（引自周金福，1999，頁18）。林林總總定義多達四十三個，於 1982 年後凝聚共識，逐漸以鄰近性、即時性、顯著性、人情趣味性、衝突性，以及結果或可能的結果等六個面向論述新聞價值。

　　但記者不一定真的都照著新聞價值的標準來處理新聞，記者在建構新聞報導時，常有所謂的「工具化實現模式」，亦即記者在報導歷程具有預設目的，新聞價值只是虛晃的策略及工具，只是用來合理化記者的觀點，因此新聞價值的選取標準並不等同於客觀報導，兩者之間也沒有必然的絕對關係。

三、專家與生手

　　認知心理學者認為人們面對不同的狀況發生時，會借用既有的知識及經驗，作為建構問題空間及解決方案的基礎，而使得在問題解決的表現上，會因為既有的知識與經驗質量，以及知識結構的成熟度不同，而出現

了專家及生手兩種差異。陳曉開（1995）就引用認知心理學的基礎，試圖對新聞工作人員在選擇題材、判斷資訊，以及整合資訊等工作上的思考機制及結果提出解釋，發現專家型與生手型的新聞工作者（包括新聞媒體寫作者及新聞記者）在知識結構及解題行為上都有明顯的差異。

(一) 在知識結構方面

專家型新聞工作者先前知識及經驗豐富，資料庫龐大，生手僅具備基本事實（鍾蔚文、臧國仁，1994）；專家型新聞工作者知識結構緊密，生手則鬆散；專家型新聞工作者認知複雜度高，可做較多推論，生手則認知結構簡單。

(二) 在解題行為方面

如果記者在本身對事情發生情形既有期望的引導下，生手型記者會產生不明顯的目標及計劃，而專家型新聞工作者會感知到較多的計劃，整個認知活動為目標導向（goal-directed）；專家型新聞工作者可將不一致的資訊納入考量，生手則較傾向於採取與既有知識一致的資訊（Parsigian, 1992），而且專家型新聞工作者使用較多的先前知識（鍾蔚文、臧國仁，1994；Parsigian, 1992）。

另外，研究也發現，年資也是影響工作表現的重要因素之一。陳曉開（1995）在研究編輯對於解決問題上的差異時就發現，從事新聞編輯的年資越深，在整體問題解決過程中的監控能力也較強。

從上面的介紹可以發現，在傳播領域裡有關於傳播者個人的守門研究，大都著重在「描述」及「解釋」守門行為，然而對於個人是如何拒絕或是形塑訊息等解決問題的心智活動，卻很少被觸及。所以儘管社會警覺到媒體的組織控制，也被提出討論和批評，但是媒體訊息仍然無法逃避藏鏡人的控制，因為守門人的心理認知也是影響訊息呈現的重要關鍵。

 第三節　藏鏡人現形二：組織的控制

「為什麼要播○○○、○○○立委的畫面和聲音？不要為他們造勢，晚間新聞不可以用！」這是一位電視台新聞部資深經理人所描述電視台內的真實案例。然而這類「新聞強姦」，在新聞部早已是司空見慣的情形，連向來爭取新聞自由的記者，在面對內部的壓力時，也只能苦笑處理了。

從以下現象萬花筒中，描述國內傳播學者徐佳士（1966）所提到的著名例子「從基輔到基隆」裡，我們就可以很清楚的看到在產製過程中，訊息是如何的被「處理」與「再製」。

現象萬花筒

從基輔到基隆

假定一則新聞發生在俄國基輔，最後傳到台灣的基隆。

第一個守門人就是親自看見這新聞發生的那個人，他是看不見事情的全部的，他只能看見一部分，所以只能報導事件的一部分。

第二個守門人是向這位「消息來源」採訪的記者，他必須決定把哪些部分寫進他的新聞中，什麼地方該輕描淡寫，什麼地方該特別強調。他把稿子交給報社編輯（在這之前可能還要經過採訪主任），他要「編」這些稿子，可能刪掉一些，可能改變一些，也可能加入一些。

假使幸運的話，這條新聞得以刊載在基輔一家報紙上（不過拼版時遇見了一個技術上的「守門人」，因為拼不下去而可能切去最後面一段），引起美聯社駐在那裡的記者的注意，他決定把它寫成電訊，又得刪一點，或是加一點解釋，而且譯成英文，拍到美聯社駐莫斯科的分社。

分社的編稿人如果決定採用，可能要把它縮短一點，或者顧慮到俄國

對外新聞的檢查標準，而必須改寫。

老天保佑，通過了俄國的檢查員，這則電訊到達了美聯社紐約的總社，但是只有當總社編輯感到興趣時，才會把它編入對國內或國外發布的電訊中，免不了有所刪改。過了這一關後，這條電訊在台北中央社電務部一大排電動報打字機中的一部中出現，也許由於第一句寫得引人入勝，國外部主任用紅筆畫了一個圈兒，請一位編譯譯成中文，但是批了個「可節譯」，編譯人員不只省略了「他認為」不重要的部分，而且由於電報原稿因電訊上的故障，有些錯字，弄得整段意義不明，他不敢亂猜，就乾脆不譯這一段。

稿子送到編輯桌上，又要通過一、兩個守門人，然後被譯成電碼，從摩斯廣播中傳到基隆一家報館。最後決定這件發生在基輔的新聞是否應該讓基隆的讀者知道的，是這家報社的國際新聞編輯，如果他認為基輔和基隆風馬牛不相及的話，這條消息的最後歸宿當然是廢紙簍。假使他覺得這消息「還不錯」，但版面實在有限，他會刪掉後面兩三段，寫個標題送到排字房，如果他堅持這條消息不能「丟」，拼版的時候可能會被拼進去。第二天早晨報紙送到讀者手中時，這條新聞才終於到達最後目的地。

資料來源：引自李金銓，1990，頁27-29。

在這個例子裡，資訊控制的過程，包括了新聞稿件的選擇、退回、傳遞、形塑及呈現等等訊息處理的作業（陳曉開，1995）。然而，除了上一節我們所提到的傳播者個人的守門行為外，傳播組織的社會控制也在幕後操控訊息的生死。基輔報社裡那位技術上的「守門人」，因為版面拼不下去而可能切去最後面一段；通訊社因為顧慮到俄國的對外新聞檢查標準，而必須改寫；國內報社編輯礙於版面考量，必須刪掉後面兩三段之後，再寫個標題送到排字房等等，這些都是間接影響傳播者個人對訊息判斷的組織規矩。

根據Breed（1955）的觀察，在傳播媒體工作的人，會主動學習一系

列新聞室的規範,界定個人的地位和權利義務,以及遵守新聞室的規矩。這些新聞室的規範,會在傳播人員心中形成一把尺,用以衡量評斷消息來源,影響訊息的產製。

一、組織常規的控制

媒體組織中的稿件撰寫、修改、編輯、刪除及添加等等過濾系統的運作,都會依照組織內的慣例與程序或新聞價值為基礎。在新聞組織中常見的「路線」,就是影響記者採訪的常規之一。記者為了確保訊息能長期而且是定期的獲取,必須與路線中較為重要的機構保持密切的聯絡,使新聞內容漸漸偏向消息來源,甚至最後被同化(臧國仁,1999)。

另外,像截稿時間的設限、對「突發」新聞的重視、整點新聞的播報以及訊息呈現的時間長度,也會影響到訊息內容(黃新生,1994)。例如廣播新聞一般長度約為四十秒、電視新聞則為一分二十秒等對「時間」上的控制。

截稿時間是新聞工作具有的獨特工作結構,一般事件必須符合新聞記者的工作程序,或是發生在新聞組織的截稿時間內,才有可能被報導出來。當截稿時間在即,守門人通常僅限於處理已到手的資訊,但是若時間允許,組織會要求再深入挖掘,追蹤更多資訊;但當截稿時間迫近,則會迫使編輯割捨原本可能採用的訊息。相關電訊編輯之研究亦發現,晚上十一點以後接到的新聞,被採用的機會極小。

為表現報導的客觀,倒金字塔寫作也是新聞工作特色之一,Tuchman(1972)指出新聞從業人員的四個策略:正反並存、提出論據、倒寶塔寫作、使用引號。Altheide(1976, 1985)提到記者為便於報導新聞事件,以說故事的邏輯順序,將整則新聞事件切割成起頭、程序與結尾等形式,然後在每個邏輯結構的階段,採訪適當的消息來源。

有學過新聞採訪寫作的人都知道,新聞內容由「導言」(lead)和「軀幹」(body)這兩部分所組成,不同於一般文學類或說書多依事件發

生的時間先後順序來依序鋪陳，記者在報導一則新聞故事時，通常為符合新聞價值中的「即時性」，會以重要性（逆時間性）來決定段落順序，把比較重要的內容放在不重要內容的前面，即使重要內容在不重要內容之後發生（鍾蔚文、臧國仁，1994）。

　　例如上一節所提到的旅行社性騷擾新聞，民視新聞礙於電視時間上的限制，新聞長度與內容要比《中時電子報》平面媒體來得簡短與簡單。至於寫作或報導形式，例如：電視新聞要求一條新聞只選擇一個重點發揮、口語對話的寫作風格，報社則是採取把重要的事件精華寫在最前面的倒金字塔式寫作方式，都是媒體組織常規對訊息的影響。另外Whitney 和 Becker（1982）的研究也證實，電訊編輯的稿件篩選形態，與報社對外電選擇標準的認知是一致的。

二、內部控制

　　所謂的內部控制，是指在新聞工作上，新聞編採人員的工作環境對新聞成品內容的影響。例如：研究發現媒體組織的領導者對媒體內容的形成、上司下屬的守門行為認知，與編輯政策之間是成正向關聯。而部門因素會對編採人員的認知和態度上產生影響力，對行為則否。

　　有研究者甚至發現新聞室的社會控制，早從新人徵選時就已經展開。楊久瑩和胡幼偉（1995）於 1993 年針對國內四家公開招聘記者的報社進行研究，結果發現，報社在決定記者人選時，表達能力、儀態外表、專業義理、學歷及經歷都是考量的要件，而最特殊的是，應徵者在政策立場符合性方面，也成為主試者重要的參考依據。由此可知，訊息的產出與報業文化有著密切的關係。此外，報社的政治立場與風格，也都會對訊息產生影響。

　　守門人作為傳播者與閱聽人的資訊代理人，決定消息的性質與流向。新聞媒體組織的產製流程中，是由層層守門人將資訊不斷地過濾、選擇與處理，最後才將有新聞價值的資訊傳播給閱聽人。從這觀點來

看，記者與編輯都是守門人，前者決定是否報導一個事件以及如何報導；後者決定是否刊登。

編輯管理的過程就像一般企業管理的過程，編輯像是一位管理者，在「編採合一」的制度下，高階編輯必須「規劃」新聞或專欄的安排或變更其內容；基於預定規劃「組織」其資源；為新聞部門選擇及發展人員；透過其他編輯指揮工作；透過回饋評估及酬賞「控制」績效。第一線的管理者像是市政編輯、體育編輯、專欄編輯等，必須藉由規劃新聞報導以達到編輯的目標；高階編輯還需要組織成員蒐集及編寫新聞；在招募成員的決策上和其他成員交換意見；指揮記者個人準備新聞報導的行動；控制從截稿時間及一系列的品質控管步驟的過程。

最根本、影響也最大的內部控制，是媒體所有權遞嬗與市場結構的改變，在目前傳播媒體深受市場牽制的情況下，它們會直接帶動媒體組織編採結構的轉變，並對媒體內容產生多方面的影響。例如：報紙會根據本身所在的市場結構，採行不同編採政策，而顯現不同編排風格。

傳播業是一種涉及價值觀的特殊行業，政策、領導風格、意識形態等因素，都會左右投身其中的工作者，編輯部的成員更會被許多像士氣、文化等看不見的因素所影響。例如：記者的上司包括編輯、發行人不僅可以決定報導哪則新聞，而且也可以影響新聞報導的觀點，甚至會刪改新聞，這代表科層組織對新聞品質的控制檢查，影響記者處理新聞的自主性。

國外研究發現獲利高的企業所擁有的報紙，更容易從上至下，自管理系統產生傷害品質的舉措，尤其隨著新聞事業更加官僚化，記者處理新聞的自主性也會受到局限（Bagdikian, 1990）。其他研究也顯示，新科技發展與所有權集中加上編輯室的權威增加，均減少記者的報導自由。國內研究（陳運璞，1986）也發現，國內電視新聞決策者與執行者在衡量新聞是否採訪或是播出時，也同時須考慮上級要求、新聞價值，研究中指出，在主管要求下，記者可能改變原先處理之新聞內容，或報導一些不想報導之新聞。

　　爲實踐新聞自由，新聞工作的自主權意識成了必要條件，記者擁有充分的自主權，才能秉持專業義理、監督政府、保障人民之自由權，以維護民主政治，因此，擁有自主權在文明社會通常也代表著新聞專業的指標。

　　Johnstone 等人（1976）指出，記者的自主權在於記者可以決定新聞應該要強調的重點，擁有選擇報導題材的自由，可以自由採訪不受組織指派，新聞較少經由組織其他成員修改。

三、專業義理

　　翁秀琪（1992）指出，媒體從業人員在報導新聞事件時，一方面受到社會結構的影響；另一方面，記者也經由專業化過程將某些意識形態內化，或建立爲日常工作規則，並根據上述規則來建構新聞。

　　研究發現，在記者群中存在著「守門人」（neutral gatekeeper）與「鼓吹者」（participant-advocate）兩種專業義理（職業角色觀），而這會影響其工作表現。所謂的「守門人」是指，強調報導客觀，力求把意見和事實分開，並且把正反兩面意見並陳；而「鼓吹者」則是指記者替讀者解釋各種消息意義、積極參與實際政治。然而專業義理有時候反而讓新聞記者受到限制，進而影響到訊息的內容（李金銓，1990）。

　　Weaver 和 Wilhoit（1992）將記者角色分成解釋者角色（interpreter role）、傳播者角色（disseminator role）、對抗者角色（adversary role），不同的角色觀會影響守門人注意不同的事件，並賦予不同的評價（引自黃義書，1994，頁51-52）。

　　臧國仁（1999）就認爲，記者在訪問消息來源的時候，會故意用反諷的言語來豐富客觀性，其實是利用客觀及平衡的專業義理來保護自己，以避免被外界指責故意引導對方。然而這樣的常規卻使得事件被過分單純化，眞相反而渾沌不明。

　　不管是「守門人」與傳播者角色（disseminator role），這種偏向「中

立型」的專業義理對新聞工作會有所影響，造成如記者刻意壓抑自我意見，在組織控制與專業義理的力量下無法發聲（李金銓，1990）。因而隨著新聞報導方式的演變，興起「新新聞學」與「調查性新聞報導」，目的皆是在某種特定情境下孕育而生，是一種對客觀性新聞報導的反動。

現象萬花筒

「八」出老闆花邊　當心「卦」掉飯碗！

　　以報八卦著稱的〔馬妞報報〕，在成為東森 ET JACKY 頻道收視率最高，而且在網路上掀起討論八卦風潮的節目後，突然遭到電視台下令停播。雖然電視台高層對外宣稱要藉由頻道改版的機會，讓它功成身退，但實情卻是因為主持人與來賓爆八卦爆過了頭，內容擦槍走火，影射到東森集團的一對父子檔，喜歡上酒家、找女人，最後還點名到一名蔡姓女星，令東森高層相當震怒，下令要〔馬妞報報〕即刻停播。製作人也因此引咎辭職，以示對事件負責。

　　在 2001 年 6 月開播的〔馬妞報報〕，播出時間不到一年，可是惹出的口舌風波卻多得驚人。包括賈靜雯、王育誠、唐林、李蒨蓉、張茵茵等藝人都曾經先後對節目提出警告甚至控訴，而在娛樂圈所掀起的負面聲浪更是讓節目在逆境中求生存，苟延殘喘了近一年的光景。但即使受到包括新聞局指正、觀眾讀者投書，甚至被影射的當事人有所反應，都不受影響的節目，最後卻是因為踢到鐵板而必須停掉收視率穩定的節目，特別是在強調收視率掛帥的電視台裡，可見得組織內規干涉的威力，恐怕連新聞法規都要自嘆弗如了。

　　事實上，類似的情形，不只一次的在傳播領域裡上演。當其他媒體大肆報導主播薛楷莉事件時，一開始主角服役的單位——TVBS 不但未做任何新聞處理，甚至下令禁止員工對外發表言論。電視台刻意的「漏」新

聞，其實就是組織規定操控的影響。看來，即使是強調言論與新聞自由的媒體，還是難逃「家規」的限制吧！

資料來源：本文參考2002/5/30《聯合新聞網》，〈馬妞八出老闆花邊　卦掉總監飯碗〉、2002/5/22《Kuro 娛樂快報》，〈馬妞停報　藝人叫好〉。

第四節　藏鏡人現形三：行業的影響

在第一節裡，我們提到錢玉芬（1998）從專家與社會學者的訪談中發現，傳播或新聞行業必須靠規範體制、財務系統、生產系統以及教育機制四類社會角色發揮正向的影響力，或是跟它們有良性互動，才能提升或實踐新聞的專業性。

在互動的過程中，包括消息來源、閱聽人、市場、廣告商、政府及利益團體等等社會體制，以及社會當中的社會文化、意識形態，也都會對守門人處理新聞造成影響。

例如：小型的社區週報編輯，會因為考量較多的市場因素，比大型都會報紙，給予更多的廣告版面。在稿件選擇的研究上也發現，受到強調社會多元性及分歧性的影響，編輯在選擇稿件時，有趨向具都市化以及多元化社會結構的傾向（陳曉開，1995）。

一、規範體制

在規範體制中，其實又包括正式與自願性兩種規範機制。正式的規範機制涉及的是國家與政府層面，其中心議題是政府的角色問題，其具體表現則是新聞法規的內容；非正式的規範機制則包括自願性的專業組織或媒體組織間的聯合性工會（錢玉芬，1998）。

(一) 官方正式規範機構

以廣電媒體為例，許多國家原本是由政府介入管制的形態，現已逐漸注入市場經濟的運作形態（McQuail, 1992）。例如：過去由國民黨經營的中視，已經逐漸轉型成民營的商業組織。

另外，許多傳播相關法規，如誹謗法、廣電三法等等，也都是官方正式機構對傳播行業的具體影響。例如：媒體的訊息內容，就必須合乎電視分級原則規範來播出，像新聞被列入普通級，可以為各個年齡層所欣賞，所以內容就不得出現暴力或情色鏡頭，否則將被處以十萬元以上的罰款。之前國內的電視台新聞部，就曾經因為播放柯賜海與人打架的畫面，而遭到新聞局罰款處分。

(二) 自願性的規範團體

主要是指為組織成員爭取合法的權利及敦促組織成員實踐所應盡義務的專業組織，像是記者公會、記者協會、記者聯誼會及媒體組織內部的產業工會等等，以及閱聽人監督聯盟、媒體觀察基金會、新聞評議會等的民間媒體監督團體。

對於這些新聞專業組織，社會各界皆賦予他們在維護新聞倫理與培養專業知能等任務上極高的期許。例如：「徐佳士（1987）提到：『政府把辦報的權力交給有錢有勢的人士設置報紙的同時，也應把新聞專業自主權授給業主們所聘雇的新聞工作人員。』」（瞿海源，1993）就是希望透過立法來保障新聞工作者的自主權。

二、財務系統

財務系統是新聞行業的生存基礎。在媒體組織的財務系統中，包括了直接相關的廣告主與廣告代理商和間接相關的研究收視率、發行量的市場調查以及稽核組織。

(一) 廣告主與廣告代理商

媒體不可能自外於經濟體系而運作，因為外在體系的經濟力量會左右媒體經營者的選擇範圍。台灣媒體解嚴後，傳播環境變化快速，受到市場競爭的強大影響，追求利潤成為一大要務，於是讀者變成顧客，新聞變成產品，發行變成市場，為了在媒體的戰國時代生存下去，就必須獲得廣告主的青睞，因此新聞事業主要以市場需求為依歸，不再為公眾利益服務。

以國內晚間新聞而言，廣電基金於 1999 年 12 月 19 日針對國內無線跟有線電視台「晚間新聞」所公布的調查報告中可發現，昔日無線舊三台（台視、中視、華視）的風光不在，有線電視台像 TVBS 家族與東森、三立等，甚至是後來民視的加入皆助長了競爭態勢，改變長久以來僅有三台寡頭壟斷的電子新聞媒體生態，致使競爭程度日漸激烈。

自國內有線電視法於 1993 年 8 月 11 日正式公布實施以來，在市場上的競爭者（有線電視台）增多的情況下，原本占有優勢的生產者（無線電視台）無法再享有對產品價格唯一的影響力，以前在還屬於賣方（擁有廣告時段）市場時，由於國內最大的電子媒體是三家無線電視台三分天下的局面，因此都是廣告主捧著錢請電視台播放廣告，現在各家媒體為了爭取廣告業務，廣告、行銷與發行部門開始進行編務業務合作，各種方法無所不用其極，而最常見的就是新聞廣告化與置入性行銷。

於是，在新聞事業中，傳統的新聞規範與商業規範同時並存，但是又互相矛盾。前者指導記者不惜代價發掘新聞，甚至得罪權貴，把社會公眾需要知道的事實報導出來；後者強調採訪不要隨意得罪新聞來源或廣告客戶，以最低成本製作最多人想看（但不一定需要）的新聞。

某三大報之一的副社長便直言，景氣差、廣告競爭激烈，實在無法不向廣告低頭。現在有許多廣告以新聞報導的方式呈現，以報紙公信力為該產品背書，進而影響消費者的判斷，這種過去不被允許的行為，現在只能睜一隻眼閉一隻眼。

　　媒體組織為了獲取更多的閱聽大眾，以增加廣告費用的籌碼來源，常常會不惜調整媒體內容以迎合大眾口味，或任意增刪以版面配合廣告需要。利字掛帥下，新聞部不再是滿足人們知的權利的服務性事業，而是財團操縱下的生利工具，新聞片段的選擇與取捨都以商業考量為前提。Bernt、Fee、Gifford 和 Stempel（2000）在 "How well can editors predict reader interest in news" 中指出，編輯必須被迫去生產符合讀者趣味的報紙。某三大報之一的總管理處副總經理便表示，記者的寫稿與編輯的編務都要具有行銷的概念，要以讀者導向為主。

　　像前面提到被東森集團下令停播的〔馬妞報報〕節目，據了解，這個節目也得罪了國內某一知名手機企業，而遭到全面撤電視台廣告的抵制。另外，奇摩入口網站也曾為了配合烏龍茶的廣告，而將整個網站畫面做反轉效果處理，這都證明了廣告對訊息內容的影響力。

　　但這種情況在幾年後開始有了轉變，原本扮演著操作媒體市場那隻看不見的手的廣告主，開始化暗為明，集結台灣三十五家大企業主，於2001 年 5 月 3 日成立「台灣廣告主協會」，以「推動公平、公正、公開、公信的廣告作業環境；保障廣告主及企業應有權益；鼓勵優質的媒體節目及正面的新聞報導；導正社會風氣」的理念，更與民間的媒體監督團體合作，每兩個月提出由民間團體監督媒體表現的報告，提供給各廣告主若干媒體值得檢討的現象，作為納入廣告預算及媒體購買的考量。

　　例如：之前針對「許純美現象」的浮濫，「閱盟」當時曾探詢廣告主協會，多數廣告主配合撤廣告，其間引起了兩位新聞主播質疑其代表性，甚至以「法西斯」、「新聞東廠」重砲回擊。

(二) 收視率或發行量的市場調查、稽核組織

　　一般廣告主經常依據節目收視率來安排廣告預算，所以越受歡迎的節目，廣告也相對越多，這是因為廣告主認為高收視率的節目，廣告效果比較大。

　　以國內的收視率調查公司來看，共分幾種不同的類型，AC 尼爾森

公司以裝設「個人收視紀錄器」(people-meter) 來進行家戶收視調查。潤利收視率調查公司則採用分層隨機抽樣電話訪問的方式,與潤利相同的還有天和水行銷顧問公司 (僅作廣播收聽率調查)。此外,從 2000 年起,財團法人廣播電視事業發展基金也加入收視率調查的準備工作,與日本的收視率調查公司合作,先期進行電視收視行為調查和廣播收聽行為調查研究。

原本,收視率的意義,是給廣告主與廣告商作為其廣告支出的參考,是電視台爭取廣告商付出廣告費的標準,但電視台以此作為衡量節目好壞,卻是無法進行質的調查。因為收視率調查為一「點人頭式」的調查方式,可算出「有多少人正在看」,但卻無法調查收視者對該節目的優劣評價,因此,收視率高低與節目品質並無直接關係。

再者,電視開機並不等於收看電視 (上廁所或不小心睡著了),而收看電視也不一定收看廣告,所以想要了解有哪些廣告被看,應再配合收視率調查中廣告破口與收視行為間的比對研究。

然而,電視公司卻以反面思考的方式,面對收視率的數字。電視公司一再追求些許的數字差異或領先,不但無法追求真正的利潤,反而製造了許多社會問題。例如:日本東京電視台就傳出,記者為了拍攝偷竊和警方追緝嫌犯的現場畫面,以金錢買通提供情報的嫌犯。像這種新聞媒體為了競爭,不惜利用媒體搶獨家的心理,兜售情報牟利。而且一再任憑收視率數字掛帥,結果會導致節目品質的每下愈況,最後終將為收視大眾所唾棄。

有研究便指出,在收視率的競爭壓力下,掌控台灣媒體的背後權力已從昔日的政治控制轉為今日的市場機制。而這也造成了綜藝節目內容傾向媚俗煽情,就連長期以來被視為客觀、公正的新聞報導內容,也充斥譁眾取寵、形式勝於內容的小道消息。

台灣各電視台競相爭逐收視率的壓力之大,於 1999 年讓當時的中視董事長鄭淑敏在各報章媒體發表書面聲明稿,譴責收視率調查對電視節目的不良影響。鄭淑敏在〈尼爾森對台灣電視亂象的影響——我的呼

籲：正視ＡＣ尼爾森收視率調查所塑造的惡性競爭環境〉一文中指出，ＡＣ尼爾森每天發布排名表，使得媒體天天炒作誰高誰低，逼得電視台經營者與主管只重視業績與收視率變化，再無餘力來改善節目品質，更無力於長期的節目改善及建立各台的特殊風格，只好遷就市場。

三、教育機制

媒體工作人員的教育和養成，也關係到訊息內容的製成。鍾蔚文等人就認為，傳統以講授為主的教學方式無法培養程序性知識，課程修習完畢（無論是上述哪一類課程）仍無法解決實務問題，是在意料之中的事，除非在教學方法上有所突破，才能加速陳述性的專業知識「程序化」（錢玉芬，1998）。

若要產生「做中學」的教學效果，必須具備接近真實的情境、具有反思能力，並從嘗試錯誤中去歸納原則，以及當學生面對混沌不清的真實情境時，能夠和他共同探索、發現，使學生能學到活用知識的能力等要素。

另外對一般民眾，也要加強其對於媒體的內容具有批判、思辨的眼光，積極面可以過濾資訊，取其精華，消極面可以避免被不當內容傷害（錢玉芬，1998）。

現象萬花筒

學校沒教的事！

記者、主播的工作常是與時間賽跑，不過有時候跑得太快會有「跌倒」的情形發生，不少記者與主播就鬧過令人噴飯的笑話。目前在網路也流傳許多相關的趣聞，以下就節錄幾則精彩的笑話，讓大家輕鬆一下吧！

⊙例一：某主播在播報新聞時，有一回播報某條關於「飛機在空中盤旋一周後離去」的新聞時，這位自認很有主見、創意的女主播，聰明地把新聞用詞私自「口語化」，改成「飛機在空中盤旋一個星期後離去」，當場令新聞導播和工作人員差點吐血。

⊙例二：有一次農委會舉行有關保育稀有動物的記者會，各家媒體都沈醉於發問相關專業性問題時，一名記者突然舉手問當時的主委孫明賢說：「請問主委，櫻花鉤吻鮭和綠蠵龜到底有什麼不同？」只見含笑的孫主委不疾不徐地回答說：「這兩種動物，一種是魚，一種是龜，完全不同。」在場的媒體記者早已笑得人仰馬翻。

⊙例三：有一回，國防部召開有關經國號戰機記者會，一位遲到的記者一進入會場，坐定後立刻舉手發問說：「請問經國號跟 IDF 有何不同？」結果主持記者會的另一位國防部中將，表情嚴肅地答稱：「一個是中文，另一個是英文。」令在場國防部官員和記者們又是一陣狂笑。

⊙例四：在一次南部海軍基地的採訪活動中，某位記者發現國軍的直升機竟然可以在海軍軍艦上自由升降，認為這是國軍足以傲視全球的驚人成就，於是就近採訪該海軍基地指揮官，並表明準備好好做這一個具有意義的專題報導，只見這位接受專訪的海軍指揮官，以相當鎮靜的口氣向記者說：「其實我還可以告訴你另一個值得做專題報導的題材，那就是我們的潛水艇可以潛到海裡。」一旁陪同的海軍軍官個個早已笑翻。

⊙例五：又有一天記者採訪「分屍案」，開口就問偵查的檢察官說：「請問這件分屍案有沒有『自殺』的嫌疑？」

　　也許你不認為記者會像上面笑話所寫的那樣無知，不過下面的問話可是發生在電視新聞上的實際案例。而這樣的訪問技巧，只怕連專門培養無冕王的傳播院校老師看到之後，都會感到啼笑皆非吧！

⊙例六：9 月 21 日凌晨，某廣播主持人問記者一個問題：「我們知道在地震之前就已經停電了，可不可以請你告訴我們，這到底是『地震引起停電』？還是『停電引起地震』？」

⊙例七：某電視記者：「據說這水庫已經出現『十五公里』的裂痕⋯⋯」

⊙例八：某電視主播：「現在我們再來看看『嘉義縣』受災最嚴重的『員林』的最新情況⋯⋯」

⊙例九：某新聞記者：「剛剛的餘震真是令人吃驚，『振奮人心』⋯⋯」

⊙例十：台中發現一名十二歲男童的屍體，記者：「現在在我的身邊的，就是這位男童的父親，我們來問問他現在有什麼感覺？」

⊙例十一：9 月 24 日晚上，某電視台拿著探照燈用力地照亮南投某操場上正在睡覺的一群災民，報導「中秋夜，受災戶們的生活」。

⊙例十二：某記者訪問受災戶：「你們住在裡面（帳棚）還舒服嗎？」

⊙例十三：記者：「這是『百年難得一見』的大地震⋯⋯」

⊙例十四：某記者在災難現場報導：「讓我們來看以下『精彩的』挖掘鏡頭。」

資料來源：《新聞評議》，299 期。

四、生產機制

生產機制包括在輸入過程中的消息來源和在輸出過程中的閱聽大眾兩種角色。

(一) 消息來源

學者 Shoemaker（1991）對消息來源下的定義是：「提供訊息給媒體組織，用以轉換為新聞報導的個人或團體，有時包括目睹事件發生的閱聽眾。」廣義來說，消息來源是指能夠作為新聞素材的各種資料；狹義來說，是針對人物而言，其中可分當事人、舉事人、評論人，也就是新聞事件中的行動者、處理者、第三者。

依採訪對象與新聞性質又分成固定消息來源與非固定消息來源，前者指記者經常接觸的對象，後者指因突發或偶發狀況而臨時採訪的對象；若依消息來源所屬單位或以職務來區分的話，又可簡單分為官方及非官方消息來源。

在新聞文本中，不同屬性、身分的消息來源會有不同的認知結構，用不同的角度看待事件，用不同的框架詮釋議題。在 1994 年千島湖事件媒體報導等相關研究，學者發現在「泛政治化處理」與「對中共態度議題上」，政治人物與非政治人物的詮釋差異頗大。而在消息來源對千島湖事件的議題詮釋上，官方消息來源與非官方消息來源之間呈現顯著差異。

前面提到，傳播者在蒐集資訊的過程，會受到消息來源的介入，而記者為了賦予新聞可信度，必須依靠消息來源分析以及解釋，在處理訊息的時候，也就無法避免的受到消息來源的影響。事實上，消息來源不只是採訪工作上的夥伴，雖然來自不同社會體系的成員所屬科層體系的目的、角色認知、價值也不同，以不同的參考架構溝通，但每天長時間的相處仍是會彼此互相影響。

「Gieber 與 Johnson 於 1961 年，即將記者與消息來源的互動歸納為四種關鍵模式，即利益合作、同化、對立及交換等四種關係。如果記者與消息來源彼此對合作關係有正面的認知，則會採利益合作模式互動，這種模式發展至某一成熟階段，則會進入同化模式，記者會依賴消息來源，而且認知結構會受其影響；交換模式則不以人情做基礎，雙方以交換為原則，依賴對方，也試圖操控對方；對立模式則是雙方處於利益與立場對立的狀態。」（轉引自顏朱吟，2003，頁19）

大部分的情況下，記者與消息來源相互依賴彼此合作，在前輩經驗法則與媒體組織鼓勵下，記者常主動培養私人關係以成功獲得新聞消息，記者的參考架構、工作方式及合作，都會受到消息來源期望的影響，使記者不願意批評消息來源，會將彼此間的關係與態度合理化，接納所說的一切，為了消息來源而寫新聞，並避免社區內（記者與消息來源所共存的場域）的潛在衝突，放棄監測環境及批判的功能，產生對內

團體的忠誠感，彼此有同化或共生的可能（喻靖媛，1994）。

像Shoemaker（1991）的研究發現，跑犯罪新聞的記者，為了獲取新聞而經常依賴消息來源，會在不知不覺中認同警方，新聞內容的呈現方式受警方影響的程度就越大（喻靖媛，1994）。另有學者發現，採訪犯罪新聞的記者有高度依賴所跑路線消息來源的傾向，而且會經常順從消息來源認同的模式。甚至因為怕得罪消息來源，把資訊交給報社其他記者來寫，或者是乾脆不寫。記者與消息來源之間緊密結合、彼此互動，直接、間接地決定了媒體內容的形成。

喻靖媛（1994）曾經以觀察、深度訪談及分析的方式，分別針對主跑產業、交通、環保及證券四條路線的線上記者進行研究，來了解記者與消息來源互動對記者處理新聞的影響。結果發現，記者與消息來源之間的互動情形，依消息來源特性的不同，而有所差異（見圖1-3）。那些經常提供新聞線索的消息來源，或可稱為第一線的消息來源，因為在組織內掌管某些業務，記者也非常依賴此類的消息來源獲得新聞線索，且容易對他們產生情感認同，而發展為同化關係。

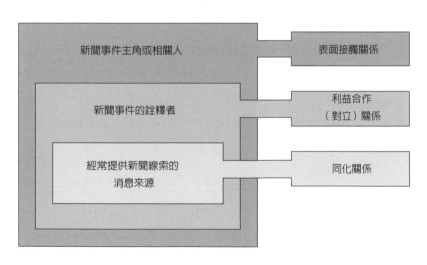

圖1-3　消息來源特質與互動關係類型

資料來源：喻靖媛，1994 。

第二類消息來源則是扮演著新聞事件詮釋者的角色。記者從第一線消息來源處蒐集資料以後，往往必須經過第二類消息來源的詮釋或確認後，才能寫成新聞。如果當消息來自新聞事件的詮釋者的時候，記者最容易被他們同化。另外這類消息來源通常是爲了特殊目的（例如：爲了上報紙版面）來接近記者，而且記者也是有目的（獲得新聞資訊）來跟他們互動，所以彼此之間，既可能利益合作，也可能發生衝突。如果是表面接觸關係的情形，那麼消息來源通常是新聞事件的主角或關係人，會爲了達到發布新聞的目的來積極地接近記者。而記者也純粹爲了獲取新聞資訊而與此類消息來源互動，所以彼此的關係不含任何的情感連結，屬於暫時性的對應角色（喻靖媛，1994）。

此外，消息來源會以資訊津貼的方式與新聞工作者交換利益，以控制新聞內容，並影響新聞框架或新聞中的核心意義。消息來源爲了能主動出擊登上新聞版面，發展出文字或行動的策略，文字包括背景資料、新聞發布；行動包括集會、公聽會、示威遊行會。

爲了詳細理解這些所謂消息來源的組成成員，相關研究發現所謂的「名人」即占了消息來源的七到八成。在分析國內三家電視台晚間新聞等研究，亦發現在性別上消息來源以男性爲主；職業方面以政府官員、民意代表、學者、專家爲主；消息來源的分布地區以台北居多。在許多消息來源的研究中，政府官員、地位較高、屬於正式組織的消息來源較常出現及被有利處理。

媒體消息來源究竟爲何「偏向」（bias in the media）？針對此，Trowler（1988）曾提出以下三種理論模式（轉引自羅文輝，1995）：

1.操縱模式（Manipulative Model）：認爲媒體受社會權力中心結構所控制，在政府與資本家利益結合的情況下，共同攜手操作，媒體內容易成爲一種有意識的操控，造成媒體內容偏向。

2.霸權模式（Hegemonic Model）：新聞工作者會在新聞產製過程中，將宰制階級的意識形態，無意識地設定在理性與合理的範圍之內。

3.多元模式（Pluralist Model）：媒體具有相當的自主性，面對多元
　的市場，媒體為滿足不同閱聽人的需求與品味，而產生不同的偏
　好，這是非常正常的。市場力量決定了媒體內容，新聞工作者有相
　當的自主性決定新聞內容。

　　除了這三種說法，也有人說，消息來源的偏向似乎是新聞記者迎合
截稿時間、提高工作效率、維持新聞可信度，以及與新聞來源互動的必
然結果（羅文輝，1995）。造成這種消息來源的「偏向」，大部分是因為
對社會資源之控制與使用、社會權力分配狀況的不同而造成的。

　　羅文輝（1995）解釋，所謂的「偏向」是指「有系統偏袒某一方或
某種立場」。因為新聞媒體具有議題設定，使社會團體合法化，而新聞中
的消息來源可藉由接近使用媒體的機會提升社會地位，設定媒體與大眾
議程，來加強自己及所屬機構的合法性，在無形中增加了消息來源所擁
有的社會資源權利。另一方面，這也是為了增加報導信度以及配合截稿
時間，新聞記者所做出的選擇。

　　記者處理新聞的方式會受到彼此互動關係的程度所影響。研究發
現，記者與消息來源如果處在同化或表面接觸關係，比較傾向於做有利
處理。另外，記者會因為消息來源是不是新聞事件的主角或發起人，而
賦予新聞不同的顯著程度（見**表1-1**）（喻靖媛，1994）。

表1-1　記者對不同關係消息來源之處理新聞方式

關係類型	同化關係	利益合作	對立	表面接觸
消息來源	第一線消息來源居多	第二線消息來源	第二線消息來源	非預定事件的消息來源
特性	經常提供新聞線索給記者	提供新聞事件的分析及解釋	提供新聞事件的分析及解釋	新聞事件的發起人或主角
背景	非主管／主管	主管級	主管級	主管級
處理方式（態度）	可能在新聞中呈現出有利的態度	無特定傾向	無特定傾向	傾向於做有利處理

資料來源：喻靖媛，1994。

(二) 閱聽大眾

　　由於龐大的經濟利益，閱聽大眾的需求與興趣成為影響媒體產製新聞內容的重要影響因素。DeFleur 和 Ball-Rokeach（1989）認為從人口的基本結構來看，中下水準的閱聽眾在總人口中占大多數，這是媒體內容重複出現低級品味現象的主要因素。雖然新聞媒體與一般包括娛樂功能在內的大眾媒體不盡相同，但是因閱聽大眾之特殊偏好而影響新聞報導取向的情形卻是相同的。

　　近年來，傳播研究中越來越重視媒體公民教育的課題，許多研究者分別探討並主張媒體公民教育要如何深植小學、中學、大學，以及成人。亦有許多研究者探討媒體教育應具備哪些內容。

　　此一研究風氣，對教育閱聽大眾以間接影響新聞專業性之提升具有極為正面的提醒效果，但環顧國內的新聞媒體公民教育之實際措施，仍處於百廢待舉之狀態，因此對於閱聽大眾，這些研究認為提升新聞專業性之具體指標是：能夠具體落實對閱聽大眾的媒體教育理想，也就是希望能盡早見到具體且整體的媒體教育措施。

第五節　閱聽人眼中的傳播者

　　儘管前面我們一一揭發了藏鏡人的真面目，像是傳播者個人、傳播組織的控制，還有行業的影響，例如：收視率、財務系統、大學教育、在職進修、官方正式的規範機構、自願性規範團體，以及消息來源和閱聽大眾等等，但是閱聽人卻沒有仔細區分這些控制來源，而是把整個傳播體系都當作消息來源對待。就像消費者只管餐廳的菜好不好吃、服務好不好，廚師、經營者、服務生等等幕後黑手，在消費者心裡都是「餐廳」。同樣的在閱聽人眼裡，訊息接收以前的都被稱作消息來源。

　　藏鏡人挖空心思的來控制或影響訊息內容，但是閱聽人也不是省油的燈，可以任意的隨傳播者操控和擺布。消息來源想要發揮影響，可得

先通過閱聽人心理的專家身分、消息來源的可信度，以及消息來源的數量這三種武器的試驗呢！

一、專家身分

前幾天剛就讀小學的姪子，吵著要買兩套風箏。我問他買兩套的理由何在，結果他的回答是：「因為我們老師說要買……」後來我發現，小姪子每次跟他爸爸媽媽溝通的時候，總會把「我們老師說」擺在前頭，而哥哥嫂嫂也抓到了要訣，每當要說服姪子或教訓他的時候，只要端出「老師」，小姪子就不敢違抗，就算哭喪著臉也一定去做。

學者們研究發現在說服溝通中，影響人們相信訊息來源的傳播屬實的最重要特性之一，就是可信度（credibility）（簡如君，1990）。Hovland、Janis 和 Kelley（1953）更進一步指出，決定消息來源可信度的兩項主要特質，「專家身分」（expertness）及「信任度」（trustworthiness）。所謂的「專家身分」，是指因為訊息來源所受的教育、專業訓練、經驗、社會背景、年齡，或個人擁有某方面的法定權力，而讓消息來源在訊息接收者的心目中，變成權威形象（簡如君，1990）。就像對小姪子來說，「老師」的話之所以像固不可破的聖旨，原因在於「老師」的身分，在他的心目中，已經成為權威，他對「老師」有絕對的信任。事實上，專家身分的影響是相當普遍的現象。例如：在收看氣象報導的時候，有經驗的氣象先生播報，像是當時的任立渝，就要比其他電視台新進的記者播報氣象能贏得更多人的信任。

在 Hovland 所領導的研究計劃裡，就假設一個訊息的成敗與否，在於傳播者是什麼樣的人，以便於了解傳播者可信度的高低，是否會對信息的呈現方式，以及閱聽人的意見和態度改變程度造成影響。這項研究中所提到的「專家身分」，指的是「傳播者是否被視為可靠的來源」，而「信任度」則意指「閱聽人對傳播者能否提供可靠消息的信心水準」。研究結果發現，受試者認為可信度低的消息來源所傳出來的訊息，比可信

度高的消息來源來得「偏頗」與「不合理」。不過,可信度高的消息來源的影響力卻只有立即性,經過一段時間之後,它的影響就會消失,而且可信度只影響了閱聽人接受說服的動機,不在閱聽人的注意力和理解的程度(王嵩音譯,1993)。

現象萬花筒

主播的形象

　　談到電視新聞,許多人的直接印象恐怕就是端坐在台前,衣著光鮮亮麗的新聞主播,他們往往是各新聞台的門面,扮演著電視新聞能否吸引觀眾的重要角色。美國知名主播華特・克朗凱所言,「電視新聞的成功沒有個人」,新聞的產製是團隊合作的成果,新聞的品質來自於採訪記者、攝影、企劃製作及行政支援的層層把關,主播所扮演的角色,不過是把作品呈現出來。然而,卻因為主播每天曝光所創造的收視率和明星無異,「電視新聞主播」逐漸取代醫生、律師,成了社會大眾心中的職業新貴。而近來,主播新聞頻頻躍上影劇版面,網路上也有主播個人網站,介紹主播個人的私生活和喜好,主播儼然與藝人、明星畫上等號。

　　2002 年 TVBS 主播薛楷莉疑似訛詐他人財物事件,再次讓主播的形象大受考驗,主播的角色與專業也成為討論的焦點。到底主播該重視裡子?還是面子比較重要呢?

　　近年來,由於媒體間的競爭激烈,許多電視台為了取得優勢,除了努力充實新聞報導的內容外,還爭先恐後的打出「帥哥美女主播牌」,或者是以親切的語言和具有「吸引力」的個人風格為訴求的競爭手法。淡江大學大傳系副教授趙雅麗表示,新聞主播明星化的現象產生,完全是因為國內觀眾對主播權威的仰賴和信任感還不夠成熟所造成的。由於觀眾無法從主播的表現感受到權威,像是氣象主播的專家權威一樣,所以誤以為,主播只要能順暢

的讀完稿子，讓觀眾看得賞心悅目，就可以替代新聞的專業性了。

　　事實上，主播的專業表現不應該在讀稿，而是在用字遣辭的講究與突發狀況的臨場應變，甚至還要參與新聞的製作。像華視新聞主播李四端（現任是 TVBS 晚間新聞主播）與中視主播沈春華，每天都親自參與編輯會議，必要時還會指派記者製作新聞專輯，以求新聞的深度、廣度與完美呈現。比如說美國 911 事件發生時，沈春華以中文即時翻譯 CNN 的新聞，帶給國內觀眾最新的狀況，TVBS 主播方念華在新聞中，透過訪談，深度解析新聞。如果主播沒有實際的新聞採訪經驗，就很難看到這些專業的表現。

　　新聞報導的品質來自於團隊的合作與主播臨門一腳的表現，新聞主播不應該獨享榮耀。而電視台的主管，也應該具備遠見和眼光，付出心力培養全方位的記者主播，來取代目前單純以帥哥美女牌吸引觀眾的主播，才能避免讓類似薛楷莉的事件造成電視台名譽上的損失。

資料來源：本文參考〈新聞主播的專業角色〉。《新聞評議》，285 期。

- -

　　此外，學術界對於專家身分在說服效果上的研究，也有相當斬獲。Horai 、Naccari 與 Fatoullah（1974）在實驗中分別操弄消息來源的專家身分以及外表的吸引力，結果發現專家的說服效果大於非專家。而Maddux 與 Rogers（1980）的研究也發現，在態度的測量上，專家的說服效果大於非專家，而且僅僅是「專家」，就可以對接收者的態度造成改變。Ginter 與 Lindskold（1975）以在同一團體中，操弄同謀者呈現資訊的多寡以及在互動前是否曾被介紹是一名專家，結果發現，當同謀者在和其他成員互動之前，被介紹是一名專家的時候，不管所呈現的資訊是多還是少，這個人都會被提名為領導人。由此可知，專家身分與信任度會對接收者造成影響（轉引自簡如君，1990）。

現象萬花筒

名人的威力

在看完「空中飛人喬丹一躍騰空十層樓高，強力灌籃的雷霆帥勁」，以及「眾人殷望與老虎伍茲一同輕鬆揮出三百碼外的完美英姿」等電視廣告之後，相信觀眾已經明白耐吉的心意了，任何其他華麗的文藻，也只不過是微不足道的贅言而已。

藉由名人代言的廣告策略，在現今的廣告中屢見不鮮，其中以重金禮聘運動明星或其他影歌星擔任代言人的方式，更是蔚為風潮。以美國為例，大約有五分之一的電視商業廣告，是由享譽國際的運動員和影、視、歌唱娛樂界等名人擔綱演出，為特定的企業品牌做見證。在國內，我們也經常可以看見像劉德華代言「馬桶」、金城武的「手機」、蕭薔的「晶瑩剔透」、伍佰的「尚青啤酒」以及立委游月霞的「肌樂」等等，都是企業挖空心思，覓得社會名流前來背書力挺，以爭取消費者購買企業服務或產品的有效戰術。在代言策略的運用，學者Schaaf提出必須考量代言者的個人形象、魅力、外型及風格的注意要項，學者Miciak及Shanklin則提出理想的代言人必須符合：(1)值得信賴；(2)要受到大眾喜愛；(3)產生負面宣傳的風險低；(4)符合目標市場需要；(5)代言酬勞合理等五項標準。其使用的手法就是運用名人的聲望與風格來反映產品特色及形象，與潛在的溝通，一來提升企業品牌的知名度，二來也能夠使背書的產品在顧客心中產生正面的聯想（程紹同，2000）。

劉嘉玲（左）與蕭薔（中）為化妝品代言，楊思敏（右）則為進口啤酒代言。

不過，企業廣告也可能會因為名人自身的形象，為產品帶來負面的效果。例如：1997 年 WBA 世界重量級拳王賽中，泰森咬下對手力菲德的耳朵；班強生在 1988 年漢城奧運中的禁藥醜聞；以及 NBA 中的「小蟲」羅德曼的叛逆行徑，反而使得企業遭到「適得其反，得不償失」的傷害。

雖然說廣告中所要傳達的訊息，透過名人代言的方式，可以引起消費者高度的注意，並留下深刻印象（Ohanian, 1991），但是根據研究結果顯示，消費者對代言產品的反應，取決於代言人與產品間的關聯性而定（引自程紹同，2000），顯見代言策略運用，並非萬靈丹。畢竟名人並不等於產品，代言人個人的魔力是無法替代企業對消費者所許下的真實承諾。因此，唯有信譽良好的品牌，企業才能與顧客之間維持在夥伴關係，而不只是在於一次的交易關係，在名人代言的相互輝映之下，名人代言才不致成為暫時催眠消費者的廣告策略。

二、消息來源的可信度

前幾天幾個大學同學約好下班後聚餐。餐廳的選擇，眾人一致通過交給一位目前擔任記者的同學來決定。原因不外乎是，這位同學一向對吃很講究，再加上她的採訪經驗裡，接觸餐廳的機會或得到訊息的機率要比其他人來得高，所以只要她說好吃的餐廳，我們幾乎是百分之百的信任與接受。

消息來源的可信度會影響閱聽人的判斷，過去這位同學所推薦的餐廳都獲得好評，使她的可信度增加，因此只要是跟吃有關的事情，我們都信任這位同學的眼光。而我們判斷消息來源的可信度其實是與下列三項資料來源有關：

第一，是閱聽人本身有關消息來源的先備知識與印象，像我們知道這位同學一向對吃很講究，還有過去她所推薦的餐廳都符合我們的口味等等。

　　第二，如果閱聽人對消息來源幾乎沒有先備知識與印象，那麼就會看看消息來源對其論點的指稱，有沒有任何具體的證明文件或資料，閱聽人會從這些證明文件資料來推論它的可信度。比如說，今天是其他人要一起去吃飯，而這位記者同學又不在場的時候，我們就會根據這家餐廳是不是曾經有名人推薦或媒體報導作為判斷依據。根據McCroskey（1969）所做的研究結果是，傳播者為了支持自己的看法，會引述他人之言。因為提出證據可以提高說服力，例如：像在報紙上經常可以看到記者引述「根據政府高層表示……」的說法。

　　另外，傳播者所引用的證據，又與個人經驗與否有直接的關聯。研究發現，要說服他人的時候，發現如果引用自身的經驗會比引用他人經驗更具有說服效果。像我的護理老師，每次介紹一種病例的時候，就會舉例說她的某某親戚或朋友得到了這種病，來引起我們的注意。

　　還有在部分的健康傳播上，也經常會找為某種疾病所苦的患者出面說明，像是總統府資政孫運璿呼籲高血壓的預防，會比衛生署其他官員或醫生來得具說服力。而且即使同樣是專家，有直接經驗的專家因為能提供原因，也會比無直接經驗的專家更具有說服力（Maass, Brigham & West, 1985；引自張滿玲，1990）。甚至其他研究發現，沒有直接經驗的專家不但比有經驗的專家欠缺說服力，和多數有親身經驗的凡夫俗子意見比較起來，影響力更是略遜一籌。

　　第三，訊息本身也是閱聽人評估可信度的重要來源之一。由於消息來源的可信度會影響到訊息的感知，而訊息也會影響消息來源的可信度，加上閱聽人對訊息的評估會影響個人對可信度的判斷，因此訊息品質被視為評估可信度相當重要的一環。

　　當不同的消息來源的訊息有所衝突時，閱聽人對消息來源又沒有什麼認識的情況下，閱聽人會選擇訊息結構較完整呈現，或是同時具備有說服力佐證資料的訊息；也就是針對訊息本身的品質來做決定。當訊息被完整呈現，以具說服力詳情、例子或資料呈現時，訊息對於可信度的評估，會有更多的衝擊，甚至成為最初可信度的評判。

　　訊息本身也會因為鮮明性比例的不同，而影響到對訊息接收者的說服力，而「情緒興趣」、「具體性」與「接近性」是影響訊息鮮明性的三個面向。

　　所謂的「情緒興趣」是指與事件主角熟悉的程度；「具體性」是指訊息被描述的仔細程度；「接近性」是指訊息與接收者在空間、時間、感覺上的接近程度（張滿玲，1990）。當訊息越能引起訊息接收者情緒上的興趣，或是在時空上和其很接近，或是被描述得很具體時，此訊息就越鮮明，對訊息接收者的影響也就越大。

　　可信度會影響訊息的判斷，而可信度該如何測量呢？Berlo、Lemert和Mertz（1969-1970）等人延續Hovland（1953）的觀點，採用Osgood語意分析量表方式，編製可信度的測量量表，把可信度分成「安全性」（safety）、「資格」（qualification）以及「動力」（dynamism）三個面向，作為媒體可信度的研究方向之一（盧鴻毅，1992）。而各面向所包含的因素有：

1. 安全性：安全／不安全、公平／不公平、和善的／殘忍的、友善的／不友善的、誠實的／不誠實的。
2. 資格：訓練有素的／未受訓練的、有經驗的／無經驗的、技術良好的／無技術的、能勝任的／不能勝任的、告知的／未告知的。
3. 動力：侵略的／柔和的、堅定的／猶豫不決的、大膽的／膽小的、主動的／被動的、活力充沛／疲倦的。

　　之後，許多研究者也都依Berlo等人所提出的概念，各自發展可信度量表，用以研究媒體的可信度。有研究根據這套標準來研究媒體的可信度，結果發現在所有媒體中，以電視的可信度最高，而國內學者所做的閱聽人對媒體的可信度評價，電視同樣占上風。

　　另外，為了了解閱聽人是如何對消息來源的可信度進行評估，以及評估過程如何反映訊息對閱聽人看法的影響，Slater和Rouner（1996）設計了一項研究，探究訊息品質對閱聽人評估消息來源的影響。他們首先把訊

息主題，透過前測的方式訂出與受訪者既有看法相關的議題，然後把它從雜誌裡選出來，改編成和受試者觀念完全相反的內容。至於改編的內容語氣、編排風格等因素則維持與原文章內容相似的一致性。然後由受試者在讀完之後，詢問受試者覺得文章寫得好不好、覺得有不有趣以及訊息與想法是否一致等，進行訊息品質評估。結果發現，訊息本身的品質將對閱聽人後來對於消息來源的可信度評估與看法改變，產生直接的影響。

三、消息來源的數量

針對「數量」與說服效果之間的關聯進行研究，結果發現，提供背景訊息（就是告訴訊息接收者在受試實驗中存在多少人、提出多少論點支持某立場的訊息）時的說服效果，大於沒有提供背景訊息。但是當受試者暴露在多重訊息來源與論點時，唯有多重訊息來源並呈現多重論點，也就是當三個不同消息來源有三種不同論點的時候，說服效果才會顯著；如果是單一消息來源呈現多個論點，或是多重消息來源呈現單一論點，說服效果都和只提供背景訊息無異。而且，唯有當訊息內容是強勢論點，暴露於多重來源，才會產生更多有利於主題的想法，導致更大的說服效果。

更進一步從訊息效益的觀點，來解釋多重消息來源能促進訊息接收者的訊息處理原因，是因為多重消息來源所呈現的多個論點，訊息接收者會認為這些論點較可能源自於不同的層面，以及相互獨立的知識群，因此更值得仔細加以推敲（簡如君，1990）。

訊息的產製，除了這些隱藏在背後的傳播者外，事實上，傳播者所使用的技巧，包括理性以及非理性的訴求，以及版面的編排，還有訊息的呈現方式等等，也都操控著訊息的製作和決定訊息的企圖。在下一章裡，我們就要公開傳播者在訊息製作時的秘密，也藉此機會教您如何看穿傳播者所慣用的伎倆，讓您成為更聰明的閱聽人。

現象萬花筒

愚人節看新聞小心被「愚」樂

「三箱金條，在南非流落一百年」。斗大的標題，報導著這樣一則引人注目的外電新聞。《中時晚報》在 2002 年 4 月 2 日的頭版頭條新聞中，報導在南非的礦坑中，發現了市價大約七千萬元的金條，並指出這是一個世紀前的南非華工，要捐給同盟會革命用的。晚報內容轉述南非《華僑新聞報》4 月 1 日報導：

原來《華僑新聞報》愚人節當天的頭條新聞是「南非將改名叫愛沙尼亞共和國」，指出南非這個前殖民主義者留下的名字，使人聯想起殖民時代的過去，而愛沙尼亞是這個國家古老的稱呼，開開玩笑的意思十分明顯。而且南非《華僑新聞報》還在一版特別刊出「警告啟事」，提醒讀者不要受騙，但是卻沒想南非戴比爾斯礦業公司兩名礦場工人，3 月 28 日在金伯利礦脈豎坑發現一個世紀前華工留下資助同盟會革命活動的三箱金條，這批金條重達兩百公斤（市值約兩百萬美元）。在斑駁的箱中，還有指名轉交「同盟會」某人毛筆書寫的信函。

這則新聞指出，南非認為清朝時兩岸沒有分開，已分別與兩岸駐南非機構接洽，中共大使館及台灣駐南非代表處都希望取得這批金條的歸屬權。

然而，不僅台灣的《中時晚報》刊登，連香港和大陸的一些新聞媒體，也都將六百多字的文章轉載，並有所引伸，配合各種專訪與資料，大篇幅刊出。但經過我國駐南非代表處查證，竟然是南非媒體愚弄華僑的愚人節作品。沒想到華僑沒被捉弄，反倒是國內晚報以此大作文章，而且連國民黨黨史館都上當。

這則愚人節新聞因為扯到金條和歷史，加上聽起來又是一樁兩岸競賽，鮮明的訊息內容與報社取決新聞價值的標準相符。而且因為消息來源與守門人之間的距離遙遠，查證不易，也難怪記者會上當。下次愚人節時，記得留意媒體上的訊息，小心有心人士設下的陷阱，才不會被「愚樂」喔！

資料來源：《中時晚報》、《聯合新聞網》。

關鍵詞

框架　framing

符號轉換　transformation

新聞價值　news value

中央桌子　central news desk

守門人　neutral gatekeeper

鼓吹者　participant-advocate

解釋者角色　interpreter role

傳播者角色　disseminator role

對抗者角色　adversary role

個人收視紀錄器　people-meter

偏向　bias in the media

操縱模式　Manipulative Model

霸權模式　Hegemonic Model

多元模式　Pluralist Model

可信度　credibility

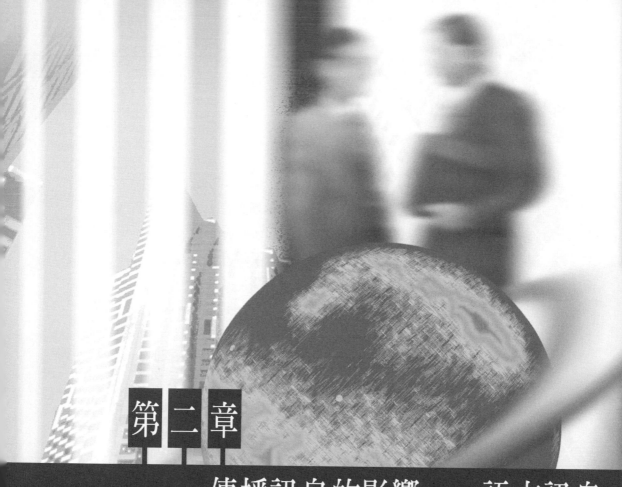

第二章

傳播訊息的影響──語文訊息

- 前　言
- 第一節　語文訊息研究的傳統觀點
- 第二節　訊息與說服
- 第三節　語文訊息中的框架效果
- 第四節　語文訊息的弦外之音
- 結　語

前　言

　　人類是群體動物，為了生存，彼此間必須是「有來有往」。而在這來往的過程中，人類利用各種符號（sign），包括聲音、語言、文字、圖像等來組成語文訊息（verbal）與非語文訊息（nonverbal），並透過一套複雜縝密的傳播系統層級，包括人際傳播、小團體傳播、大眾傳播等，來達到人與人之間意義的分享與關係的建立。

　　可想而知，人類社會所發展的傳播系統中，訊息的傳遞與接收影響人類歷史的演進與變化。Wallace Fotheringham 曾說：「只有經過設計且有意義的符號才能稱為訊息。」而對於訊息設計與意義的探討，語言學學科領域中如研究語言功能的語用學（Pragmatics）、語法學（Syntactics）強調語言的結構、文法、分類與規則，以及討論符號與符號間關係的語意學（Semantics）等，都有著成熟的發展。另外在其他學科領域如心理學、傳播學等，也對訊息的意義與設計有不同的觀察視野與研究途徑。本章擬結合心理學與傳播學取向，對語文訊息相關概念與研究做一陳述，全章共分三個部分，第一部分介紹心理學範疇中，對語文訊息研究的重要論點，本文稱之為傳統觀點，乃是因為這些研究出現的年代較早，而且是心理學在談論溝通議題時必然會論及的一些觀點；第二部分是討論語文訊息常見的說服或訴求策略，因為在傳播活動中，說服是最常見的傳播目的，因此介紹說服訊息的訴求策略，有助於我們更了解傳播活動中，語文訊息的作用；本文的第三部分則是將焦點拉到傳播研究中，近晚非常受到矚目的議題，亦即語文訊息的框架效果與弦外之音，框架的作用使得閱聽人能自動完成訊息意義的解讀，而弦外之音更能使閱聽人對語文訊息的解讀超越文字訊息本身。這些林林總總的研究暗喻著語文訊息的意義，常常不只是決定於語文訊息而已，因而第三章非語文訊息的重要性已然呼之欲出了。

第一節 語文訊息研究的傳統觀點

以往關於語文訊息的研究成果大都集中在如何說服目標閱聽眾，亦即如何改變閱聽人的認知、態度和行為。就Lasswell（1949）的傳播模式而言：誰？說什麼？透過什麼管道？向誰？產生何種效果？──「說什麼」和「達到何種效果」是語文訊息研究相當關切的重點。另外，傳統的語文訊息研究中，基本上亦是以心理學的「刺激─反應」論為其理論架構。

一、語文訊息呈現的方式

(一) 正面好？負面好？還是兩者並陳？

語文訊息內容的設計、結構、呈現方式等，往往對於想要說服的目標閱聽眾具有重要的影響。譬如說，對於爭論性的議題，傳播者僅是單面的將對某一議題的正面或負面的材料加以組織強化，傳達給閱聽人，比較能收到說服的效果？還是將包含正負面材料的訊息整合並陳，讓閱聽人自行判斷？

對於是「片面之辭」或是「正反意見並陳」哪一種訊息較能達到說服閱聽眾的效果，Hovland（1953）在二次世界大戰時，曾經為美國軍方進行這類研究。促使Hovland研究的動機與背景在於納粹德國戰敗投降後，美軍大都認為戰爭已經結束，所以普遍的失去戰鬥意志，但當時在遠東的日本仍在掙扎著尚未投降。Hovland的研究主要在呈現傳達戰爭尚未結束的單面訊息或雙面訊息對於美國士兵可能產生的影響與效果。

這項研究採實驗法進行，以同一廣播訊息的兩種不同版本，向受試者傳達戰爭仍將持續。受試者分為三組，實驗組二組，分別聽單面（強調日軍的野心與企圖）與雙面訊息（除強調日軍的野心外，另外訊息中

也指出對日作戰可能會打很久)，另一組則為控制組，不給任何有關戰爭的訊息。

　　研究發現，訊息本身（不論是單面訊息或雙面訊息）在對閱聽眾的態度改變上沒有太大的差別，反而是教育程度對閱聽人的意見改變具有影響力。正負面並陳的雙面訊息對於教育程度較高的受試者較為有效，而單面訊息則對教育程度較低者較為有效。同時，對原本就已經支持對日作戰的人，單面訊息的傳播要比正反面意見並陳的訊息來得更有效，也就是說，單面訊息對於閱聽眾有加強原有意見的效果。Hovland 依此發現，認為訊息的呈現對於閱聽眾是否產生影響應該要考慮到閱聽眾的預存立場（initial attitude）。

　　在商業廣告的語文訊息說服傳播中，究竟是採用單面論點或是雙面論點較佳？一般來說，在有關商業行銷的傳播行為中，傳統的研究觀點大都認為，採用正面訊息的單面論點對品牌形象的建立有一定效果，這也頗符合一般人的想法，中國人說得好：「老王賣瓜，自賣自誇」，大概不會有人搬石頭砸自己的腳。不過在美國有一些研究卻指出，在宣傳自我品牌的訊息中，如果包括一些負面資訊可能會比單一正面論點來得更有效果。

　　從實用的觀點來看，對某個品牌來說，當消費者或閱聽人已經有先入為主的負面態度或看法時，或是在商業行為中，消費者或閱聽人暴露在競爭對手所釋放的負面訊息下，雙面訊息是特別具有說服效果的策略方法。舉例來說，美國大陸航空公司為了挽回消費者的信心，在廣告或各方的公關訊息中，承認過去服務上的缺失（如誤點、任意取消航班等等）；但是在這些訊息中，他們也一再認真的承諾，保證這些缺失會獲得改善。

(二) 結論該怎麼下？

　　結論在語文訊息的架構中，往往扮演著傳播者立場表達的角色。好的結論能讓閱聽眾拍案叫絕，壞的結論則讓閱聽眾嗤之以鼻。到底一個

出色的結論，應該如何呈現？

根據以往相關研究的結果，結論如果是明確的表達出傳播者的意圖，要比使用暗示或沒有結論的情況，來得更有說服力。例如：Cooper 和 Dinerman 研究種族平等宣傳影片的效果，發現片中明確批評 Hitler 的種族政策部分，獲得相當大的回響，而藉批評 Hitler 暗示美國本身種族歧視訊息，效果則不佳。另外像 Catwright 、 Katz 和 Lazarsfeld 等人的研究，也得到訊息本身的結論與建議越明確，閱聽眾越可能接受與遵循的結果（徐佳士，1966）。

不過，訊息結論的明確與否，倒不一定和傳播者所預期的效果相一致，仍得視閱聽眾的性格、預存立場及所處情境而定。例如：某公司可能因為業務的關係，宣布公司內的某批年輕職員人事異動，異動的單位是離家遙遠的分公司。當公司經理決定給予這批年輕職員精神鼓勵，決定來段「精彩演說」：「調職是對公司整體業務的提升，所有公司的職員都該服從公司的命令，你們都還年輕，到分公司是磨練的機會，可以累積經驗。」從傳播者（公司主管）的立場看來，這段訊息言簡意賅，充分把公司的決定結論告知下屬，但對閱聽眾（職員）而言，可能不但不被鼓勵，反倒對調識產生極端不滿，甚至引起反效果（辭職）。

換個角度，如果主管演說的訊息內容是：「公司就像家一樣，大家都是這個家的未來，公司的業務需要大家的支持，雖然你們日後不常在這裡，但我們還是一家人。」「調職」這個直接明確的結論雖隻字未提，但可能達到的激勵效果會較佳。

(三) 誰先？誰後？

Lund 認為針對同一個有爭議的問題，先提出的論點，要比後來所提的論點更具說服力。不過，Hovland 和 Mandel 總結 Lund 的研究，勉強同意先發表的論點比後發表的論點有利。Hovland 對於論點的次序提出幾點結論（Hovland, 1953 ；轉引自徐佳士，1966）：

1. 具爭議性的問題，如果正反論點是由不同的人所提出，那麼先提出的不一定有利。
2. 正反論點如果由同一人提出，可能會使先發表的論點比後發表的論點有利。
3. 如果閱聽眾有強烈的求知動機，那麼論點提出的先後順序則影響不大。
4. 訊息內容如果涉及閱聽眾的需求與滿足，那麼訊息先激起閱聽眾的需求，再提論點比較有效。
5. 如果預期訊息內容會得到閱聽眾的同情，那麼先提出較佳。
6. 當閱聽眾對爭議的問題不熟悉時，先提出的論點較為獲得閱聽眾的注意。

　　如果從訊息處理的觀點解釋，訊息論點提出的時間先後，將影響閱聽眾對該論點的記憶。序列效應（serial-position effect）就是指多個項目（論點）連續出現，因為在序列中的位置不同，而影響到學習後的記憶（張春興，1991）。從個體學習與記憶的倒鐘型序位曲線來看，曲線前端表示剛學習或接收的訊息，此時閱聽眾最有印象，也最容易記憶，這種效果稱為初始效果（primary effect），先發表的論點比後發表的論點有利就是基於這個效果；另外，曲線後端的部分表示最後學習或接收的訊息，因為時間最近，學習接收到的材料最容易記憶，這種效果稱為時近效果（recency effect），對閱聽眾來說，後發表的論點如果比先前發表的論點有印象，可說是基於這個效果。

　　不過上述只是實驗研究下的客觀事實。閱聽眾本身的內外在條件，如能力、動機、情緒、經驗以及訊息本身的完整清晰與否等等，都是影響閱聽眾接收語文訊息的重要因素。

(四) 要出現幾次才夠──重複訊息的效果

　　一般的傳播者都相信，當閱聽眾不斷的暴露在同一訊息下，將使閱聽眾達到記憶的效果。從認知心理學的角度分析，閱聽眾如果不斷的暴

露在同一訊息下，事實上是強迫閱聽眾不斷的對訊息進行複誦（rehearsal）。複誦的功能，不但可以阻止目標訊息被其他訊息取代，可以保留在「初級記憶」〔primary memory，或稱為短期貯存（short-term storage）〕裡，也可以使訊息轉送到不受容量限制的「二級記憶」〔secondary memory，或稱為長期貯存（long-term storage）〕，得到長久保存（鄭昭明，1993）。

不過，訊息重複的呈現，雖然能使閱聽眾容易記住訊息，但是也會造成閱聽眾煩躁與反感。Becker 和 Doolittle 對選舉廣告的研究中發現，適度的重複訊息可以讓選民增加對候選人的印象及認同，但是過度的重複將引起選民的反感。學者 Klapper 及 Merton 都認為，訊息重複中如果有變化的話，將提升說服效果（徐佳士，1966）。

廣告學上，有所謂的「三打理論」，即同樣的廣告訊息，必須出現至少三次，才能使消費者記住。而「三打」之後，亦有人提出「七打」，至於同樣的訊息究竟要重複幾次，還是得視廣告目的的需要和媒體企劃的評估，以做適當的規劃。

現象萬花筒

三打理論的測量指標

在廣告活動之前只要媒體的 CUE 表排好，使用 AC 尼爾森媒體作業系統，很容易可以統計出媒體效益為何，事先評估預知這波廣告活動的到達率、頻率、每一收視聽點成本等。在 CUE 表執行後可進行媒體效益事後評估，因為 CUE 表的異動和實際收視率波動，事前和事後評估一定不會完全一樣，但也相去不遠。

可是有很漂亮的媒體效益並不一定等於媒體效果，著名的三打理論，告訴我們一個廣告至少要接觸三次以上才有效果，接觸十次以上就會產生厭煩。但這理論並沒有告訴我們一支廣告影片真正要看幾次才有效果？三

至十次的範圍是有點大，所以也不容易測到所謂的「媒體效果」。假如提示品牌知名度等於有效到達率，據此法則，我們就可知道一支廣告影片至少要看幾次，才能學會認識「知道」一個品牌的品牌名。

提示品牌知名度是這樣訪問測得的，給受訪者看一張品牌的列表，然後問：「請您指出這裡列的品牌，哪些是您知道的、聽過的，請勾選之。」以電話訪問的情況下，將品牌逐一念給受訪者確認。

根據實務廣告效果調查的經驗，提示品牌知名度與媒體效益評估的到達率差距往往有一段距離，常常是到達率等於80%，提示品牌知名度只有40%至50%，為什麼？我們都會有「視而不見，聽而不覺」的經驗，媒體效益的計算是以接觸率為計算單位，接觸到媒體並不一定會接收其所傳遞的訊息，因此這種媒體效益與廣告效果的測量有差距也不足為奇。如果要計算有效的到達率，一般而言，根據三打理論至少要接觸三至十次，根本無法定義幾次才是有效的到達率。假如提示品牌知名度等於有效到達率，提示品牌知名度應該可以作為媒體效果的指標，據以探知廣告活動的媒體效果，目標觀眾群有多少比例學會認識品牌。

一則廣告要看幾次才「有效」，首先要對「有效」做更精準的定義，否則無法進行測量，本文主張以提示品牌知名度作為三打理論中「有效」的指標。如此將更能廣泛運用三打理論，配合廣告效果調查，對安排媒體預算上將有很大助益。

資料來源：轉引自邱高生（2004）。〈重寫三打理論的有效指標〉。《突破雜誌》，222期。

二、語文訊息研究的相關理論

從以上的敘述中可以了解語文訊息的呈現和閱聽眾間的關係，接下來我們可以從訊息研究中兩個重要的社會心理學理論，來思考語文訊息能不能如傳播者的「意圖」而奏效：

(一) 免疫理論

免疫理論（Inoculation theory）是由McGuire（1964）從社會心理學類推發展而來的，免疫理論的應用本質上是指在同一個傳播行為中，傳播訊息包含了輕微的攻擊論點與反駁這些負面攻擊的論點；此時人們會增強既有的認知立場，態度不輕易受改變。同時，McGuire 認為，單面訊息是一種「明顯的過度說明」（belaboring obvious），對於訊息的接收者缺少足夠的動機去認真的看待資訊。在 McGuire 的觀點中，雙面訊息要比單面訊息來得更能「獲得注意」（attention getting）。

在1970 年代，許多的雙面訊息的廣告研究都應用免疫理論，這些早期的研究也都發現，如果認同的態度是建立在正反面論證中，當面對改變態度的訊息時，更可以不受影響。因此，如果你的傳播意圖是要鞏固閱聽人的態度而不被影響，那麼你可能可以從免疫理論中得知平時你對閱聽人的傳播策略應如何設計，才能使閱聽人對反面訊息的殺傷力具有抵抗的能力。

(二) 歸因理論

歸因理論（Attribution theory）為個體對事件成因歸類的歷程，即人們經由觀察個體的行為，推論其動機和意圖所產生的態度或行為形成原因的過程。

歸因理論由社會學家 Heider 提出，對於個體行為做歸因解釋時，有兩大原則：

1. 外部歸因（external attribution）：即認為個體行為發生的原因是由於個體所處的情境導致，又稱為情境歸因（situational attribution）。
2. 內部歸因（internal attribution）：即認為個體行為發生的原因是由於個體的性格所導致，又稱為性格歸因（disposition attribution）。

　　歸因理論特別應用在雙面訊息的廣告傳播中，當閱聽眾接收單方正面訊息的廣告時，所傾向的解釋僅是「廣告商在賣東西」的情境歸因，但是如果呈現的是正反並陳的雙面訊息，閱聽眾對於廣告的認知評價會較傾向於「說實話」（telling the truth），對廣告商而言採性格歸因，廣告商所傳達的訊息可信度也隨之提高。因此，傳播訊息不能只從傳播者的角度來看，更要從閱聽人的角度來了解他們會如何解釋傳播者的動機，如何讓閱聽眾對傳播訊息與傳播者做出內在歸因，應是傳播者必須重視的。

第二節　訊息與說服

　　傳播的目的，絕大多數在於說服，即使只是單純的想要「告知」閱聽人，傳播者還是得面臨如何使閱聽人「相信」他們所接收到的訊息是「真的」的問題。因此了解語文訊息中常被使用的訴求策略，有助於理解為何會有如此的語文訊息效果。

一、語文訊息中的理性訴求

　　在語文訊息中，如果以數字、證據或者法令等支持所陳述的意見，即為理性訴求（rational appeals），也可稱為邏輯性的訴求。舉例來說，政府交通部門宣導騎乘機車戴安全帽的措施，常顯示機車事故的統計數據，並且將戴與未戴安全帽的死亡率列表，使民眾看到統計數據，產生「理智的抉擇」；而在語文訊息當中，以理性作為訴求特性，傳播者所採取的基本策略通常假設：

1. 閱聽眾全然是「理性」思考的，對於暴露在任何外界的訊息，都會主動的理性思考。並且依理性思考下的結論作為行動的依據。

2. 聽眾暴露在語文訊息傳達呈現的環境中，本身具有操弄（manipu-
late）訊息的理性動機。

3. 閱聽眾有操弄語文訊息的能力。

換言之，語文訊息的理性訴求，就是訊息的呈現對閱聽眾而言是
「說之以理」的過程，即抓住閱聽眾渴望從傳達的語文訊息中，找到足以
說服自己的論點，或由語文訊息中得到「經濟性」、「資訊性」的利益
（祝鳳岡，1996）。

這一類理性訴求的語文訊息，除了前述政府機關向民眾宣導政策施
行外，另在選舉時的競選文宣與一般商業性廣告中都可見其概念的使
用。例如：2002 年 5 月到 6 月台灣北部久旱不雨，石門與翡翠兩座水庫
水位一度接近呆水位，政府中央抗旱小組與台北市政府在這段時期中，
不斷的透過媒體報導這兩座水庫每日的水位高度、蓄水總量及每日北部
地區民眾的總消耗水量，來支持限水政策的「合理性」；當這三者的資
訊數據傳達給閱聽人，閱聽人會依這三者的訊息做出「理性決策」，決定
是否配合政府的省水措施。競選文宣中，亦常見候選人拿出議會出席
率、相關政策制定完成率等數據，向選民證明其「用心於政」。

在國內選舉的相關研究中，鄭自隆（1997）在 1995 年度台北市長
「候選人電視辯論訊息策略及其效果之研究」中指出，理性訊息對對手的
攻擊比感性攻擊來得有效；亦即，攻擊對手的訊息應採理性訴求策略。
該研究也同時指出，不論正面議題或負面議題，都是理性訴求策略應用
優於感性訴求策略；而電視辯論中應該充分的引用證據、事實或數據以
攻擊對手，情緒性的謾罵並不會引起閱聽眾的共鳴。

商業性廣告的理性訴求運用更廣。舉例來說，在報紙與雜誌的汽車
廣告可常見某廠牌車型與其他廠牌，特別是世界著名的廠牌如賓士、
BMW 等所做的性能比較表。這些表格詳細的敘述如馬力、迴轉半徑、耗
油量等數據，提供消費者做「經濟理性」思考下的購買決策。

理性訴求究竟有哪些特色呢？祝鳳岡（1996）指出廣告訊息的理性

訴求具有以下幾個特點：

1. 基礎性性質：廣告訊息的理性訴求具有基礎性的特質，該特質提供給閱聽眾做消費前的理性判斷。

2. 功能性導向：廣告訊息的理性訴求以凸顯產品的功能性爲導向。

3. 機械論導向：廣告訊息的理性訴求以產品本質爲中心，非人性化、唯物與機械觀爲其訴求重點，主要強調產品的實用性爲目的。

4. 邏輯性思維：廣告訊息的理性訴求，其訊息內容強調邏輯性思維，使閱聽眾對訊息內容具因果性的理解。

　　傳播者若充分掌握上述的訊息特性，便也能夠製作出十分「道地」的理性訴求訊息了！

二、語文訊息中的感性訴求

　　語文訊息中的感性訴求（emotional appeals）也常被傳播者大量的使用，不管在文學、政治文宣或一般性的廣告等，都可見其使用蹤跡。

　　感性訴求是引起閱聽眾特殊的情感或情緒性的反應，它比理性訴求更能感動冷漠的受聽眾。而就傳播心理的取向上，可將其定義爲訊息「能引起閱聽人的情緒，藉以引起高興、期望、悲傷等情感性反應，而與閱聽人產生心理上的接近性（psychological nearliness）」。

　　以廣告訊息訴求而言，無論是平面或電子媒體廣告、商業或公益廣告，都可見感性訴求的使用。這類的感性訴求特質包括了幽默訴求、恐懼訴求等等。舉例來說，台灣的公益廣告中，像董氏基金會的禁煙廣告、行政院衛生署預防登革熱等，都是在公益廣告訊息中強調──如果「不戒煙」、「不預防」──下一個可能就是你的「恐懼訴求」；商業廣告則像是強調低熱量、低卡的食物，抓住了現代社會人們怕胖、怕文明病的「預期心理」。

　　情緒的基本典型特質，包含了快樂（happiness）、生氣（anger）、恐懼（fear）、悲傷（sadness）和厭惡（disgust）、希望（hope）、自尊（pride）、挑戰（challenge）與興趣（interest）等。Plutchik（1994）曾將人類的情感內涵區分為兩種：一種是初級情緒（primary emotions），另一種則是次級情緒（secondary emotions）。在初級情緒部分，Plutchik 將其歸類成八個元素（components）：快樂（joy）、贊同（acceptance）、期望（anticipation）、生氣（anger）、厭惡（disgust）、悲傷（sadness）、驚訝（surprise）與恐懼（fear）。

　　而語文訊息中也存在著大量的次級情緒，這些次級情緒的歸類（label）是由上述八類的初級情緒元素所融合（blend）而成。大部分的感性廣告訊息訴求是使用次級情緒歸類，例如：「愛」（love）和「親切」（friendliness）的次級情緒歸類，是快樂（joy）融合接納（acceptance）而成；內疚（guilt）則是快樂（joy）融合恐懼（fear）兩種初級情緒元素（Plutchik, 1994）。

　　通常解析廣告語文訊息，仍是採用基本情緒元素（primary emotions component）作為工具（祝鳳岡，1996）。而在相關研究中，情緒訴求的研究最常被提及的，也是研究成果最豐碩的，要算是兩類的研究，一是恐懼訴求，二是幽默訴求。以下便以此兩類情緒訴求為題，進一步論述其研究成果：

(一) 恐懼訴求

　　恐懼訴求是指用威脅或使閱聽人心生恐懼的方式達成說服目的。Janis 與 Feshbach 以「學習理論」為基礎，在 1953 年做了一項實驗，他們讓受試的高中生看一部影片，該影片是宣導用餐後必須刷牙的重要性。Janis 與 Feshbach 的基本假設認為，強烈的恐懼訴求會導致閱聽眾的態度改變；因為恐懼感將使得閱聽眾增強關注訊息的程度，並轉換成接受該資訊。實驗結果顯示，受試的高中生中，接觸低度恐懼訴求的比較能接受訊息中對牙齒保健的建議；相對的，高度恐懼的訴求訊息雖然對受試

者留下了深刻的印象，但對於牙齒保健的建議，並無行為上的改變，甚至出現反效果。

不過，日後的研究如 Leventhal 等人所做的破傷風預防注射恐懼訴求研究卻又顯示，對受試者而言，喚起的恐懼越大，願意接收預防注射的動機越強，Leventhal 的研究結論認為，高度的恐懼訴求不僅產生態度轉變，對受試者的行為也具有改變的效果。

Janis 和 Leventhal 的研究結論顯然有明顯的差異，雙方各自再為其支持的論點發展理論與實驗設計。Janis 認為，閱聽眾喚起（arousal）的恐懼程度越低時，恐懼越高所產生的態度改變越大，當超過一定限度後，因喚起的恐懼太強烈，反而造成閱聽眾產生防衛，所以態度的改變也就減小。

Leventhal 和 Cameron 提出了恐懼導向模式（fear-drive model），這個模式建基於學習理論，假設具威脅性的訊息內容激起恐懼，這類恐懼會激起（motivate）受試者去形成（form）和複述（rehearse）一種心理上的機制，這種機制是一種防禦性的反應，將使個體驚恐的感覺減少。Leventhal 與 Cameron 也認為，恐懼的減少也將自動地引導學習或是增強（reinforcement）防禦性反應。

公益廣告的訊息傳達，常用負面的情緒如恐懼、羞恥等作為訴求手法，其目的不外乎藉由喚起閱聽大眾對訊息所產生的情緒移轉與不舒適感，以達到宣導的效果。Isen 和 Diamond 指出，負面情緒的產生，會使得人們對於訊息的處理採取理性的分析策略，來消除不愉快的感覺。徐美苓（1996）於健康宣導廣告訊息的研究中，在一項針對愛滋病防治訊息設計的實驗中發現，在感性訴求下，負面的恐懼訴求會導致受試者投注較多的注意力，也記得較多正確的廣告訊息，並且認為這些訊息內容是重要、可採信且具有說服力，而對愛滋病防治廣告增加其正面評價。

(二) 幽默訴求

我們也常見幽默的訴求手法大量的使用在語文訊息中，幽默手法繁多，包括含侵略攻擊意味的幽默、性幽默、毫無意義的幽默等等。另

外，在語文訊息中，採用幽默手法不見得人人覺得有趣，往往得視訊息傳達對象的情況而定，性別就是其中一個重要的變項。就像台灣某些頻道的談話性節目或是電視娛樂節目，主持人開黃腔訴諸性幽默早是司空見慣的事，對男性而言，可能覺得有趣，但卻也往往會引起女性閱聽眾的不滿，甚至女權團體的抗議。

　　有學者認為，幽默訴求只能引起層次較低的效果。也就是說，語文訊息當中如果採用幽默手法，僅能短暫的吸引閱聽人的注意，對閱聽人的態度與行為則沒有顯著的改變（Severin & Tankard, 1988，轉引自羅世宏譯，1992）。

　　不過幽默的訴求手法還是能夠讓閱聽眾在接受訊息時感到快樂（enjoyable），大量的使用在電視節目與廣告訊息中。Weinberger（1995, 1992）等人的研究指出，在美國24%的電視廣告都應用了幽默訴求手法。對商業廣告來說，幽默訴求手法的使用也能提升對廣告的注意力。另外美國境內的高收視節目中，則有超過45%屬於幽默風格。

　　Perry、Jenzowsky、King、Yi、Hester和Gartenschlaeger（1997）認為，廣告訊息的幽默程度和節目對閱聽眾是否具吸引力有著正面關係。Jenzowsky這項假設是根據刺激轉移理論（excitation transfer theory）而來。Zillmann等人（1974）指出，藉由「傳播生產」（communication-produced）刺激的「高度激發程度」（high arousal levels），將會「激勵」（energize）「後暴露」（postexposure）的情緒狀態，這種現象稱為「刺激轉移」（excitation transfer）。舉例來說，某些電視節目的精彩程度，刺激閱聽眾產生高昂的情緒，而這樣的情緒狀態會延伸到節目中場時間（time break）對廣告內容收看時的評價，產生情緒上的移轉作用。在Jenzowsky的研究中，則認為電視節目和廣告訊息間的關係，是一個可逆的過程；亦即，節目的調性會影響閱聽眾收看廣告的方式，而Jenzowsky則對廣告幽默程度和閱聽眾對節目的愛好，進行實驗驗證。

　　Jenzowsky假設廣告訊息中的幽默程度越高，閱聽眾對節目的吸引力也隨之提高。其研究結論得到：

1. 當節目中的廣告訊息使用幽默訴求越多，閱聽眾對節目的娛樂性評價越高。

2. 廣告訊息中的幽默程度有助於閱聽眾對節目的喜愛。

3. 廣告訊息形成越高的幽默刺激，閱聽眾對節目會覺得更有趣，符合 Zillmann 的「刺激轉移說」。

國內唐士祥（1993）則關注幽默廣告在不同情境下對不同涉入程度產品的說服效果，認為涉入程度可能是導致幽默廣告有不同效果的一個重要中介變項。幽默廣告的有效性在研究時應考慮「與個人相關的情境來源」（情境涉入），以及「與個人相關的內在來源」（持久涉入）（Celsi & Olson, 1988，轉引自唐士祥，1993）。唐士祥的研究結論指出，對於不同的產品，要用不同的廣告訴求方式，才能達到說服效果。像電腦這種高涉入感的產品，適用一般廣告；而以奶茶此種低涉入感的產品，則是幽默廣告的說服效果較好。

現象萬花筒

最近電視上出現一則汽車廣告，先生在飯局上喝了些酒，便由太太來駕車回家。一路上，先生十分不安，不斷緊拉車上方的扶手，雙腳還不自覺的踩煞車動作。太太說：「我有一種不被信任的感覺。平常你開車的時候，我們坐在旁邊都很放心，你知道為什麼嗎？」先生說：「因為我開車技術好啊！」太太說：「錯！大男人！因為我信任你。」

這是中華汽車 SAVRIN 休旅車的廣告內容，充分運用感性訴求來描述女人開車、男人乘車常見的景象，引發不少女性的共鳴。此則廣告中主打的不是汽車的馬力有多少、容量有多大等理性的資訊，而是利用激發觀眾情感的方式，來吸引觀眾的注意，進而產生對產品的好感。在感性訴求的的運用上，發揮了極大的正面效果。

三、宣導活動中的訊息設計原則

在論述完語文訊息的訴求策略之後，本章很想帶領讀者實地了解一則說服性的訊息要如何設計，因此在這一小節中，主要談論在公共宣導活動（public communication campaign）時，該掌握哪些原則，才能夠有效的說服閱聽人改變認知、態度與行為。

McQuail（1994）提出一個傳播說服矩陣模式（The communication /persuasion mode as an input/output matrix），如**表 2-1** 所示檢核表（checklist）的功能，能夠幫助訊息製造者以系統的方式一一核對其訊息設計的步驟與重點。

在這個模式中，McQuail 以 Lasswell 的 SMCRE（Source 、 Message 、 Channel 、 Receiver 、 Effect）傳播模式為基礎，將其分別設定為獨立變項與依變項。依變項部分則分為十二個步驟，是個體接收訊

表2-1　傳播說服模式（輸入／輸出矩陣）

輸入：獨立變項（傳播）　　輸出：依變項（傳達說服的反應步驟）	來源	訊息	通道	接收者	目的地
	1.人數 2.一致性 3.人口特性 4.吸引力（魅力） 5.可信度	1.訴求形態 2.資訊形態 3.含括／省略 4.組織 5.重複性	1.形式 2.直接 3.情境系絡	1.人口特性 2.能力 3.人格特質 4.生活形態	1.立即／延遲 2.預防／中止 3.直接／免疫
1.暴露於傳播中					
2.注意					
3.喜好，感興趣					
4.理解（知悉什麼）					
5.技巧獲得（學習如何）					
6.服從（態度改變）					
7.內容記憶儲存並且同意					
8.資訊找尋檢索					
9.基於檢索內容決策					
10.以決策為準做出行動					
11.增強行動的欲望					
12.行為後的強化					

息開始到行為改變並強化的過程，而所有的傳播說服過程中的特徵及設計，都可以在這個矩陣上進行評估及改善。

McQuail 特別指出在訊息設計上需要注意幾個要素：

1. 在依變項（個體認知、態度、行為改變歷程）的十二個步驟中，都受到獨立變項的影響，並且依變項每一個步驟都是以之前的步驟為基礎。

2. 訊息的設計必須掌握上述原則，不能踰越。McGuire 以廣告訊息為例，認為購買收視率報告的這種行為往往在於從閱聽眾暴露在訊息的涵蓋範圍，而樂觀的推估這些被廣告訊息涵蓋到的閱聽眾一定會產生行為上的變化（購買行為），這即是從依變項的步驟1（訊息暴露）直接跳入步驟 12（行為改變並強化），而忽略其中的必要過程。

3. 訊息的設計必須針對閱聽眾的喜好、需求、人口特性等等來設計，依此來決定訊息中該放入何種材料及元素來增強閱聽人的認知與態度（McQuail, 1994）。

第三節　語文訊息中的框架效果

如果你常看台灣的電視劇，可能會發現到有一些固定的台詞，比方說：

「天哪！我到底是造了什麼孽，老天爺要這樣子對我！」
「廢話少說，看招！」
「爹、娘，人家不來了！」

對一般觀眾而言，聽到這樣的對白，其實都有個共同經驗——往往不需要看下一個場景——「用腳趾頭想都想得出來要演什麼」！

　　以上例子其實指出觀眾在接受這些戲劇對白的語文訊息前，腦中早已預存一個固定的模式。這個模式是閱聽人接受訊息、解讀訊息的「框架」（frame）。「框架」的概念與心理學所談的「基模」（schema）有著相當重要的關係。認知發展論的創始人Piaget就指出，個體各自有其認知結構（cognitive structure），這個認知結構就是基模，也就是個體既有的認知經驗。當個體面臨刺激情境或問題情境時，第一步的適應方式，就是將外在刺激「核對」既有的認知架構，同時產生認知作用，並且將所遇到的新經驗，納入舊有的經驗架構中（Piaget, 1970；轉引自張春興，1991）。

　　法國社會心理學家Moscovici也認為個體的認知架構中，都存在著某種「典範」（paradigm）（此處所說的「典範」，與「框架」、「基模」有異曲同工之處），雖然個體不見得一定自覺到這個典範的存在，但透過這個典範，個體能將外來刺激進行分類；任何的分類系統，都是以這個典範作為基礎（Moscovici, 1984；轉引自臧國仁，1999）。

　　從Piaget和Moscovici的解釋闡述，可知個體（或閱聽眾）以既有的認知結構向外在世界進行分類判斷。對閱聽眾而言，外在刺激往往只是一個提示（cue），而喚起閱聽眾的過往經驗以便對事件進行判斷與決策。這種既有框架為何形成，如何形成，成為心理學與傳播學的另一研究取向。

　　新聞報導中的語文訊息往往最直接形成閱聽眾對新聞事件的認知架構（框架）。就語文訊息形成的框架意義來說，新聞報導的高層次意義經常以特定的形式出現，像標題、導言、甚至是直接引述（臧國仁，1999）。新聞報導所呈現的語文訊息，其文本結構都由每個命題（proposition）與命題間組成主題形式。例如：某報標題為「海軍爆破大隊結訓，天堂路考驗」，「海軍爆破大隊結訓」就新聞事件本身來說，是一個完整命題，當閱聽眾接收這則訊息時，能夠利用先前的基模對該則新聞事件做出認知與判斷。而「天堂路考驗」亦為一命題，不過相對於前述命題（海軍爆破大隊結訓），在閱聽眾的認知基模中，可能就是一個新的概念架構，需要經由中層次、甚至更低層次的認知架構意義來給予解

釋、核對，形成新的認知架構。Van Dijk 稱這類的文本結構為「新聞基模」（news schema）。而新聞報導的中層次意義則在於對新聞事件的前因後果、歷史、影響、評估等，以上述新聞標題所指的新聞事件為例，閱聽眾可以藉由報導中對於海軍爆破大隊結訓的歷史淵源等背景知識，來了解何謂「天堂路」。低層次意義則在於語文訊息中的文字或語言上的符號表現，包括由字詞組合所形容修飾成的修辭風格，以及語句語法結構等等（臧國仁，1999）。同樣是上述之新聞事件，該則新聞內容報導的內文：

> 「天堂路」僅有十五公尺，步道上滿布大小不一、且又非常尖銳的珊瑚礁石，受測學員不僅必須……匍匐前進……前後翻滾，如同人肉壓石機般翻轉，通過者無人不是皮破血流，甚至磨掉一層皮，一旦咬牙苦撐通過，就成為特戰隊中最剽悍的爆破隊員。就如「天堂路」步道入口處的對聯「細皮嫩肉鍊銅牆」、「脫胎換骨變金剛」。

如僅被記者報導為「『天堂路』步道上滿布珊瑚礁石，受測學員通過後，就成為特戰隊中的爆破隊員」，所表達的情境在程度上就有所差距，對於閱聽眾在解讀、分析該則新聞報導後，對實際發生的新聞事件與形成新的「新聞基模」將有所不同。

某些語文訊息在結構上所表現出來的固定模式，往往主導閱聽眾對事件的判斷與認知。McLeod 與 Detenber（1999）在一項針對電視新聞對社會抗議事件報導的研究中指出，抗議新聞典範（the paradigm of protest news）往往對閱聽眾產生框架效果（framing effects）。抗議新聞典範的元素包括了故事結構、消息來源、公眾意見的反映等等。而這類的框架導引新聞工作者如何組合事實、引述及其他事件元素，並將該框架置於新聞報導上，而支配閱聽眾如何詮釋此一新聞事件，並且激發閱聽眾的想法，用來評估某些團體、議題和新聞事件中的其他元素。

現象萬花筒

海軍爆破大隊結訓　天堂路考驗

海軍陸戰隊爆破大隊學員在
「天堂路」上接受嚴苛的考驗。
記者陳俊合／攝影

【記者陳俊合／高雄報導】海軍水中爆破大隊昨天進行受訓學員的地獄週結訓，展開令人膽寒的「天堂路」考驗，受測者雖是皮破血流，卻展現「不怕苦、不怕難、不怕死」的精神，咬緊牙關完成最後檢測，許多家屬到場加油打氣，心裡雖有萬般不捨且眼眶泛起激動淚水，不過見到學員奮力通過層層考驗，心中也跟著感動起來，並一起高聲歡呼與祝福。

海軍水中爆破大隊七十六期爆破班，昨天上午在海軍左營基地海軍陸戰隊訓練營地桃子園灘地舉行結訓典禮，由海軍水中爆破大隊長林建中主持訓練最後階段的「天堂路」驗收成果，學員必須通過後才能成為爆破隊員，否則前功盡棄還得遭到退訓。爆破班最後一週的「地獄週」受訓，須經過這一週睡眠時間總共不到十個小時的嚴苛訓練，「天堂路」考驗更是最後關鍵。

「天堂路」僅有十五公尺，可是步道上滿布大小不一、且又非常尖銳的珊瑚礁石，受測學員不僅必須在這些珊瑚礁石上匍匐前進，更要前後翻滾，如同人肉壓石機般翻轉，通過者無人不是皮破血流，甚至磨掉一層皮，一旦咬牙苦撐通過，就成為特戰隊中最剽悍的爆破隊員，就如「天堂路」步道入口處的對聯「細皮嫩肉鍊銅牆」、「脫胎換骨變金剛」。

七十六期爆破班受訓學員計有六十多人，經過嚴苛訓練和篩選後，昨天參加受測的學員僅有三十二人，最後全數變金剛，成為合格的爆破隊員，通過「天堂路」考驗者都喜極而泣，家屬在旁看了也激動不已。

林建中指出，學員已在「地獄週」先後完成爆破震撼、枕木扛抬、匍匐前進、跳躍翻滾、操艇、巷戰與突襲等訓練。昨天取得正式的爆破隊員後，未來還得接受更嚴格的水中專業訓練，展現海軍水中爆破大隊是特戰隊中的特戰隊，是敢戰善戰的特戰士。

資料來源：摘自《民生報》，2002/7/14。

第四節　語文訊息的弦外之音

還記得我們是小孩子的時候嗎？當我們說出第一個字（通常是叫爸爸或是媽媽）時，事實上我們已經開始由「語文訊息的傳播」（verbal communication）對我們所存在的社會學習，並且發展如自我感官、自尊和自信。

語文訊息傳達信仰、觀念、價值及人類歷史，並且促使人類去思考、改變、行動；人類藉由語文訊息的傳達建構社會意義。

語言學家Lakoff曾說：「語言使用我們和我們使用語言是一樣多的」（language use us as much as we use language）。這句話意味著我們使用語文訊息去表達我們的感覺和想法，但同時我們所「選擇」的語文訊息也影響、增強、甚至是改變我們的想法與感覺（Lumsden, 1996）。

一、語文訊息形塑人類生活實體（human reality）

人類對於世界的認知，和語文脫離不了關係；事實上，語文訊息形塑了人們大部分的「腦中圖像」。腦中圖像透過語文訊息的四種功能一一完成：

(一) 描述（description）

語文訊息描述了實體（object）、事件（event）、人類（people）和行動（action）。人類的認知往往是透過語文訊息得以限制與延展的。比如說平面媒體（如報紙）上的新聞報導，是透過新聞記者利用文字組合排列其所觀察到的新聞事件，閱聽眾得以藉此語文訊息形塑對該新聞事件的「腦中圖像」，這是語文訊息延展的功能；相對的在另一方面，閱聽眾對該新聞事件的認知也因為未到事件現場，無法再延伸更多的意義，必須「受限」於新聞記者報導下的語文訊息。

(二) 分類 (categorization)

語文訊息同時也是一種命名 (name) 與界定 (definition)，命名與界定則是種「標籤化」的作用；基於這種分類的功能，語文訊息本身也同時表達了某種程度的概念。舉例來說，「陳水扁成為中華民國第十一任總統」，這樣的語文訊息從字面上的意義告訴了閱聽眾陳水扁的職位，而在「界定」與「命名」的作用下，也暗示了其他的意義（例如：陳水扁→民進黨執政→台獨議題）。

(三) 區別 (distinction)

語文訊息也區分觀念和想法上的不同處。例如：在政治性的語文訊息中，「某立委屬於泛藍，某立委屬於泛綠」，這種藉語文訊息在政黨概念下區分了閱聽人對不同的政治立場的認知。

(四) 評價 (evaluation)

語文訊息的使用也時常隱含某種程度對事件、人物和議題的價值判斷。例如：「這個國立大學的高材生，竟然為了物質的欲望而下手行竊」，這句語文訊息中同時表達了對國立大學學生的評價（高材生），以及用對比的方式評價了偷竊行為的不當。

二、語文訊息意義的形成與限制

任何訊息本身都有其「限制」；所謂「限制」，可分成內部的 (internal) 與外部的 (external)。內部限制是指形成語文訊息的元素如文字、標點符號等，要成為有意義的訊息，必定受一定的規則限制，如用字、文法結構等等。而另一種決定語文訊息是不是具有意義則是外部限制，這是指語文訊息的產生與個體所處的周遭環境有密切關聯，即個體以所生活的社會環境為背景，產生符合社會氣氛所認可同意的訊息。換句話說，語文訊息是否具有意義，除了本身文法架構的原則外，也必須考慮

到導致訊息產生的任何社會情境，因此同一句語文訊息，在不同的社會情境中，可能就會有不同的意義產生，以下便進一步針對此現象，描述相關研究的結果。

現象萬花筒

最近剛結束的大學指定科目考試，讓批改國文作文的閱卷老師大傷腦筋，直呼現在的學生國文程度越來越差。以下蒐集幾個媒體報導的「實例」，讓讀者在莞爾之餘，也思考造成這種「錯誤」的原因：

1. 我的祖父「不辛去勢」。（不幸去世）──用字錯誤。

2. 我住在我家的五樓的公寓的一棟房間。（我的家在一幢公寓的五樓，我有自己的房間）──文法規則不對。

3. 媽媽把屋子打掃得「一絲不掛」。（一塵不染）──誤用成語。

4. 行經十字路口，看到一輛車「紅燈亮了，一直往前走」（闖紅燈）──「闖」字不會寫，只得「解釋」闖紅燈的意義。

其實，不光是現在的學生國文程度低落，就連靠「語文訊息」（包括口語與文字）吃飯的記者也是如此，以下從網站上節錄某體育主播的播報實例，可能更讓讀者「笑破肚皮」：

1. 各位觀眾，中秋節剛過，我給大家拜個晚年。（的確夠晚的。）

2. 在上週剛舉行了一場「別開婚面」的「生」禮。

3. 隨著「守門員」的一聲哨響，比賽結束了。（裁判？或是守門員？）

4. XXX 以「迅雷不及掩耳盜鈴之勢」……（經典中的經典。）

5. 雙方「球迷」入場熱身做準備活動，比賽馬上就要開始。（比賽的到底是球員還是球迷？）

6. 這名隊員的身高達到了 1.90「釐米」。

7. （NBA 比賽）「Briant 一個『365 度』的大轉身。」（那個 5 度怎麼看出來的？）

8. （NBA 比賽）「O'Neal 以他『250 公斤』的身高扣籃得分。」（不知道測量身高的單位何時變成公斤？）

三、語文訊息與社會結構

(一) 語文訊息與性別

語文訊息的呈現與傳播者的性別也有關聯。例如：Tannen（1990）就指出，男人在說話時的方式偏好使用報告式的或類似公開演說的形式，而往往在訊息的呈現上有告誡、形塑、說服、修正接收者的作用。而對比之下，女人在訊息的傳遞上，常使用提問、鼓勵、證明及支持的方式來將訊息傳遞給接收者。不過，Tannen 的研究只是針對北美地區的住民。事實上，不同文化、族群對語言的使用、訊息的傳遞仍有著不同的形態（Lumsden, 1996），實值得更多著墨與研究。

(二) 語文訊息與社會系絡

社會系絡（context），就其訊息意義上來說，是指社會上所有的成員對於資訊所持有的共同性（Lumsden, 1996）。Hall（1976）則把社會區分為高度系絡社會（high-context society）與低度系絡社會（low-context society）。高度系絡社會就像是農業社會，有著強烈的家庭、宗族與社群觀念，許多的亞洲國家如中國、日本皆屬之。這些社會成員常以間接及微妙的方式來傳遞訊息；而在傳播活動上所關注的往往是「面子」問題，其目的是為了維持整個社群的和諧，不管是對自己或對他人。

而低度系絡社會在文化的形態上如高度工業化及分歧多元，傳統的家庭社群觀並不重，人們彼此間的共同知識背景也有極大的落差。在這

種社會情境下，維繫社群的和諧並不是人們在傳遞訊息時所追求的重要目標。像美國這些低度系絡社會，人們的傳播活動是直接、清楚且將焦點鎖定個人的目標爲主。

(三) 語文訊息與宗教

任何宗教上所使用的語文訊息，如佛教僧侶的弘法誦經、基督徒的宣揚福音，或一些神祕宗教向信衆所傳遞的訊息，從信仰的角度看來，無非爲維繫既有信徒及拓展新的信衆。這些訊息的影響力往往得視閱聽衆的情緒而定。當閱聽衆個體對現有的情境感到安全與舒適，對於此時宗教傳播的說服性的訊息就會具較多的思考與判斷。而當閱聽衆個體對現有的情境感到不安與疑慮時，對宗教性的訊息與所處的情境，會產生延展與同理作用，此時閱聽衆接受訊息的程度就會大增。

結　語

本章探討傳播語文訊息的研究，關於訊息的呈現方式，包含正面訊息與負面訊息的研究、結論的下法、論點的先後次序、重複訊息效果等；並探討免疫理論、歸因理論等相關理論；而訊息訴求有理性和感性兩大類，各家學者對於訴求的研究也相當廣泛；另外，語文訊息在日常生活中，帶有影響閱聽人接收訊息的框架效果，並會形塑人類生活實體的認知，對於性別、社會系絡、宗教等社會結構上，皆有密切的影響與關聯。語文訊息與非語文訊息爲人類溝通的重要工具，在傳播學和心理學上皆爲重要的研究重點之一，繼本章探討完傳播語文訊息之後，於下一章接著探討非語文訊息的部分。

關鍵詞

預存立場　initial attitude

序列效應　serial-position effect

初始效果　primary effect

時近效果　recency effect

複誦　rehearsal

初級記憶　primary memory

短期貯存　short-term storage

二級記憶　secondary memory

長期貯存　long-term storage

免疫理論　Inoculation theory

明顯的過度說明　belaboring obvious

歸因理論　Attribution theory

外部歸因　external attribution

情境歸因　situational attribution

內部歸因　internal attribution

性格歸因　disposition attribution

理性訴求　rational appeals

感性訴求　emotional appeals

基本感性元素　primary emotions component

恐懼導向模式　fear-drive model

刺激轉移理論　excitation transfer theory

宣導活動　public communication campaign

傳播說服矩陣模式　The communication/ persuasion mode as an input/output matrix

基模　schema

認知結構　cognitive structure

新聞基模　news schema

抗議新聞典範　the paradigm of protest news

框架效果　framing effects

語文訊息的傳播　verbal communication

高度系絡社會　high-context society

低度系絡社會　low-context society

第三章

非語文資訊的刺激歷程

前言

第一節　心理學在非語言研究上的主要結論

第二節　大眾傳播裡的非語言訊息

第三節　應用非語言訊息的訊息設計

結　語　語言與非語言——新興的整合

前　言

資料來源：葉素萍（2004/3/4），〈吳淑珍：
若有內線交易勝華股票　不會持
股少早賣出〉。http://www.etto-
day.com/2004/3/4/11099-
1595966.htm。

資料來源：賀乙舜、蕭遠斌（2004/3/26），
〈秦慧珠按鈴　控告中選會有計
畫作票〉。http://www.tvbs.com.
tw/news/news_list.asp?no=jean200
40326120533。

　　　　按鈴申告幾乎已經成為選舉期間常見的鏡頭，當事人按鈴申告到
離開法院的過程，皆暴露在聚光燈之下。而你是否曾經想過，為何大
多數公眾人物在按鈴申告的當下，通常是朝向鏡頭、面色凝重、且按
鈴長達數秒鐘？

　　　　在按鈴那瞬間時間似乎凝結暫停了，隨之而來的便是此起彼落的
記者訪問與鎂光燈的聲音。

　　　　當事人的面部表情代表了什麼呢？他想宣示什麼？為什麼攝影記
者要拍「按鈴」的片段？這些片段重要嗎？

　　　　在第二章已經討論過語文訊息的傳播，本章將繼續介紹「非語文」
訊息。「非語文訊息」難以定義，無法以純粹的二分法與「語文訊息」
做區別，Ruesch 與 Kees（1956）將「非語文訊息」大致分為三類：符號
語言（sign language）、行動語言（action language），以及物件語言
（object language）。然而事實上，符號語言（如手語）對於聽障人士而言
卻又變成「語文訊息」。為了行文方便，本章採用一個最簡單的定義，將

非語文訊息定義爲：「用字詞以外的工具來傳播的訊息」。因而本章的結構如下：首先介紹心理學研究觀點中，非語文訊息的意義與常見的呈現形態，接著介紹在傳播領域中，常見的非語文訊息呈現方式，並將介紹在心理學與傳播領域中，如何研究與運用非語言。

第一節　心理學在非語言研究上的主要結論

一、什麼是非語言？

　　幾年前偶像團體當道時，流行著一個手勢：用右手伸出大拇指、食指與小拇指三根手指頭，這樣的手勢代表了「我愛你」的訊息，在當年蔚爲風潮。即使偶像團體一邊唱歌一邊跳舞，而歌詞中也沒有「我愛你」三個字，但大家都曉得該手勢代表的意義。相同的例子還有將大拇指與食指扣成一個圈圈，這樣的手勢代表著「OK！事情順利」。

　　這就是「非語文訊息」有趣的地方，訊息發送者並未透過文字或語言，而是透過肢體「語言」、手勢或其他方式，讓訊息接受者明瞭他想傳達的意念。「非語言訊息」與「語言訊息」一樣都有編碼解碼的過程，只是編碼解碼過程更複雜了，如果訊息發送者 A 能使用訊息接受者 B 能了解的信號，則溝通成功；如果 A、B 兩人無法擁有相同的信號系統，那麼溝通就會失敗。

(一) 非語言的功能？

　　通常人在溝通的時候，語文和非語文訊息會混合出現。所以探討非語文訊息的功能時，我們可以從與語文之間的關係來探究。DeVito（2003）認爲，非語文訊息具有強調語言、補充語言、與語言矛盾、控制調整、重複語言、代替語言等六種功能（洪英正、錢玉芬譯，2003）。

• 強調語言

如用手勢（非語文訊息）強調語文訊息中的某一部分，比方說美國人習慣用左右手的食指或中指，在提到關鍵字時，雙手在頭部左右兩側附近擺動手指頭，用以強調該關鍵字或者表示該關鍵字是雙關語，那四隻手指頭便代表著語文訊息中的引號（＂　＂）。

• 補充語言

有時候當訊息發送者無法具體描述某項物體時，會使用非語文訊息作為補充。如果有一個消費者預先在餐廳訂位，但到了餐廳卻不曉得自己該坐幾號桌，此時服務生可能會說「在那裡」並以手指著桌號所在的方向，用眼睛看向該餐桌所在的位置，服務生的眼神與手勢，便能補充語文所無法完全表達的意思。

• 與語言矛盾

非語文訊息也可能與語言訊息的意義完全相反，而產生「矛盾」的功能。舉例來說，當某人故作姿態向天發誓的時候，他可能會做出交叉手指或眨眼的動作，暗示別人他的發誓行為是無效的。

值得注意的是，相較於語言，非語文是比較具有模稜兩可的表達，也就是說，即使你認為已經準確表達，但是別人可能還是會產生誤解。尤其當人存有偏見或是心情不同時，都會扭曲你所傳達的訊號。

• 控制調整

與語言訊息相同，非語言訊息也可作為控制調整的功能。如繁忙的十字路口，警察以哨音或是手勢，引導車輛停止或通行，都是為了控制駕駛人的開車行為。當然，號誌燈或是交通標誌，更是具有控制調整意思的圖像或符號。

• 重複語意

當一群人嬉鬧的時候，你可能會將右手食指置於嘴唇前方並且發出「噓～」的聲音，「噓」的聲音原已表達希望別人安靜的意思，在同時間加入了手勢，產生了重複的效果。又如與別人分離，口說「再見」，通常

也會伴隨著揮手的動作,這個動作便是重複了語言的意義。

• 代替語言

如同上述分離的例子,當對方已經離開到聽不見聲音的距離,雙方仍然揮手告別,因為語言的溝通已隨著距離而產生障礙,這時候揮手的非語文訊息便是代替語言來表達「再見」。有時候,當別人邀請一個孩子去做一件事,孩子看了一眼在場的父母,這時候父母點頭或搖頭,兒童的「看一眼」跟父母的「點頭/搖頭」雖然都沒有說話,但卻都代替了語言的「提問」與「回答」。

當然隨著溝通情境的不同,非語言所偏重的功能也各不相同。陳金祝(1997)研究國小教師在教國語課時,非語言行為的使用情形。結果發現,教師非語言表達之總時間占上課總時間的42.61%。教師最常使用的三項非語言行為的功能分別為:補充/提示(如用眼光或用身體姿勢)、強調(如用手勢或聲音的變化)及代替功能。

(二) 非語言的特性?

我們也可以歸納出幾項非語言溝通的特性。第一,恆常性:人可以不說話、不寫字來拒絕和別人溝通。但是人們卻是隨時隨地都在進行非語言溝通,無論個人是否說話,他的舉手投足或是沒有做何動作都表示了一些意義。「默認」就是這個意思。第二,整體性:非語言訊息是整體出現的。比如:人們在表達憤怒的情緒時,手會握拳、身體會顫抖、眼睛也許張得很大、眼睛充滿血絲、聲音比平常的音調高、音量也變大等等。這些都會整體一致地表現出來,像是一整套的。當然更會伴隨語言「套裝」呈現。第三,可信度高:當語言與非語言訊息出現不同意思時,人們較會相信非語言訊息,因為非語言訊息會透露出真實的情緒。因此我們也可以發現,非語言的第四個特性,是不易掌控。比如:演講可以照稿子念,呈現對主題的深入見解,但是非語言訊息如一直盯著稿子看,或是念出來斷斷續續,語調還忽高忽低、飄忽不定,聽眾就可能會覺得演講的人太過緊張,或者認為這是別人幫他擬的稿子,而失去演

講的信服力。最後一項特性，是不成文的律法。這和語言一樣，有不成文的規定。例如：在何種情境中應表現出何種行爲才適當，像是參加喪禮時，應著素色或深色服裝，過於鮮豔的服裝都不適宜；同時也應保持嚴肅哀傷的神情，不可嬉鬧等等。

哪些行爲算是非語言的行爲呢？它又如何在生活中影響我們的認知呢？

由於不屬於語言的，本書都將它歸諸非語文訊息，因此種類繁多。本書大致上將非語文訊息分爲五大類：(1)副語言，例如：言詞的聲調、速度；(2)身體語言，包括剛才舉的「手勢」例子、臉部表情、眼光接觸、身體姿勢、身體距離等等；(3)工藝溝通，如禮物、穿著妝扮、圖像符號等；(4)背景音樂，樂曲、音效等；(5)呈現次序。以下我們便一一來了解非語言的樣貌。

二、副語言

副語言（paralanguage）也稱爲擬似語言，它是指說話過程中的聲量、音色、聲調、節奏、速度等。同樣的一句話，用不同的語調與速度來說，會產生不同的效果。說話的人用抑揚頓挫來呈現話裡面的重點，具有提醒的功能，能讓聽話者更容易掌握或加強接收力。當一個人說話非常急促的時候，我們便會覺得對方是個急性子的人或是正忙別的事情。

因此展現出來的聲音便有了「表情」，有了感情。例如：猶豫、果斷、顫抖、哭笑、呵欠、呻吟與噴嚏等。當興奮、生氣、驚訝時，會呈現較低的音調；在悲哀及沮喪時，則相反；又人在說謊時，聲音則又會提高。但是，人們也可以透過操弄他的「音質」去表達他的概念，例如：刻意引起訊息接收者的急迫感，可以用帶呼吸聲的、中斷的、顫動的聲音。「嗯、啊、喔……」此類的語助詞也是一個副語言。適當的副語言可以展現說話者的語氣，來表達其心情或態度。不過應當思考聽話者的接受程度，如果副語言過多，可能夾雜太多無謂的訊息，變成「噪音」，反而影

響溝通。聽話者也可能感覺不受尊重，比方說一個人的回應方式總是「嗯、喔、啊」，就會令人感覺聽話者事實上是沒有在專心聽的。

三、身體語言

歌手鄭中基曾有首歌叫作「你的眼睛背叛了你的心」，這句話的歌詞正好可以作為本小節的開場白。沒錯，眼神是會洩漏訊息的，眼神是會說話的，眼神可以傳達「聚精會神」或是「漫不經心」的意涵，是很重要的身體語言。所謂身體語言就是泛指由身體四肢五官等構成的狀態。

身體語言的功能可分為五種：象徵、說明、情感表達、調整，以及適應（洪英正、錢玉芬譯，2003）。

所謂「象徵」是指可以解讀成單字或句子的肢體動作或姿勢。如「OK」的手勢，表示沒問題或已經完成。豎起大拇指，表示稱讚對方很棒；倒立大拇指，表示喝倒采、不認同對方的表現。而「說明」則隱藏有圖解的意思。如引導方向，告訴別人「往那裡走」，便必須以手指指向該走的那個方向，來說明「那裡」究竟是指哪個方向。又如要說明「會被砍頭」的意思，我們便會以手平置在脖子前，橫向劃一下，演出砍頭的畫面，這便是圖解的意思。「情感表達」包括臉、手部及整個身體的姿態都可以做情感的表達。如以雙手擁抱別人來表達熱愛；搔頭表達不好意思。「調整」則是指監控、控制別人的功能。如交通指揮；如食指置於雙唇上，表達希望別人不要講話的意思。「適應」則是指可以舒緩個人情緒或滿足個人需求的動作或姿勢。如咬指甲；甩頭髮；聳聳肩讓身體不要僵硬。當一個人說謊的時候，就會常常調整自己的動作或姿勢，希望趕快去除不安，適應那個時刻的氣氛（林朱燕，1998）。

(一) 眼光接觸

如同我們開場的例子，眼光接觸是重要的非語言訊息之一。一個人在說謊的時候，通常會頭冒冷汗，眼神飄忽不定或不停的眨眼睛，不敢

看著對方的眼睛。除了說謊之外，無法直視說話對象，會讓對方覺得根本不受重視，顧左右而言他，在思考其他的事情。有人曾說：「在對方發言時，最好直視對方的目光」，這不僅代表一種社交禮儀，也透露著「你重視這位發言人所講的任何話」。

如前面我們所提及有關國小國語課中老師的非語言表現研究，教師最常使用的三項非語言行為分別為：眼光注視、聲音高低變化及眼光巡視（陳金祝，1997）。

語言裡有許多形容眼部表情的，如「高傲的眼神」、「猶疑的眼睛」、「鄙視的目光」等，代表個體對外界所持態度的價值判斷；也有形容個體本身狀態的詞句，如「慵懶的眼神」、「炯炯有神」。

(二) 臉部表情：喜怒哀樂

臉部表情當然也可以是一種語言，除了因為生病而造成的臉部肌肉不協調外，細部的臉部表情都代表了個體流露的訊息。如果一個人在講話時臉部肌肉抽搐，你可能認為這個人很緊張；如果一個人什麼話都不說，眼神直直望著前方，但他的眉毛卻呈現下垂狀，你可能認為他很生氣或者因為某件事情感到驚訝；如果一個人的嘴角向右撇，搭配著輕蔑的眼神，那麼這個人可能正在表示「我不相信你、我瞧不起你」的意思。

臉部表情千變萬化，曾經有個有趣的實驗，研究結果發現一個人的臉部表情最多可達上百種，只是這些表情當中有些頗為類似，必須輔以其他肢體動作，才能確實分辨出該個體的真正意涵。《肢體溝通》一書中還提到，非語言訊息的接收者會運用他們的常識，來判斷對方臉部表情傳達的訊息究竟是真是假，舉例來說，假如一個哀傷的故事配上一張快樂的臉孔，則他們會認為這張臉孔並不是真誠的表情；但如果一張哀傷的表情結合於一個快樂的情境，則他們就不會懷疑。

即使一個人臉部肌肉完全沒有牽動，他臉上的五官仍會被視為一種非語言訊息。以中國的命相學來說，一個人若顴骨較高或嘴唇太薄，可能就代表這個人「尖酸刻薄」；一個人若眉毛過濃導致兩條眉毛好像連

在一起，那麼我們便會覺得這個人可能是「不好相處，個性衝動」；如果一個人的抬頭紋與法令紋較多，那麼可能代表他就是「我很樂觀我很愛笑」。不過這是主觀的推測，未必是對方所真要表達的意涵，因此有所謂的「面惡心善」。另外美容、化妝等，都可以改變原有的面容。

(三) 姿勢：手勢、肢體動作、行動姿勢

手勢在各種不同的文化有不同的涵意，手勢可以是一種獨立的語言，如「手語」，而每個國家的手語都不同。手勢也可以是一種輔助語言，比方說你在高興的時候，會揮舞手臂，加強情緒的表現。世界上比較共通的手勢有很多，舉例來說，豎起中指就代表用髒話辱罵對方，豎起小指並且朝下比劃就代表了非難的味道，握緊拳頭代表此人正在生氣。手勢代表的非語言訊息通常是約定俗成的，比較不像語言訊息有嚴謹的結構，有時候豎起中指也不見得表示在辱罵對方，可能只是某種群體互相打招呼揶揄的方式，感覺可能等同於「我們是兄弟」這樣的情感，因此還要看整個情境如何決定手勢的確切定義。

「身體姿勢」也可以傳達某種非語言訊息。我們常看見一個人習慣性的雙手交叉抱胸，可能就代表了「自我防衛、不想受侵犯」的非語言訊息；一個人腳成大字型張開且雙手扠腰，訊息接收者便會解讀為「大事不妙了，他生氣了」；若一個人彎腰駝背，就不經意地流露沒有自信的訊息；若坐在椅子上雙腿成二郎腿的姿勢，就代表「心不在焉」的訊息；相較於肢體動作，我們又區分出行動姿勢。還記得國慶閱兵，那一排排整齊的隊伍踢著正步走過司令台嗎？「踢正步」我們可以說就是一種行動姿勢，正展現著精神抖擻、勇猛威嚴的意涵。比較台灣高中儀隊嚴肅整齊、類似軍隊化的演出，跟美國儀隊的熱情活潑的表演，就可以輕易看出這兩者在行動姿勢的不同。

像是林懷民的雲門舞集，舞者展現的每一個姿勢都是有特別意義，所有的身體姿勢配合樂曲，整體來說就是一則完整的「故事」，只是用肢體語言呈現罷了。

(四) 空間與領域：親密距離、個人距離、社會距離、公眾距離

　　通常在社交上，人與人所站的距離，可以傳達出兩人關係的訊息。比較親密的人，在溝通的距離會比較近，以男女朋友來說，彼此之間可能完全沒有距離，而是呈現親密依靠的樣子。然而對剛認識的人來說，彼此都會有一定的默契，保持「距離的美感」，如果踰越了彼此默認的「安全地帶」，甚至會帶給人不悅，或者是被侵犯的感覺。通常身體距離可分為四種：

1. 親密距離：是與少數最親密的人之間所保持的距離。
2. 個人距離：通常與朋友交往談話是在這個距離之內。
3. 社會距離：一般公事交往的距離。
4. 公眾距離：一般公開演講或表演都在這個距離之內。

　　不過影響身體距離的因素，與文化有密切的關係。歐美國家以具有親密關係，才有親吻臉頰的動作，但在阿拉伯世界互相觸碰臉頰卻是社交禮儀。所以當我們透過身體距離這項非語言訊息，來評斷人與人之間關係的親疏時，也應當考量觀察對象所具有的文化，才不致驟下判斷反而引發誤解。

四、工藝溝通

　　由人工所安排的訊息，諸如：色彩、空間的裝飾、衣著、飾品、氣味或是贈禮，都可稱之為工藝溝通（洪英正、錢玉芬譯，2003）。

　　在頭髮上面也可以藉由操弄傳達非語言訊息，例如：一個人如果挑染頭髮或者整頭染成葡萄酒紅色，我們可能認為那個人是勇於嘗試新鮮事物或是趕流行。更細微的地方，如牙齒顏色，如果一個人的牙齒過黃，給我們的非語言訊息可能是「他有抽煙、吃檳榔的習慣」。

　　色彩的不同，給人在視覺上的感覺也有不同。一般設計上，大部分會

把色彩區分為寒色系與暖色系以及中性色系。從過去心理學的研究我們可以發現，對色彩的聯想是以完形心理學中的接近法則、相對法則及因果法則等作用而產生的感覺。簡單的說，就是當我們對某一種色彩產生了深刻的印象，它便會潛伏於我們的意識之中，一有機會便即刻浮出於心像，這種現象便稱之為色彩的聯想作用（黃耀德，1995）。藍天碧海，能不能讓你聯想到夏天裡的清涼？火紅的爐火，有沒有聯想到溫暖的感覺？

依照學者研究整理，人對色彩基本的心理反應，暖色系可以聯想：溫暖、活力、喜悅、甜熟、熱情、積極、活動、華美。冷色系則可聯想：寒冷、消極、沉著、深遠、理智、休息、幽情、素淨。中性色系則可聯想：溫和、安靜、平凡、可愛（黃耀德，1995）。

在中華文化下，喜慶過年要用紅包、紅春聯、紅幛等；喪葬等則是要用白包、白衣。這些都是飾品或贈禮上的工藝溝通。又如送花，我們也會依場合來適當選擇花的種類，因為我們對花有約定俗成的代表意義，也俗稱為「花語」。像紅玫瑰代表愛情、野百合象徵堅忍不屈、牡丹代表富貴等。

衣著、飾品以及化妝等，都可以透過人為的整裝，改變原來的樣貌，刻意去呈現某種非語言訊息。例如：一個人的眼神原本看起來無精打彩，或總是讓人以為他充滿哀怨。不過，運用化妝的技術，例如：夾睫毛將睫毛弄得又黑又翹，或者塗抹藍色的眼影，都可以讓他看起來較為神采奕奕。他也可以配戴角膜變色片，讓自己擁有一副水藍色的眼珠，或是配戴隱形眼鏡，看起來眼中泛有光芒，這都可以改變原本給人的感覺。又如配戴眼鏡，可以給人較為斯文的感覺。而大黑框眼鏡給人書呆子感覺，跟金絲邊或無邊框眼鏡給人專業的感覺又有所不同。

為了增加學習成效，教學中也經常運用圖表、圖片、動態影片的工具，乃至於實體等視覺圖像（visual）呈現教學訊息。它能以具體的方式呈現文字、語言難以表達的抽象概念，並幫助學習者組織資料、吸收訊息、建構新知（李欣青，1997）。這些都可以稱作是工藝溝通。

五、背景音樂

　　通常一般進行心理諮商時，心理諮商師會播放柔和的古典音樂，讓諮詢者有種「溫馨」的感覺，也讓諮詢者有足夠的信心去信賴此位諮商師。一般來說，轉換氣氛、恢復精神、化解不安與緊張、集中注意力、紓解壓力、幫助入眠、減緩悲傷、安定情緒、豐富感性、消除身心疲憊等，各種有效利用音樂的方法很多（謝文傑，2002）。所以在心理治療上，音樂治療也是一種很重要的方式。

　　音樂透過音波進入我們腦中，在我們的心裡產生節奏，究竟對我們的心理狀態有什麼作用呢？音樂有變化情緒的特徵，能在憂鬱的情緒與喜悅明快的情緒間互換，因此音樂可以消除心中的緊張、煩惱，亦可製造緊張。所以藉由節奏的刺激，可以激起肌肉的活動。清柔明亮的音樂將人從惡劣的空想中解放出來，注意力轉向周遭的事物。音樂具有對我們的心直接作用的特徵。有時候，音樂遠比任何優美溫柔窩心的言詞，更能發揮意想不到的好效果（謝文傑，2002）。

　　樂音隨著振動頻率（frequency）、音質（quality of sound）、音色（tone colour）、音程（intervals）、和聲（harmony）、節奏（rhythm）、拍速（tempo）等的不同，帶給人們的感受也就不同。而音樂的表現是一種非言語的交流，雖然是同一個曲目，但是因為演奏家或是指揮家的心情不同，對音樂的詮釋也不同，可能給聽眾有多種不同版本的感受。特別是在今日「高科技」已能讓音樂變化多端的時代裡，在進行音樂治療時，加強訓練對音樂的感受力及判斷力，比堅守著音樂的處方箋，更能洞察出音樂帶給病人的感受，更能給予適時、適當的協助（徐麗麗、胡文郁、邱泰源、陳慶餘，2005）。

　　因為音樂能帶動人的悲歡喜樂，因此訊息製造者可以藉由操弄背景音樂傳達非語言訊息。不曉得您是否注意到大賣場的背景音樂都很大聲？那是因為商家想藉由提高大賣場音樂的音量，在短期內刺激更多的購買力。相似的例子包括在咖啡廳內，播放的背景音樂一定是柔軟、輕

鬆的，讓顧客能夠在布置優美的咖啡廳內，伴隨著悠揚音樂喝下午茶。相反地，在速食店播放的音樂一定是熱門音樂，讓整家店面的氣氛比較活潑，呈現一種步調較快的感覺。類似的例子還包括便利商店，便利商店主要的訴求在於提供生活用品與零食飲料，因此店家的背景音樂通常也會播放音樂類或資訊類的廣播節目，而比較少播放政論性廣播節目。

六、文章的結構

　　還記得作文裡四大段落的安排要領嗎？起、承、轉、合，讓原本一段一段的文字，因爲有這樣意涵的安排，而使組構起來的文章感覺「完整」。一篇作文，表面上看起來就只是一篇文字符號組成的「語文訊息」，但是在結構中隱藏了「起承轉合」這種行文規則的「非語言訊息」。因而有了因果關係、有了先後順序，也就是有邏輯概念。

　　以學術論文來說，也有這樣的「非語文訊息」的寫作習慣。例如：因爲對一個現象感到好奇，想要知道「這爲什麼」或「這是什麼」（研究動機與目的），所以去找了很多資料來看看別人怎麼說（文獻探討），自己用一定的方法來研究（研究方法），然後有所發現（研究結果）。

　　也有同樣的演進過程，從一開始引人注目到引發激烈討論到議題消逝，就好像是一個自然形成的規律，而這樣的規律就是「非語言訊息」。

　　Anthony Downs 曾在 1972 年提出議題—注意週期理論 (issue-attention cycle)，認爲公眾對於議題的注意力（如環境議題）的形成可以經過下列幾個階段：

1. 前置問題（preproblem）階段。
2. 一段關於特殊問題或危險的預警發現期。
3. 公眾了解要讓這個問題有重大進展所須付出的成本。
4. 公眾激烈的興趣逐漸衰退。
5. 後問題（postproblem）階段，意指對議題的關注平淡下來。

　　由於媒體的蓬勃發展，以及媒體仍然是大眾依賴的重要資訊來源。縱使這些議題通常是被社會安排所產生，只是用來提供社會中主要分子或少數有權勢的人的特殊利益，使得這些議題多半和大部分的人較不相關。不過也由於大眾對某一議題相關的問題，並不是每個人都親身經歷過，而且沒有相當數量的人直接因這個問題遭受苦難，所以能夠讓大眾維持對這個議題的關注。不過學者也認為，這些議題如果本身沒辦法讓人興奮而引起興趣，或是它們也會因為時間演進而淡去，公眾會將注意力轉移到其他更有趣的議題上，因此議題也有興衰起落。

　　但是McComas（1999）卻認為，議題的起落與「媒體如何建構對於環境的敘事」有關。他認為被傳播者是受到傳播者（媒體）陳述議題的方式（語文訊息）影響，所以在議題週期每個階段所關注的重點都不一樣。作者研究結果發現，議題本質的重要性往往不敵媒體敘事的建構能力。國內在2001年曾發生的「璩美鳳光碟事件」，便是極明顯的例子，媒體在此事件上不斷地建構新的議題，已早早多過「公眾人物被偷拍」的單一事件了。

　　另外關於順序的問題，正如同語文訊息一樣，非語文訊息也有呈現次序（present order）的問題，例如：時近效果（recency effect）與初始效果（primary effect），時近效果指的是離時間線最近的非語言訊息比較容易記住，而初始效果則指一開始最先呈現的非語文訊息比較容易記住。時近效果簡單講有點類似「更新記憶」的概念，而初始效果則是「先入為主」。訊息的呈現次序就是一種非語言訊息，足以影響閱聽人的記憶歷程。

第二節　大眾傳播裡的非語言訊息

一、文字的隱喻效果

「隱喻」（metaphor）簡單來說，就是要表達「A 是 B」的關係或者表達看似完全無關的兩個名詞中間的關係。James Fernandez 說：「隱喻就是對一個物件的主題從一個領域到另一個屬於該物體的想像延伸的述詞」。為了要擷取隱喻的意義而產生的想像式延伸是許多領域的研究者感興趣的主題。例如：Johnson 提供了一個隱喻系統的認知分析，「UP」形塑了個體的期望，「UP」代表了健康、成長、樂觀主義。如果汽水「7-UP」改名為「7-DOWN」，那麼銷路還會好嗎？

　　例如：著名的糖果廣告有個「嘗嘗彩虹的味道」這類的標語，雖然我們不能親自嘗嘗彩虹的味道，但依然可以藉著想像力與感受文字的隱喻，用你的視覺和味覺去想像彩虹的甜味。例如：名著《唐吉訶德》有句「筆為心之舌」，便是文學作品中「共感覺」的隱喻作用。

　　一般來說，共感覺的訊息比單純的文字訊息更有說服力，也因此共感覺訊息往往用於廣告上。然而，為什麼結合了各種感官感覺的訊息會比單純的文字敘述更有說服力呢？這是因為源於期望理論的關係。期望理論認為主宰語言使用的規則使人們發展規範與期望，當這種期望被打破的時候，人們就會更好奇地注意該訊息，但這通常是有個前提，就是個體必須能感受或想像訊息的隱喻。

　　由於影視媒體的發展，我們的環境已經變成「感官豐富」的環境了。以詩集來說，透過想像，印刷字體的詩文在讀者的腦中浮起了聲音與影像；以音樂來說，雖然音樂提供了充足的聲音效果，但個體還是會透過心智的想像以豐富其聽覺經驗。以電視來說，電視因為還額外提供了視覺畫面，所以比起音樂比較無法激起個體更多的想像。同樣的，現在網際網路發達，網路的聲光色不斷刺激個體的感官，使個體滿足於網路提供的感官

經驗，加上個體本身就傾向於被動地接受外在的刺激，因此我們不禁擔心，長久下來個體會失去文字的分析能力，形塑成「圖像式思考」。因爲網路只能讓個體有更多的感覺能力，而不能增加分析與反應能力。

不過也有學者認爲，在思維活動中，藉由視覺媒介所獲得的視覺意象（或所謂的「視覺心像」）是一種比言辭語言更爲基礎的媒介。視覺媒介的最大優點，是它呈現的媒材大都是二維的（也就是平面的，例如：圖畫、電影）或三維的（亦即立體的，如雕塑作品）。因此，視覺意象能爲物體、事件和關係的全部特徵提供一種「結構等同物」，而思維的具體活動便是直接對這些「結構等同物」進行比對、推論與判斷，而這種透過視覺意像所進行的思維活動，可以說就是一種「視覺思維」（趙雅麗，2003）。

二、報紙的排版

根據學者研究，在十多年前報禁的時代，無論總統的元旦文告、國慶祝詞有多無聊，報紙都要在頭版頭條位置刊登；無論中壢事件、謝東閔被炸案多麼震撼人心，報紙都只能用下半版、小標題報導；兩個蔣總統去世時，各報鮮紅的報頭更得改成黑色，以示哀悼（陳順孝，2003）。這種呈現，隱藏著一種政治的意涵，在威權時代，媒體不願得罪當權者，只好用這種處理方式。這樣的排版方式，就存在著許多非語言訊息。

版面設計的主要目標有下列四點（羅文輝，1988，頁111）：

1. 告訴讀者當天發生了什麼事，讓讀者不必花太多工夫來尋求或閱讀這些新聞。
2. 以一種有條理、有意義的形式，去表現當天的新聞。
3. 透過標題處理照片的大小、位置，來表達新聞的重要性。
4. 使報紙對讀者更具吸引力。

因此學者認爲在新聞編輯上，版面最好有一個視覺震撼中心。就報紙的版面設計而言，「視覺震撼中心」的功能就像新聞的導言一樣，主

要是告訴讀者，這一版最重要的新聞在哪裡，讀者應該從哪一個地方開始看這一版。「視覺震撼中心」還有引導讀者將視線在版面上移動的功能（羅文輝、吳筱玫、Paddon，1999）。

重要的排前面、排上面，標題要做大……這是一般的編輯原則。但是所謂的重要性，是依照編輯或報社的價值觀與世界觀，讀者閱報時常常會不自覺接受這樣的價值判斷，忽略了對自己的生活、或對自己的環境、或是對自己的需求而言，對新聞其實自己有一些價值的判斷。不過卻因為報紙的大標題、大版面，讀者便會接收這樣的非語言訊息，認為這些才是重要的新聞。學者稱這種為版面政治學（陳順孝，2003）。

所以版面是一種非語文的訊息、非語文的評論。了解版面政治學，能夠幫助我們更精確地理解各報的立場和利益，也能讓我們更準確地捕捉記者編輯的言外之意、弦外之音（陳順孝，2003）。

三、圖　片

《今日美國報》（*USA Today*）改變報紙過去偏重文字編輯的方式，而加重照片、圖表，以及色塊的編輯運用。在台灣，從《大成報》、《勁報》，到現在的《蘋果日報》，都隱約有這種版面設計的風格。這與電視成為家庭重要的媒介，有極為密切的關係。報紙利用彩色加大的標題、彩色照片、彩色圖表，也就是加強報紙的「視覺化」效果，以便與電視豐富的影像相抗衡。

漫畫是一種圖畫式的溝通工具。學者認為漫畫與小說的差別在於，漫畫是作者將其想像透過圖面盡可能的表達，而小說是將想像留給讀者。因此，透過圖面使漫畫作者易傳達想像，也使讀者易接收作者傳達的訊息；其次，漫畫可以是一種紀錄，也可以是一種想像，而能吸引人的漫畫更是真實與虛擬的交錯。因此，漫畫作者可在其中滿足讀者的欲望或是傳達自己的想像（石振弘，2001）。也因此在政治越民主的國家，就有更多作者利用漫畫來針砭時事，而有所謂政治漫畫。

政治漫畫由來已久，中國十九世紀初，自有報紙開始，就有政治漫畫的出現（黃馨儀等，2004）。政治漫畫是以國內外政治問題或事件為核心，加以諷刺評論的漫畫。政治漫畫是漫畫史上發生最早也表現得最強而有力的品種，它也是民主政治發展的功臣，對英國的立憲、法國和美國大革命都有重大貢獻。一個國家政治漫畫的內容，可作為測定它政治民主程度的指標（李闡，1998）。中華漫畫家協會理事長凌群表示，政治漫畫利用矛盾圖文抓住觀眾心理，如圖中人物互相拉扯，但文字卻表示吐露愛意（黃馨儀等，2004）。政治漫畫也就能以幽默的方式來表現艱澀的政治議題，讓更多讀者能有所體會。

幽默漫畫要製造幽默的效果有兩種，有的用標題或對話等文字輔助，來引人發笑；也有完全沒有文字，全憑圖畫技巧營造的意境表達就可以讓人發笑的。後者沒有文字障礙，最能老少咸宜，也是走向國際的類型，可以說是世界語言（李闡，1998）。

學者研究圖像式幽默的理解，發現人處理幽默的理解，不僅在於以語言角度出發的「反向意合模式」，更包含了以非語言角度出發的心像經驗影響。最後兩路徑是相輔相成、相互加成（許峻豪，2002）。

而學者研究無字圖畫書的圖像表現力，認為圖像要取代文字來說故事，勢必有其獨特的表現手法來製造視覺焦點，並且強調不同角度構圖所造成的不同效果。此外，圖像表現所能製造的多重意涵，在無字的圖畫書中，更是被放大檢視、反覆玩味的重點，去研究討論在無字圖畫書中所呈現的弦外之音（侯明秀，2004）。

學者研究電子產品PDA（個人數位助理）的功能圖像的適用性發現，圖像認知與年齡、學歷並無直接關係，而是與使用者相關經驗有正相關。使用過電腦或手機等相關產品，對PDA圖像認知度比其他初學者高。同一介面，使用相似圖像代表不同意義，容易造成認知的混淆。因此同性質功能之圖像，採功能區隔排列，將幫助使用者對圖像認知的速度與聯想（李郁桂，2002）。

學者研究國中生對圖像的喜好結果發現，影響國中學生對圖像偏好

的決定因素並非是圖像種類,而是圖像的形式內容與文化因素;其中形式因素有趨近寫實、描寫精細、顏色因素及個人偏好種類等原因,文化因素則有生活經驗的事物、寄託情感的象徵、能理解圖像意義及次文化認同等原因(李坦營,2003)。

學者研究新台幣紙鈔的改版,比較一般大眾對新舊紙鈔的觀感,發現本省族群傾向同意無論是舊版或是新版均具有傳統威權的感覺。針對性別而言,男性也傾向對新版具有傳統威權意涵的感覺。但是若以紙鈔圖像之外來意涵而言,男性族群傾向同意新版比舊版較不具有外來意涵的感覺。另外,就大陸各省與本省族群比較,本省族群傾向同意新版比舊版台幣紙鈔較不具有外來意涵的感覺(吳進生,2000)。

而在照片的使用研究上,學者曾經以台灣與美國雜誌廣告模特兒為例,研究以兩國 1970 至 1993 年的雜誌廣告為樣本,採取內容分析法,分析廣告中的非語文行為,包括兩性模特兒的「臉部表情」、「眼神溝通」、「手勢」、「觸覺傳播」與「身體暴露程度」五項以及第六項「廣告所呈現的主要色彩」。得出以下之結論:就廣告反映文化而言,六項非語文行為的文化變數呈現出台灣文化與美國文化的演變。前五項在趨勢上,台灣顯現廣告的內容趨於表現較多的笑容、較大擺動的手勢以及較大方的身體暴露(周書玄,1993)。這些都是文化的影響,不論在語言或非語言的溝通上,都是極為重要的一個課題。因此我們將在後續章節來詳細討論。

四、動 像

如同我們在報紙版面設計上的討論,電視的頭條新聞以及其後的新聞順序也是極富非語言訊息。電視新聞無法像報紙網路來選擇閱讀,觀眾對新聞重要性的認知更會受制於新聞的呈現順序。當新聞內容是同屬性(如同是政治類新聞或社會新聞)時,閱聽眾會直接認為頭條新聞比第二條新聞重要,在呈現次序上就會接受新聞編輯台上對重要性的界定

方法，以越前面的新聞，其重要性也越高。

除了單格漫畫之外，兩格以上的漫畫，我們就必須注意先前我們所討論的「順序問題」。尤其上述的幽默漫畫，如果是兩格以上，出現的先後順序安排便是幽默的關鍵。而像四格漫畫要發揮其故事主題意涵，呈現順序也就變得很重要。

如同前述有關無字圖畫書的研究，由於少了文字緊密的線性串聯，無字圖畫書除了完全展現圖像獨特的表現力之外，圖像之間的聯繫性更顯重要（侯明秀，2004）。這也就是所謂的敘事理論，類似之前所提及的「起承轉合」的結構。不論是電視或電影，縱使沒有聲音或語言，當畫面的呈現建構出一種邏輯時，觀眾便可以去理解（不管是不是導演所預先安排的）這個段落的意涵。如先是「一串鞭炮」，再來是「打火機點出火」，再來是「鞭炮依序爆開」，總使畫面之間沒有真正的連續性，但是透過我們在觀看時的「填補」效果，我們仍然可以認定是「那個打火機點燃了那串鞭炮」。這也是呈現順序的應用。

「非語文訊息的設計」還可以透過鏡頭的停格、焦距遠近、仰角俯角傳達意念，就像本章一開始小方塊中所引的例子一樣，如果從仰角拍攝受訪者，受訪者在鏡頭前會產生一種「他很高」或者是「他具有權威性」的感覺。相反的，如果是俯角拍攝某人，便產生「他卑微」「他不起眼」的感覺。

嚴格來說，電影語言也許沒有文法或「生字」，但確有自己的符碼系統。就此來說，電影雖然不是一種語言，但它「像」是一種語言，或可說本質上就是一種符號與意義的系統。視覺傳播究竟是不是依靠「語言」（在此指「言辭語言」），這個問題眾說紛紜，並曾引起典型的知識論問題，因此形成兩個觀念的對立陣營。第一派認為，視覺傳播相當容易了解，因為這種過程和我們每天運用的視野感知過程相當接近。大部分視覺傳播都是採取類比概念，認為視覺傳播所涉及的認知機制位於人類感知的核心面向，並不依賴特定歷史或社會的理解符碼（趙雅麗，2003）。

一則故事經由藝術家（導演）的設計，賦予視覺化後，形成一連串

的映象（電影會讓我們覺得是動態，不也是因為由一格一格的影片快速運轉，配合我們視覺暫留才產生的嗎？）。我們在觀賞一部影片時，將一幕幕所呈現的情節，存放在大腦內上千萬個神經網絡中，同時將時間、空間及具因果關係的事件連結，並加以歸類及推演，在這過程中，新情節不斷地導入釋放出新的訊息，產生新的認知，再以新的觀點去回憶及預測即將發生的劇情，而理解出這則故事的內容（范宜善，2000）。

(一) 拍攝構圖的使用

不論是新聞攝影，或是寫實電影，都曾有過主客觀的立場爭論。一派認為，有客觀的存在，拍攝者只是客觀的記錄下來。不過另一派認為，攝影機或者照相機擺設的位置就已經存在導演或拍攝者的價值判斷。討論侯孝賢的電影風格，幾乎眾所皆知的就是他的「固定鏡位」與「長鏡頭美學」。這種風格一方面是拍攝時源於客觀的限制所發展出來的變通之道（如缺乏資金與專業演員而採用長鏡頭），另一方面如朱天文所說的乃是一種侯孝賢自己的「觀察世界的態度和眼光」，是「一種理解，一種詮釋」（林文淇，2003）。

岑永康（1985）也曾對電影〔愛情萬歲〕中的長鏡頭拍攝手法做分析，認為蔡明亮善用長鏡頭表達出都會男女的寂寞。因此我們傾向認為，不論是動態或是靜態的攝影，取景的大小與角度、光線等等存在著許多非語言訊息，能表現出拍攝者的價值觀。

因此之前我們討論在現實生活中，有「身體距離」來呈現兩者的關係；不過在影像中，卻可透過鏡頭與被攝者的相關位置（或稱作構圖），由作者來重新定義被攝者之間的關係。舉例來說，在一個演講場合，是公眾距離，但是鏡頭置於演講者側後方，以過肩拍攝聽講者方式，就鏡頭語言來說，即是象徵演講者與聽講者關係的接近。又如夫妻躺在床上對話的情節，鏡頭呈現只單獨拍妻子，再接丈夫個人的畫面，而都未呈現兩人同在一個鏡頭裡，在現實裡這是親密距離，但就影像呈現上卻具有「同床異夢」以及兩人關係疏遠的意義。

因為影像的自由變化，所以這成為導演說故事的重要工具。不過藉由影像的元素組合來敘述一則故事時，要先注意時間、空間與因果關係的合理性，因此在編輯上不可忽略整體內容的流暢性與邏輯性。以所有聯想層中的垂直聯想軸歸類為同一區別（玫瑰花、婚紗、鑽戒、婚禮、禮堂、親友祝福、禮車……為同一區別），並整理篩選其中相互關聯的元素。再將各個垂直聯想軸所組成的區段依表現的形式來編輯排列，形成劇情發展的模式（范宜善，2000）。

(二) 音樂音效的功能及其使用

除了視覺剪輯可帶給閱聽人不同的感受外，戲劇表現手法中還有音樂剪輯，在戲劇中遇有悲傷或歡樂的場景，便隨著劇情不同剪輯各種不同調性的音樂，即使鏡頭前的主角不發一語或者保持靜止的動作，也可透過聲音得知鏡頭欲傳達的訊息。

背景音樂剪輯還有另外一個著名例子，例如：TVBS 主播張雅琴，總是喜歡運用氣氛危急的音樂作為背景，一則普通的新聞透過張雅琴緊湊的播報方式與急促的背景音樂，似乎每條新聞都變成了重大事件，顯得頗有緊湊感。

背景音樂也必須跟新聞調性相符，舉例來說，在921震災新聞播出後，通常新聞最後會播放比較哀傷的音樂，如小提琴、二胡配樂，隱含著替罹難者默哀的意義，但如果改放熱門音樂，整體感覺便相當不協調。

(三) 剪　輯

除了音樂可以讓影片產生節奏，影片透過剪接也可以產生節奏。看過好萊塢影片警匪追逐戰，必能看到一種很熟悉的剪接模式：交叉剪接。所謂交叉剪接指的就是第一個畫面是警察的畫面。第二個畫面則是被追逐的匪徒畫面。第三個畫面則又是警察畫面。以此類推，重複循環。而且為了強調節奏，各畫面的秒數都是短而固定（通常為一秒到兩

秒），如此便可建立起快速緊張的氣氛。

　　還有許多好玩的例子，比方說女主角慘遭蹂躪，被大盜辣手摧花，場景通常以一陣強風吹過花枝匆匆帶過，或者男主角年老體衰而死，劇情會以搖曳的燭光被風吹熄，藉以暗喻劇中人物死期不遠。導演為了表現時間的流逝，除了以字幕顯示「X年後……」，還會以流水的畫面或是海浪的畫面來作為戲劇時間的轉場，也是一種寓意的表現手法。

　　傳播者會以操弄鏡頭的方式，透過鏡頭場景的變動傳達出「非語文訊息」的概念。以剪接來說，將兩個不同的場景串連在一起，不需要透過文字或語言，僅透過畫面就足以表達一切。類似之前我們所提到的例子，像是第一個鏡頭拍攝「火」，第二個鏡頭拍攝「一桶炸藥」，第三個鏡頭拍攝「煙霧」，那麼閱聽人便能很明顯的知道傳播者想要表達的「爆炸」意念，而這個新意念是源於閱聽人（個體）對於三個鏡頭的解讀。以剪輯來說，剪輯是同一個視覺場景中，一個攝影鏡頭到另一個攝影鏡頭的變化。

　　Lang（2000）曾探究訊息上的剪輯（edit）對注意力、記憶的內容與喚起記憶的程度有什麼影響。他將剪輯定義為一種「非語文訊息」的鏡頭語言，指的是在同一個視覺場景中，一個攝影鏡頭到另一個攝影鏡頭的變化，它會引起定向反應[1]。但是提供的新環境訊息不多，因此只需較少的力氣去處理。

　　不同於剪輯的是，剪接（cut）是指從一個視覺場景到另一個視覺場景的變化下，帶給閱聽人多少新的環境訊息。研究結果證實了「易於理

---

[1] 定向反應（orienting response）：是一個不自主的生理及行為反應，引導我們的注意力到相關的外在環境訊息上，它包括感官接收器刺激、降低心跳、減少肌肉緊張等等。根據觀看電視須易於理解的限制（limited capacity approach），當電視訊息引發出定向反應的資源，就會使得用在編碼過的資源增加。

解的限制」（limited capacity approach）理論中[2]，當剪輯數目提高閱聽人的注意力及喚起程度，但又不給予太多新資訊使得認知負荷太重，即可增加記憶程度。剪接與剪輯的分別，在於不相關場景與相關場景的轉換，處理新資訊的過程越難，越會引發更大的認知負荷，雖然剪接與剪輯都可增加閱聽人的喚起程度與注意力，但是剪接（cut）會削弱個體的記憶，而剪輯（edit）可增強個體的記憶。

第三節　應用非語言訊息的訊息設計

一、容易被記憶的訊息設計

從前一節剪接（cut）太多會影響個體記憶的例子，這就是所謂「層級原則」。這是源自於人的心智容量是有限的，個體的心智資源是固定的，太高層級的訊息設計（message planning）會占用過多的心智資源。相關研究發現圖像（地圖）式訊息設計比語文性質的替代性訊息設計更能減少心智負荷，並且可以讓人反應得更迅速，讓記憶更活潑，更容易回想。因為地圖是以圖像的方式儲存在腦中，所以使記憶更具體；而語文（verbal）訊息是以寫生版的方式刻在腦子裡，較為抽象，圖像式（非語文訊息）訊息遠比語文訊息更容易記憶，圖像式訊息也比較容易從個體的記憶櫃中被取出。

類似的例子可見於連續劇，戲劇為了強調每個人物的個性，並不會

---

[2] 易於理解的限制（limited capacity approach）：閱聽人資訊處理的資源（information pro-cessing resource）是有限的。資訊處理的過程有三個子步驟：編碼、回溯、儲存。當三個步驟在充分的資源下處理，就會有很好的表現；反之，若是資源不足，則其中一個步驟便主導了整個過程。例如：若是電視內容太困難，閱聽人花太多經歷在編碼與回溯過程，即使這個節目得到了很高的注意力，閱聽人仍然不容易記得內容。

使用字幕或一大串旁白簡介劇中人的人格特質，而是採用一種肖像式的訊息設計，例如：惡婆婆一定是梳著包包頭，戴著金絲邊眼鏡，苦命媳婦一定是穿著破爛的衣服，直到戲劇殺青永遠穿著那幾套簡陋的戲服，富家女的打扮一定是戴著珍珠項鍊穿著華麗。

現象萬花筒

在劇情設計方面，橋段永遠是那麼幾個，例如：被欺負的台灣阿誠，長大後終於闖出一番天地，要不就是可憐的長男媳婦被惡婆婆修理等等。即使觀眾不是從第一集收看，也很容易從劇集的脈絡猜出男女主角是誰，大概的劇情又是如何。以下是幾則常在古裝連續劇中出現的橋段：

一、嘴對嘴餵藥

不管如何，武俠劇一定要出現這種劇情，可能是男主角或是女主角受了重傷，醫生一定會說，在一定時刻內一定要把藥喝下。但是受傷的男主角或女主角因為昏迷不能動彈，這時候健康的這一位就會猶豫一下，然後把藥喝進嘴裡，再嘴對嘴灌到受傷的那位嘴裡。

二、脫衣服祛寒

通常倒楣的都會是女主角，女主角可能受了內傷，而男女主角為了躲敵人，隱蔽到深山，而且那個深山一定會「下雪」，女主角受不了寒冷，所以快沒真氣，男主角這時往往就會提議用身體幫她取暖，要女主角把衣服脫了。但女主角都會不從，所以男主角就會點穴，而且都會點兩邊肩膀。

三、無論什麼時候，我就是要吃烤雞！

是的！烤雞對於武俠片來說，是非常非常重要的食物。不管是監牢裡、破廟內、山洞，或是莫名島嶼，我們永遠都會看到，一個火堆上，架著香噴噴的烤雞。剛剛說的監牢裡、客棧中，吃到最後一餐或是叫菜的時候，我們也會看到烤雞的出現！看到牛皮紙袋就會想到烤雞，因為在古裝

武俠劇中，烤雞都是用牛皮紙包裡。

四、掀起妳的蓋頭來，讓我來看看妳的臉

這種事通常會發生在女主角身上。女主角可能是有某種原因，打扮成藏鏡人的樣子，頭上戴帽子還圍上面紗，不知道長什麼樣子。往往這樣的女孩就是要碰上玩世不恭的男主角，在一陣纏鬥之下，意外的掀起了女主角的面紗，然後，就等著迎接男主角驚為天人的表情……

諸如以上的訊息設計，可能源於文化，也可能是約定俗成或融入生活的經驗，讓觀眾能以減少心智負荷、不費力的方式了解前後始末。

資料來源：摘錄自網友作品〈中國武俠劇十大必備情節〉。http://hk.myblog.yahoo.com/jw!yAo OoSaTBQUHhSF9gau6IMgOt3fAZvV1bn8n/article?mid=1349。查詢日期：2006/11/1。

雖然現在視覺符號使用相當多，但是學者研究圖像在教學上的輔助，認為視覺圖像應該適度運用就好。尤其面對現今科技的進步，視覺圖像複製、修改與創造的技術都相當簡便，不過教學設計者（教學者）卻極容易掉入濫用視覺圖像的陷阱中。往往過於著重視覺圖像裝飾內容的特性，在訊息中放入過多且不必要、不相關的視覺圖像，希望能藉此吸引學習者注意，提高學習興趣，卻不知過多的裝飾反而適得其反，模糊了教學訊息的重點（李欣青，1997）。

二、議題的週期

以國內的傳播實證來看，通常大家總認為觀眾是健忘的，一個議題最多延燒兩個月就會漸漸為人所淡忘，不過「璩美鳳光碟事件」卻打破紀錄，從2001年底延燒到2002年。而「光碟事件」也證明了媒體操作議題的能力遠超過訊息接收者本身的經驗。時至今日，雖然新聞已經多次報導許多平凡人物進旅館被偷拍的個案，但由於被偷拍的人並不出名，

加上報導過太多次，也不見得每位觀衆都有切身經驗，因此一樁單純的偷拍案應該很快進入「後問題」階段而漸漸被人淡忘。然而，一開始媒體炒作議題，將重點放在「政治人物被偷拍」，繼而是「婚外情」、「靈修組織郭老師」，乃至於「新竹市長涉嫌偷拍」，媒體成功地操作議題甚至將璩美鳳捧紅成另類藝人，甚至還在中天電視台主持節目。從事件本質上來說可能頗爲平常，但可以發現媒體善於操作議題週期，讓話題持續保持在「高原期」。同樣的手法可以見於廣告中，例如：泛亞電信在2000年底引爆一個「創世劇」話題，號稱廣告「連續劇」，藉由廣告人物「菜鳥、老鳥」讓觀衆討論廣告結局，在某個議題週期快進入「後問題階段」時，泛亞電信總會再度操作另一個新議題週期。

同樣將議題的興衰起落放入電影的發展，我們似乎可以看到相同的軌跡。法國影評人出身的導演Francois Truffaut曾經在1972年指出，「當一部電影達到一定程度的成功時，它就變成一個社會學上的事件，至於它的品質問題反倒成了其次」。好萊塢製片公司的功能一直是創造Truffaut所謂的社會學上的事件。早期的電影工作者不斷地努力，以求盡可能吸引更多的觀衆，他們一方面調查吸引潛在觀衆的地方，一方面則將觀衆反應良好的地方予以標準化（李亞梅譯，1999）。這樣的標準化，也就形成了公式，而有所謂「類型電影」的產出。

Thomas Schatz所著的《好萊塢類型電影公式》（李亞梅譯，1999），研究1930到1960年之間美國好萊塢電影的產製現象。如西部片、警匪片等等，在電影製作與電視方面，這樣同類型的作品持續生產。以警匪片來看，必然有一英雄警察的出現，擒獲萬惡不赦的壞人，而獲得名利（也有獲得美人芳心）。

任何類型的敘事文本都賦予慣例意義。而這個意義也反過來影響它們在不同電影裡的運用。總而言之，商業電影是可以根據適用於所有電影的形式和敘事因素而定義的：好萊塢電影是一個有特定長度、將重點放在一個主角（英雄、中心人物）身上的故事，它有特定的製作標準、（隱形的）剪接風格、音樂的運用等等（李亞梅譯，1999）。

　　觀眾雖然也要求求新求變，但變化卻必須發生在一個熟悉的敘事經驗的文本中。這樣的經驗不管是對藝術家還是觀眾而言，都很難精確地指出他們對什麼樣的藝術元素有所反應。因此，電影的慣例是透過相當多的變化和重複而獲得改良的（李亞梅譯，1999）。像西部片雖然已經沒落，但是西部片決鬥的精神，卻可能已經融入警匪片的對戰之中。

三、品牌個性

　　在商業活動盛行的社會，商標的存在是豐富而多元的。如何設計出一個商標（LOGO）來代表品牌，對企業形象的建立與商品的價值都存有很重要的非語言訊息。

　　以視覺傳達的觀點而言，有些商標如 AIWA 、 SONY 、 Panasonic 這些文字所使用的字體、大小，其實已經分別賦予了這個言語記號一些新的意義，進而產生了一些新的內涵（黃崇彬，2002）。即使沒有圖形，但是卻因為字體的組合，形成一完整的「圖樣」，成為商標。不過商標要具有價值，必須由企業主透過內外部來賦予品牌個性。

　　黃鈴池（1996）從標誌的色彩與造形設計中，研究如何表達行業特性的論文中指出，在標誌設計中分為抽象性及聯想性兩種意象，有時候聯想性的意象比抽象性的意象強烈，所以研究者建議，對於企業形象的建立，聯想性意象有其重要性。

　　研究設計方面，吳祉芸（2002）針對兩岸廣告，橫跨 1996 至 2001 共六年期間，以報紙為抽樣對象，台灣地區選擇《中國時報》，大陸地區選擇《文匯報》，共得八百六十四則廣告，利用內容分析法，萃取其中的品牌個性及文化概念，再進行統計分析，比較兩岸之間以及產品類別間的差異，結果發現如下：

1. 兩岸品牌個性的呈現有差異，台灣偏重品牌的人性面，大陸則較重視產品的功能性。

2. 品牌個性各構面間呈現比例亦有差異，出現頻率較高的構面，可

能較容易爲消費者所感知，或反映出消費者的偏好。

3. 品牌個性與文化之間具有相關性，其方向有正有負，正相關意味著該文化傾向越高，應強調該個性構面的呈現，反之亦然，值得廠商參考，隨著不同地區的文化差異而調整其品牌個性的塑造。

4. 不同產品廣告的品牌個性呈現則大異其趣，亦即產品類別對品牌個性有影響。大致而言，利益產品較重視「稱職」構面的展現，價值產品則著重人性面；廠商在塑造品牌個性時也應考慮攸關的產品特性。

5. 品牌個性與自我概念的關係很密切，本文初探兩者相關性，發現確有關聯存在：「平和」、「純眞」與「眞實我」呈顯著正相關；「刺激」、「稱職」、「教養」則與「理想我」呈顯著正相關，反映出兩個自我實爲相對的概念。

如之前所述，隱喻的效果，可以激起「共感覺」。在商業裡，企業透過廣告、產品服務、公益活動來營造商標的「共感覺」，也就是品牌價值或品牌印象。當你看到麥當勞金黃色的「m」時你想到什麼？當可口可樂與百事可樂兩個商標放在一起時，你是不是對它們有不同的聯想與價值判斷？

四、產品設計

根據藝術理論家 Tomas Maldonado 的觀點，所有各種形式的藝術與應用藝術，包括工業設計、建築設計、環境設計、商業設計、服裝設計……等各個設計領域在內，皆可視爲是「創作者」將其完整的「理念」傳達給「接受者」的一個「傳達過程」。在這樣的思考下，工業設計工作者將設計理念傳達給使用者時，所使用的種種造型記號，以傳播學觀點而言，便可歸類爲「非語言傳達」（Non-Verbal Communication）形式的一種廣義語言溝通符號系統（黃崇彬，2002）。

李郁桂（2002）針對 PDA 的介面圖像研究，有70% 的使用者對

PDA 作業系統圖像的認知正確。學者認爲要避免使用者對圖像有錯誤解讀，應該注意：(1)圖像在設計前定義圖像傳達的語意及使用者對功能可能的聯想性非常重要；(2)分析現有的圖像可能引起混淆的語意，減少使用者錯誤認知的機會，是設計圖像成功的關鍵要素；(3)設計好的圖像必須探討要表達的意義，讓功能圖像一致而能聯想。實驗結果發現，具象的圖案比抽象的圖案來得好，傳達性也較高。

設計一輛車，怎樣讓消費者分辨出這車子與衆不同呢？根據陳晉玄（2003）研究人如何觀察記憶一輛車造型的報告，就汽車外觀整體造型而言，受測者會著重在觀察水箱護罩、車頭燈及車尾燈。有61.7%的受測者會將第一眼放在車頭水箱護罩及頭燈附近。

室內設計有走向敘事性的設計方式，也就是不論是語文或非語文訊息，都必須是在「說故事」。敘述性設計方法可以廣泛應用在設計解讀、分析與創作設計上，範圍包括建築設計、工業設計、視覺傳達設計、展示設計、櫥窗設計等等，是設計者在進行設計思考過程的一個最佳參考。門口給人的感覺，跟進門後，該加入什麼元素，讓門口的感覺有所延續與發展。敘事的基本內容可歸納爲敘事的內容和敘事的方法兩個部分，也就是敘述什麼以及怎樣敘述。(1)敘事的內容是無限的，但必定是具有時間因素而富於變化的事件集合；(2)敘事的方法更是多種多樣的，敘事的方法又包含了表述的語言和表述過程的結構兩個方面（張瓊惠，敘事設計資訊中心網站）。

你看過馬桶刷長得跟一把西洋劍一樣嗎？Philippe Starck 根據石中劍的故事，將馬桶刷設計成劍。當使用者自刷盒拿起馬桶刷時，聯想自己宛若歐洲神話亞瑟王從石頭中抽出那把劍一樣，賦予刷馬桶這種勞動工作另類趣味，可以「讓使用者在使用過程中感受愉悅」（陳伊君，2003）。

隨著生活品質提升，現代的使用者注意產品使用的愉悅感，產品功能完善已成爲基本需求，所以透過產品感受生活的愉悅逐漸成爲使用者追求的目標（陳伊君，2003）。也因此產品的設計上，就必須更加強這些非語言訊息的運用，提高使用時產生的價值。

五、小 結

　　古又仁（2001）在其碩士論文中曾對網際網路的感官豐富性進行實驗，結論顯示互動性多媒體效果越佳，整體廣告效果越好；詹德斌（2001）則認為，近幾年來資訊多以多媒體方式呈現，帶給人們感官上更豐富的享受，除了提高使用者使用資訊科技的興趣和意願，更廣泛地應用在各項商業活動和業務內容中。但如果內容缺乏良好的設計或媒體組合不適當，即使用了最多的媒體組合和特殊效果來呈現，不僅無法有效地傳播訊息，更可能造成資訊接收者在接收資訊上的困難，甚至誤解。因此，非語言訊息雖然豐富，卻不能忽略其複雜度，才能適當地發揮其效果，而不致迷亂了原本傳播者要表達的意涵。

現象萬花筒

　　如何了解自己「當下的語文程度」呢？學者 Richmond 、 McCroskey 與 Johnson 在 2003 年發展出「非語文立即性量表」，以二十六項問題來進行檢測。請您依下列標準，在逐題上給分：

　　從來不會：1 分；很少：2 分；普通：3 分；經常：4 分；非常：5分。

　　題目：

1.當我跟別人講話的時候，我是雙手抱在胸前的。

2.當我跟別人講話的時候，我會碰他們的肩或手臂。

3.當我跟別人講話的時候，我是用一個很單調的聲音。

4.當我和別人講話的時候，我會打量或注意對方的小細節。

5.當我和別人講話而他有碰觸到我的時候，我會移開。

6.當我和別人講話的時候，我是處於一個放鬆的身體狀態。

7.當我和別人講話的時候，我是會表現不悅。

8.當我和別人講話的時候，我避免跟別人有眼光的接觸。

9.當我和別人講話的時候，我是緊張的身體狀態。

10.當我和別人講話的時候，我是很近地和他們坐（或站）在一起。

11.當我和別人講話的時候，我的聲音是單調平淡的。

12.當我和別人講話的時候，我用多樣化的聲音表現。

13.當我和別人講話的時候，我有一些手勢的。

14.當我和別人講話的時候，我會搭配手勢。

15.當我和別人講話的時候，我是面無表情的。

16.當我和別人講話的時候，我會移近一點。

17.當我和別人講話的時候，我直接看著他們。

18.當我和別人講話的時候，我是很拘謹的。

19.當我和別人講話的時候，我用很多聲音類別來表現。

20.當我和別人講話的時候，我避免手勢過多。

21.當我和別人講話的時候，我是向他們傾身的。

22.當我和別人講話的時候，我維持著眼光的接觸。

23.當我和別人講話的時候，我試著不要和他們坐（或站）得太靠近。

24.當我和別人講話的時候，我會離遠一點。

25.當我和別人講話的時候，我是微笑著的。

26.當我和別人講話的時候，我避免碰觸到他們。

計分：

(A)從78開始，再把下列這幾項的分數加上去：

　　1，2，6，10，12，13，14，16，17，19，21，22，25

(B)把下列這幾項的分數加起來：

　　3，4，5，7，8，9，11，15，18，20，23，24，26

　　總分＝(A)－(B)，拿總分和別人比一比，就可以讓自己在非語言的表達上，與人一較高下了。

結　語　語言與非語言──新興的整合

　　心理學家Albert Mebrabuan 就發現以對人的影響程度來看，有55%
的影響來自說話者的臉部表情；38% 是來自說話者的聲音，大部分的時
候語言和非語言表達是相輔相成的，因此適當的運用非語言可以有助於
良好的溝通。

　　非語言的學習與表達在人類的成長中，是最早開始運作的，也是認
知以建構思維的初始。以 Piaget 為首的日內瓦學派，是主張思維決定語
言最有力的學派。嬰兒看見某個想要取得的東西放在某一更大、且能觸
及的物體上時，就會用手拖動那個物體，並取得想要的東西。這個動作
表現了從目的到手段的次序關係，就是感覺──運動的邏輯結構，而語言
也是在這個基礎上開始發展。Piaget 曾明白指出，認知之發展其實在語
言學習之前（趙雅麗，2003）。

　　因為當代圖像充斥、生活與圖像確實有密切的相關，圖像當中潛藏
了人們的習慣、信仰、態度與價值觀，甚至還能形成次文化認同，造成
意識形態的散播，甚至說圖像就是我們日常生活的組成。學者研究影響
國中學生偏好視覺圖像的原因以及哪些文化因素是影響國中學生理解視
覺圖像的原因中，發現：影響國中學生對圖像意義理解的因素除了既有
知識外，還包括大眾媒體的影響、家庭事件或家庭背景的影響、學校事
件的影響及文化價值觀念的影響。也就是說，國中學生理解圖像的意
義，確實深受文化因素的影響，而不是作品當中的既有觀念為理解，所
以理解的內容呈現多元化的現象，關於這一點，由學生不知道圖像究竟
是為何物時所呈現多樣的理解內容，可以得到證明（李坦營，2003）。

　　而在諸多符號形式中，「視覺符號」與「言辭符號」無疑共構了人
類社會文化的兩大符號體系，此兩者間的「相通」、「相異」、「相競」、
「相合」，不僅涉及了對不同符號體系間之溝通與互動行為的思索，也影
響了影像化趨勢下語言的未來。

　　根據學者研究，現今的語言種類是比過去要少。語言會式微，非語言訊息呢？有一些知識的意義就是「當下的知覺」，那麼這些知識就必須用「圖像」來直接呈現較為直接，因為和文字比較起來，它可表現出「當下的印象」，如「剖面圖」、「照片」、「示意圖」等。「想像」的誕生與產製往往需要借助「抽象」的運作與推演，或透過文字符號系統來加以呈現，過度「視覺化」、「具象化」的知識環境，也可能因此讓人們失去了「抽象思考」的能力；這正是現今我們所面臨「語文式微」下的危機。在一切都講求「當下」、「清楚」的呈現時，連「想像」都被呈現成「不用想像」的具體影像。這究竟是「扼殺」了想像還是「創造」了想像，或有助於更高想像層次的創發？而這也是在影像化的趨勢下，對言辭與影像間互動所須投注的觀察。

　　這些比較可以從「符號、思維、語言、傳播」四個層次，透過「視覺符號」與「言辭符號」在「語義」和「語法」上的基本差異展開探索。「視覺符號」在語義條件上較為嚴格，因此在語法條件上採取較為寬鬆的編碼機制。而「言辭符號」則恰好相反，其語義條件較為寬鬆，因此必須採取較為嚴格的語法條件編碼組織，這些差異其實都可進一步的歸結到人們認知行為中的心理、生理的基礎下加以理解（趙雅麗，2003）。

　　從心理學與傳播學領域中都可以發現非語文訊息的實證，兩者都可以透過非語言訊息的操弄對個體產生影響，例如：背景音樂調性不同，對閱聽人就有不同影響。另外，心理學領域可以組合各種肢體語言傳播一種「整體」的意義，相同的，傳播學領域可藉由豐富閱聽人的各種感官與感覺，以加強該媒體的效果。再者，在肢體語言與傳播語言與傳播訊息設計中，也處處蘊含了「暗喻」的概念。不過心理學主要注重在人際、親身傳播，傳播學主要著重大眾傳播，因此兩者影響的層面是不一樣的。以背景音樂為例，影響到個體可能只有一小部分，而新聞這種大眾媒體的背景音樂，在編輯或播放前，還必須考慮對於大眾的影響，透過窄小螢光幕呈現的音樂訊息，渲染力可能遠勝於大賣場播放的流行音樂。

　　以上談論了這麼多非語文訊息的呈現方式，在本章即將結束前，我們要點出一個關鍵，就是在不同的文化環境下，這些非語文訊息可能有不同的含義，舉例來說，我們平常慣用「OK 這個圓圈狀手勢」代表事情順利完成，但這個手勢在某些非洲國家卻被視為禁忌。再者，個別的肢體動作組合起來可能會成為一種協調或衝突的訊息呈現，令人搞不清楚某人究竟是在生氣或微笑，因此除了文化因素外，還必須考慮到當時的情境，在後面章節中，我們將繼續為您介紹「文化」對於訊息傳播的影響。

關鍵詞

符號語言　sign language

行動語言　action language

物件語言　object language

副語言　paralanguage

議題—注意週期理論　issue-attention cycle

呈現次序　present order

時近效果　recency effect

初始效果　primary effect

隱喻　metaphor

非語言傳達　Non-Verbal Communication

第四章

傳播媒體的影響力——你，無所遁形！

- 前　言
- 第一節　傳播媒體的種類
- 第二節　傳播媒體的特性
- 第三節　傳播科技與新媒體
- 第四節　傳播科技對閱聽人的影響

前　言

　　傳播媒體與大衆的生活息息相關，無人能躲避媒體的追擊：人們一天的生活（Media day），從起床到睡覺，無不被媒體所包圍。一早起床，人們就會看到報紙或聽見廣播，在上班上學途中，有戶外看板及宣傳單吸引大衆的注意，而近幾年在捷運發展成熟的情況下，捷運站裡的廣告無不充斥各種訊息及吸引力。此外在學校或上班場所，亦有人與人之間的訊息傳布（人也是媒介的一種）；或許上班時間忙裡偷閒，可以上網搜尋資料，而在網路無遠弗屆的時代，國內外資訊唾手可得。下班或放學，人們自然與沙發融爲一體，兩眼無神地望向電視螢幕，大腦完全被今日社會及娛樂新聞洗滌，此時，每個人都被傳播媒體無形的控制與包圍，無法潛逃。

　　McLuhan 曾提出 "The medium is the message"（媒體就是訊息）。任何媒體——亦即對我們的任何延伸——的個人和社會的後果，是來自我們每一種新的延展，也就是任何新技術在我們事物中所引進的新尺度。McQuail（1994）在研究媒體與社會關係時也指出，媒體是一種力量的來源，是社會中影響、控制與革新的潛在工具，也是全國及國際性宣告公共事務場所，且有助於人們組織及聯繫空閒時間。

　　在傳播心理學中，媒體可視爲一個重要的刺激物，其重要性是不容忽視的。當閱聽大衆成爲傳播媒體擁有者資料庫中的一員時，我們的日常生活已受到監控。本章的主旨就是在探討傳播媒體的特色及影響力，使人們對製造傳播訊息的媒體有更深入的認識。

　　本章主要分爲四節，包括傳播媒體的種類、傳播媒體的特色、傳播科技與新媒體，及傳播科技對閱聽人的影響。我們會從傳統媒體的基本特色說起，並發掘透過日新月異的新傳播科技開發，是否會造成閱聽人生活或收視行爲的轉變。希望讀者在此章節中，可以看到傳播媒體對閱聽人的影響力。

第一節　傳播媒體的種類

　　每個人早上睜開眼睛時，便受到各式各樣的媒體所包圍。在各學者的眼中，大眾媒體的定義是「一組特別的活動」、「涉及特別科技的屬性」、「正式組成機構或媒介單位連結」、「依據法規、規定及了解來運作」、「由具有特色的個人製作、生產」、「傳輸資訊、娛樂、影像及符號給大眾」（McQuail, 1994）。

　　由於目前科技發展迅速，大眾傳播媒體不斷創新，因此對我們的生活產生相當大的影響，也帶來不少便利。此時媒體的發展一日千里，網際網路使得天涯若比鄰，溝通方式則可藉由視訊、語音的傳遞，以縮小彼此的距離。傳播學者 Schramm 曾指出，大眾媒體的功能有五種：守望的功能、決策的功能、教育的功能、娛樂及商業的功能。姑且不論是何種目的及功能，閱聽眾的確是經由一個傳播媒體接收資訊。

　　然而，從媒體發展的歷史過程來看，傳統到前衛的轉換，人類的傳播是先有面對面傳播，再發展至媒介的傳播；而媒介的傳播中，先是出現書寫媒介（如書籍、報紙、雜誌），接下來是電子媒介；在電子媒介中，先有了有線的電子媒介（如電話），再出現無線的電子媒介（如廣播、電視）。用簡單的模式來表示則如**圖4-1**所示。

一、常見的媒體分類方法

　　當口頭傳播進入書寫傳播，書寫傳播再到電子傳播，這些轉變都是傳播媒體的轉捩點。媒介工具的演進，是由石壁、石柱，進到竹木、皮

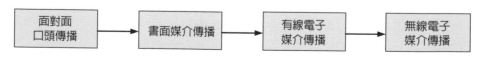

圖4-1　McQuail 大眾媒介組織的分析層次

革，再發展到造紙時代；在印製方面，則由手雕、手抄，再進展到印刷。相形之下，從書寫傳播到電子傳播無疑又向前邁了一大步。而現階段正是被媒體緊密包圍的時代，不論是傳播或科技，眾人皆無法脫離媒體的束縛，隨時接收訊息，因此這也是個資訊爆炸的時代。

經歷傳播媒體的變革，只要是可以傳遞訊息或符號的媒介，均可視為媒體的一種。但也因為媒體眾多，造成媒體種類區分的困難度。人類總喜歡將事物分門別類，而媒體也不例外，複雜的訊息傳遞系統，造成媒體區間的模糊特性。再加上目前電子媒體兼具平面媒體的功能；平面媒體也可形成數位化，此一現象造成傳播媒體種類的劃分眾說紛紜，而不同學者的區分方式也有所差異。

(一) 二分法

例如：以媒體出現的時間長久，而區分為傳統媒體與新興媒體，其中傳統媒體包括電視、報紙、廣播及雜誌，而新興媒體則包括戶外媒體、網路及其他可傳遞訊息的媒介（周亦龍，1999）。

(二) 傳遞方式區分

如電波媒體與平面媒體。其中電波媒體可包含電視、廣播、網路；平面媒體則是指報紙、雜誌及戶外媒體（林柳君譯，1999）。

(三) 以特性區分

如印刷媒體、廣播媒體、戶外媒體、交通媒體、戶內媒體等。

1. 印刷媒體：指報紙、雜誌、直接郵件。
2. 廣播媒體：指電視、收音機及電影等。
3. 戶外媒體：指空中、氣球、路牌、路旁廣告牌等。
4. 交通媒體：指車內、車身、車站及捷運等。
5. 戶內媒體：指戲院、餐館、商場等公共設施。
6. 其他媒體：指網路、試用品等。

(四) 以「靜態」(static) 與「動態」(dynamic) 來區分

可將媒體形式分為三大類型（鄭自隆等，2001）：

1. 雜誌、報紙與看板類：這些是屬於靜態、視覺效果的媒體。
2. 電視及電影類：是屬於動態，且視覺、聽覺效果兼具的媒體，新興的網際網路超媒體也屬於此種類型，唯網路互動性高、分眾性強，且閱聽人的主動性也較高。
3. 廣播類：屬於動態、聽覺為主的媒體。

(五) 熱媒體和冷媒體

其區隔的簡單方式為，熱媒體是以「高解析度」延伸單一感官的媒體，高解析度是數據充足填充的狀態，給的資訊較多，提供的影像及含義較完整。所以照片在視覺上是「高解析度」的；卡通是「低解析度」的，就因為其提供了較少的資訊；又如收音機是熱媒體而電話是冷媒體；電影是熱媒體而電視則是冷媒體……等（葉明德譯，1978）。

以上述分類情況來看，每種不同的媒體已跨越本質，而無法用傳統及簡易的區隔方式，亦即每個媒體均有不同的運用方式及獨特的運作方式。

二、台灣的媒體現況

雖說只要是能傳遞訊息、符號的工具都可視為是媒體，但本章僅先以可以大量影響民眾的媒體來作為探討，如電視、報紙、廣播……等。

從台灣媒體的發展史來看，台灣地區的媒體種類已相當多元。解嚴後，台灣地區的媒體已出現前所未有的驚人發展，在過去十年來，不但舊媒體類別中的媒體數目增加，新媒體類別亦不斷興起。在新興媒體別方面，1990 年代初期有車廂外、候車亭等戶外媒體；1994 年賣場媒體、有線電視興起；1995 年起，地方廣播電台開始活絡；1996 年，捷運廣告加入市場，同時期，網際網路廣告方興未艾，也促成台灣媒體的多樣化

傳播心理學

表 4-1　台灣新興媒體的發展年代簡表

興起時期	媒體	代表性的媒體業者
1988 年	報禁解除	除《中國時報》及《聯合報》外，其他報紙進入市場競爭
1990 年代初期	戶外媒體	車廂外、候車亭
1990 年代中期	賣場媒體	超市及個性化商店媒體
1991 年	有線電視開始活躍	開始為衛視家族，現為有線電視六大家族
1995 年	地方廣播電台	台北之音等
1996 年	捷運站內廣告	木柵線、淡水板南線等
1995 / 1996 年	網際網路	入口網站，如雅虎、蕃薯藤等
1999 年	衛星電視開放	互動電視開始有雛形
2000 年	手機簡訊廣告	電信業者開發，如遠傳

資料來源：作者自行整理。

與豐富化，反映出政治自由化後台灣媒體的發展，並說明媒體與社會變遷之間的密切關係。如**表 4-1** 所示。

　　面對傳播媒體迅速發展，人類距離明顯縮短，「資訊地球村」的概念已相當普遍。由於科技的研發，使得地球上的每個人像比鄰而居似的雞犬相聞。人類在接收訊息上，也充滿挑戰，在所有媒體毫不留情的當頭棒喝下，現代人的症候群，即是「資訊焦慮」，深深地籠罩在人心之中。我們不能不去正視資訊、媒體與閱聽人之間的互動與平衡之道。

現象萬花筒

　　媒體傳遞訊息的功力已無遠弗屆，而商業行為更將媒體運用得淋漓盡致。就如現今運用最多的手法為「置入性行銷」，在你不知不覺中，已將產品的特質、形象等輸送至一般大眾。如電影常將產品與劇情融合在一起；電視新聞報導也常藉機將產品訊息帶入。

　　閱聽人其實是隨時在接受各式傳播媒體的洗腦及訊息傳遞。

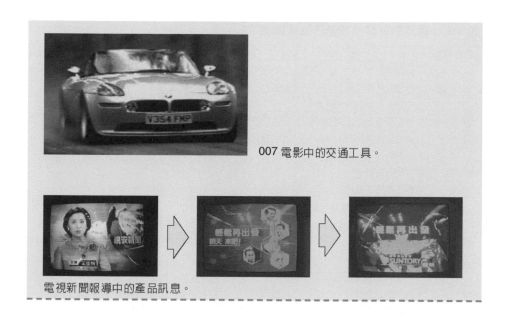

007 電影中的交通工具。

電視新聞報導中的產品訊息。

第二節　傳播媒體的特性

　　知己知彼，百戰百勝，雖說媒體種類族繁不及備載，但面臨日常生活中時常面對的媒體，若不了解其特性，也就不知如何有效的運用。所以本節中，仍選擇一種區分方式，列表呈現媒體的特性及其優缺點（請詳閱**表**4-2）。

　　除了**表**4-2所呈現基本的媒體特性之外，閱聽人對媒體的信任度的相關研究，也相當受到重視，原因在於每個媒體均有主要特色，如廣播可以迅速報導、電視具有聲光效果的特點，都是報紙或雜誌無可比擬的，但平面媒體仍有其存在的意義及獨特的優點，如內容較深入、易保存、可容許讀者再三閱讀等。故在媒體環境競爭激烈的狀況下，基於各方學者、專家或企業等，均想得知「哪一個媒體最為閱聽人所信賴」，因而媒體信任度的調查一直很受到重視與公評（溫華添，1986）。

　　在目前相關媒體可信度的研究上，仍以傳統四大媒體為主。根據相

傳播心理學

表 4-2　媒體的特性及其優缺點綜覽表

媒體種類		優點	缺點	可能影響力
印刷媒體	報紙	1.時間地點伸縮性大（包括全國版及地方版） 2.閱聽者自發的閱讀性高	1.閱讀生命短（僅一天） 2.質感不佳，讀者拒絕細讀	篇幅大，內容豐富，閱聽眾可吸收較多內容
	雜誌	1.可以依區及人口統計數目選擇目標閱聽眾 2.製作精美、色彩豐富 3.供閱讀時間長 4.專業性高，閱聽人分眾化	1.發行量有限，訂戶不多 2.閱聽者拒絕細讀	可摺疊、攜帶，資訊是由讀者主動選取、吸收，並且可傳閱給其他讀者
廣播媒體	電視	1.畫面配合聲光效果，訊息多元化，普及率高 2.話題性強 3.媒體威望高 4.閱聽人觀賞時注意力高	1.分眾區隔能力較低 2.遙控器讓觀眾可以隨時轉台，成了電視廣告殺手	由於電視及廣播可利用活潑而動態的影視或聲音效果來傳達訊息，並配合連續性的圖案及故事情節呈現，也易使閱聽人感受到訊息內容的真實情境
	廣播	1.唯一的聽覺媒體 2.以收聽時間與節目形態來區隔聽眾的分眾媒體 3.時效性高 4.設備障礙性低	1.僅有聲音，無法表達形象、外觀 2.易受天候、收音的影響 3.受電台影響，涵蓋率較窄	
	網路	1.數位化傳訊 2.訊號傳送量大且快速 3.影音等多感官傳輸：在網路媒體上不僅傳輸一般文字訊息，它連複雜的影像畫面、完整的聲音訊息都可以輕鬆傳送 4.互動	1.網路瀏覽者的忠誠度低 2.點閱率、流量率不確定	網路瀏覽者可主導其所接收的媒體訊息內容及使用，此外網路的匿名性及個人化也吸引了更多人選擇透過網路作為溝通的媒介
交通媒體	公車	1.區域性媒體 2.對於事件的宣布及時效性商品的廣告刊登頗為合適	公車行駛路線固定，媒體效果有所局限	對於區域性產品的宣傳是不錯的媒體
	捷運	1.區域性媒體 2.消費族群較固定	捷運站人來人往，媒體效果有限	針對捷運站附近的商圈屬性、消費傾向刊登適合的廣告，效果較佳
戶外媒體	看板	屬於「點」性的地方性媒體	目標對象無法掌握	適合地方性產品、服務、活動的告知，具提醒的作用
戶內媒體	戲院	閱聽人觀賞時注意力高	觀賞電影的人口以年輕人為主，影響範圍有限	以年輕人為目標對象的宣傳效果較好

資料來源：作者綜合整理。

關研究結果顯示，從1961年開始，電視就成爲美國人「最信任」的媒體，到1968年，電視與報紙之間的差距已達2：1（溫華添，1986）。溫華添（1986）發現有其他因素影響人們對媒體可信度的評估，這些因素包括：受訪者對媒體能提供的選擇（alternative）數目的感受、是否可以親眼求證（visual verification）、資訊的時效性（recency of information）、新聞記者（或播報員）個人的信度，以及個人所期望的資訊數量。

此外，網際網路的發揚光大，已成爲大衆主要訊息來源，但網路流傳的訊息多樣化，網路謠言也充斥社會，所以網路資訊的可信度也受到關注。葉恆芬（2000）的研究中指出，針對網路媒體可信度，已有一些研究成果，在國外方面，Pew Research Center的報告顯示，網路使用者認爲網路較傳統媒體可信，56％的人認爲在網路上比起報紙或電視網較有可能發現正確的資訊，而22％的人認爲網路上的資訊大都是不可信的。

Johnson和Kaye（1998）以網路問卷法，研究閱聽人對網路政治性資訊來源可信度之評估，共分報紙、雜誌、候選人文宣及政治性議題的網路及傳統兩種版本，結果發現在網路版本的部分，大部分受訪者認爲網路報紙、網路雜誌及政治性網站等部分可信，而網路上的候選人文宣被大部分人認爲不太可信。在網路及傳統版本比較部分，網路報紙與網路候選人文宣的這兩者較傳統版本可信。

葉恆芬（2000）以網路問卷調查法探討網路及傳統媒體的可信度，發現受訪者對網路媒體之評估，在五種媒體中排名最後，顯示調查中對網路媒體可信度評價仍嫌保守，而五種媒體排名順序爲電視、報紙、廣播、雜誌及網路，但雜誌及網路間的差距並不多，這實在需要進一步的研究，因此網路媒體的可信度值得再觀察。

從上述國內、國外研究結果不盡相同的情況來看，國人似乎較難信任網路媒體，這是社會文化因素的影響，還是國內網路管理工作做得不好，以致大家對其內容的信任度降低？

現象萬花筒

網路謠言

由於網路為今日主要通訊的工具之一，而我們時常會接收到似是而非的報導或消息，但你可曾想過，這些是真的還是假的？你的反應是置之不理，或趕緊發布訊息呢？

網路追追追／〔特洛伊〕搞飛機？

旁邊故弄玄虛的網址，隨便你排列組合的找，就是沒有，不信？你試試！

【記者翁新涵／台北報導】大家應該有看過，網路上在那邊「危言聳聽」，說什麼有影迷「親眼看到」電影〔特洛伊〕中，那位頂著鬆弛肌肉的 Brad Pitt，戲演到一半，頭上「靜悄悄」地飛過一架飛機，甚至「拍照存證」，留下這一幕令人錯愕的畫面！

唉唷，大家被騙了啦，網友把影迷當白癡耍，也不要這樣好不好！記者打電話問發行的電影公司，整家公司上百人看試片，沒人察覺有異，嘿，別說人家眼睛脫窗，瞧瞧那張照片，明明就是電影公司正式發布的劇照，要「改編」超容易，而且如果把它放進電影裡，則是導演特寫小布的大鏡頭，試問，這麼一個乾乾淨淨的大鏡頭，出現一架飛機，要咱們看過的人都沒察覺，不是將大家當白癡耍是怎樣？

況且，人家一大批人，是跑到摩洛哥的沙漠去拍電影的耶，一望無際的地方要出現一架飛機呼嘯而過，居然沒一個人察覺？想把美國佬當笨蛋，這款低能方式也會被人家笑哦。為了再驗證事情真假，記者找遍國外著名的「電影找碴網站」，沒！沒一個提到這個〔特洛伊〕的白目畫面，所以不要不相信，你被騙啦！

資料來源：http://www.funpic.hu/fun-bin/picviewe.cgi?pic=ot10061
翁新涵（2004/6/25）。〈網路追追／「特洛伊」搞飛機？〉。
http://www.ettoday.com/2004/06/25/91-1649133.htm 。

🔦 第三節　傳播科技與新媒體

一、新科技的意義

　　新科技（new technology）的定義，依Zaltman等人（1973）提出之組織創新的觀點來看，創新（innovation）即是無限制的採用（untied of adoption）任何新穎的構想（idea）或實物（material artifact）都可算是創新。一般而言，新科技有兩個特性，複雜性（sophistication）及新奇性，指的是技術在知識上的困難程度，了解或發展該技術所需的技術能力水準，和新技術與原有技術間的變化程度。因此，新技術的產生有兩種形態：一種是技術類型的全然改變（change in kind）；另一種程度上的改變，是從舊有技術做某種程度的改良（change in degree）。

　　有了對新科技的認識，以下便進一步地介紹傳播的新科技與新媒體，以及一些影響的發生。

二、傳播科技

　　新媒體與傳統媒體最大的差異在於過程與形式，而非資訊的種類。傳播科技的進步帶動了媒體變革，過去傳統媒體的傳播過程屬單向傳播，資訊傳送與內容由傳播者決定，閱聽人是被動的接受者。新聞傳播科技的互動性則大幅改善了媒體接近性，由於電腦資料庫儲藏量大，互動系統中的每一使用者皆可依個人需要，在任何時間任何地點接觸不同的資訊，大大提升了閱聽人的媒體選擇權（趙雅麗，1994）。新傳統科技的互動性，帶來使用者導向、資訊個人化的潮流，使新媒體更容易接近，且使閱聽人在資訊傳送和接受的過程中，擁有更多自主權和選擇權。

　　由於近年來的資訊與傳播科技發展急速，媒體呈現方式融合了電腦

科技與網路傳播的特色，而大眾的生活方式也產生影響。目前新科技可大略分為四種（黃嘉勝，1998）：

(一) 電腦科技媒體

電腦演進及發明，帶來大眾日常生活的便利，日常生活中的各種數位化科技產品，如數位相機、數位攝錄影機，都是利用電腦科技媒體，讓傳統的媒體呈現多元化及精緻化。

(二) 通訊科技媒體

訊息可藉由電話、傳真機、廣播、衛星或其他通訊設備而互通。目前可見的通訊科技媒體，如有線電視台、無線電視台、電傳視訊（Videotext）、電子郵件等。

(三) 光電科技媒體

光電子科技產品可產出較佳之音質、畫質，儲存記憶容量與保存期限皆較電子產品優越許多。例如：音碟（CD-ROM）及雷射印表機等。

(四) 多元科技媒體

綜合以上三種新科技媒體，先進數位化的電腦科技媒體，配合光電科技媒體，再透過電視、衛星等通訊科技媒體所整合出的媒體，稱之為多元科技媒體。此技術的結合，可以有效且迅速製作和傳送訊息給別人。

三、新媒體的發展

學者Walker等人（1993）指出：「電視與觀眾的關係轉變乃是肇因於三項新科技的發明：有線電視、錄放影機及遙控器。」有線電視使觀眾的選擇增加了，而遙控器讓觀眾在選擇時更容易。就媒體生態而言，由原本的黑白電視，至手握遙控器、錄影機至DVD的盛行以及有線電視的進駐，造成閱聽眾收視行為的轉變。

在台灣，自從有線電視、錄影機及遙控器等新科技進入家庭後，這種現象也開始發生。1976 年間，錄影機便已引進台灣（邱秀貴，1984）。有線電視雖然早在 1981 年就已出現，但直到 1993 年 7 月 16 日「有線電視法」通過，相關業者才取得合法地位，並成為全亞洲有線電視訂戶成長最快、分布最普及的國家。此外原本的電視環境生態丕變，由原本的三台轉化為今日的數十台。

不僅是電視的發展如此，各媒體間的界線，也開始因為不同程度的交集與運用，而越來越模糊。就以高票房電影〔鐵達尼號〕為例，閱聽人除了透過電影之外，將來還可以透過不同的媒體形態，如小說（文字）、漫畫（圖畫）、電視、廣播、報紙、雜誌、錄音帶、CD、VCD、DVD、網際網路等，接觸到相同的訊息內容。同樣的，同一訊息內容，會因為傳播管道（媒體）的增加，而呈現不同的訊息形態與延伸。

當經濟發達、教育普及、閱聽人接觸媒體的成本降低、取得來源多元化，使得閱聽人使用媒體的習慣也跟著改變。沒有任何一種大眾媒體，可以扮演「主要資訊來源」的權威角色，閱聽人在各媒體間自由自在的遊走，主動尋找對自己最經濟、最便利、最有效率的媒體（朱詣璋，1998）。

四、遙控器的影響

自 1950 年代初期電視遙控器被發明後，經過改進與推廣，已成為電視的主要配備之一。王永隆（1996）的調查研究中，發現高達 96.3% 的受訪者家中電視裝置有遙控器，可見遙控器已成為看電視不可或缺的工具之一。但也由於現代家庭遙控器使用頻繁，閱聽眾在節目播出中或節目與節目之間希望有更多選擇，使得閱聽眾轉台的頻率大幅增加。

針對閱聽眾用遙控器的動機，大致上分為用來開關電視、轉台、調整音量等，這些對閱聽眾而言是遙控器最基本的功能。就學者援用理論來看，遙控器應用與使用與滿足理論傳統有所關聯（沈文英，1996）。

Heeter 與 Greenberg（1988）的研究也指出，閱聽眾快速轉台的原因為：(1)看別台在播什麼；(2)避開廣告；(3)節目很無聊；(4)多樣性；(5)同時收看多重節目。Walker、Bellamy 和 Traudt（1993）運用調查法，研究美國電視閱聽人其遙控器使用情形發現，閱聽人用遙控器轉台的心理動機有（陳信榮，1999）：

1. 選擇性的逃避：例如：廣告、不喜歡的政治人物與政治廣告等騷擾他人，或是擁有節目觀賞的主導權；騷擾一起觀看同一架電視機的其他觀眾；嘗試控制房間裡共同觀賞節目的其他人；或只是讓自己的手在觀賞電視節目時有事可做。

2. 知道正在播映之其他頻道：利用遙控器轉台，希望找出報紙或電視節目表中沒有列出的節目，不用起身就能轉台，使自己成為「沙發上的馬鈴薯」（couch potato）。

3. 從電視中獲得更多資訊。

4. 迴避廣告。

5. 接近音樂錄影帶之節目：隨時可接收最近之流行音樂，或取代電視廣告的播出。

6. 接近電視新聞：隨時收看電視資訊。

陳信榮（1999）研究人口變項、電視收視慣性與遙控器轉台行為，並以集群分析（Cluster analysis）進行統計分析，結果發現五種特別的族群形態，如**表** 4-3 所示（此處僅刊出部分結論）。

五、把錄影帶、光碟片搬回家

錄影帶的功能最主要的有兩項：包括允許人們錄下電視節目，及自由選擇他們觀看這些節目的時間與場合。不但可以省去上電影院的麻煩，也不必拘泥於電視台或電影院所提供的節目和電影。錄影機的風行，雖然豐富人們的生活，但也帶來一些挑戰與變化，如（汪琪、鍾蔚

表4-3 五種特別的族群形態之電視收視慣性與遙控器轉台行為

集群　　　特性	好奇寶寶型	中堅忙碌型	待退邊緣型	電視兒童型	社會退縮型
性別	女	女	男	男	男女皆有
年齡	13-19	40-49	60+	13-19	50+
教育程度	初國中至大學	大學、研究所及以上	小學及以下	專科、高中職	小學及以下
職業	學生	專業人員、軍公教	農林漁牧	學生	農林漁牧、家庭主婦
裝設有線電視	有	有	無	有	無
收視前查看節目	經常會	從來不會	一定會	一定會、經常會	從來不會
瀏覽全部頻道	經常會、一定會	從來不會	一定會	很少會	從來不會
只看特定頻道	很少會	經常會	從來不會	一定會	從來不會
轉台頻率	經常會	經常會	從來不會	一定會	從來不會
因不喜歡的畫面或人物而轉台	經常會	經常會、一定會	從來不會	一定會	從來不會
為迴避廣告而轉台	經常會、一定會	經常會、一定會	從來不會	一定會	從來不會
想知道同時有什麼節目而轉台	經常會	很少會	從來不會	一定會	從來不會
想同時看更多而轉台	經常會	經常會	從來不會	一定會	從來不會
為獲得更多資訊或新聞而轉台	經常會	經常會	從來不會	一定會	從來不會

資料來源：節錄自陳信榮（1999），pp.141-142。

文，1998）：

(一) 對著作權的挑戰

隨著電腦以及數位科技的發達，使得影片租借成為保護著作權的一大挑戰，因為盜拷實在太容易了，許多廠商、製作人及演出者，都苦於特殊手法取得想要的資訊。

(二) 對電影及電視的挑戰

就電影院而言，雖然沒有正確的數字統計有電影院因為錄影帶的興

起而倒閉，但其影響整體的電影院收入是不容置疑的。錄影帶的好處是可以將希望觀賞的影片帶回家，全家人不必外出，便可輕鬆享受看電影的樂趣。而對電視的影響為，大多數的美國觀眾使用錄影機的目的，是錄下電視節目，以備日後再看（邱秀貴，1984）。此外亦可以隨意擷取畫面及控制速度，包括快速或慢速展示畫面，或單一展示某一靜止畫面，以增加收看的樂趣。另外錄影帶也可以提供電視上所看不到的節目，以獲取額外的訊息。

(三) 對本土文化及法規的挑戰

在我國錄影帶、光碟片的租借極為方便，各國各地的影視教材極為多元豐富，雖然會讓我們呈現出多元文化的環境，但也深深危及本土文化特色漸趨淡薄，沒有主體特色，這是值得我們關注的議題；此外，錄影帶、光碟片的租借常是色情訊息取得的重要管道，也形成法令規範的一個死角。

六、有線電視普及化

台灣有線電視興起於近十年，其發展之速度連國外媒體業者也望塵莫及。但在台灣電視環境中，真的需要這麼多的頻道嗎？台灣地小人稠，頻道密集，導致節目內容同質性高，觀眾選擇少，而且轉來轉去都是相同的新聞、相同的演員，還因為競爭激烈，產生惡質化、粗俗化現象。且國內電視環境在追求高收視率的扭曲帶動下，已經使不少電視人成為「蛋白質」（笨蛋、白癡、神經質）（楊瑪利，2001）。在頻道雖多，但內容品質沒有增加時，對閱聽眾而言，可能既是折磨且無法享受多頻道選擇的樂趣，卻換來一堆浮濫的資訊。有線電視訊息的傳輸是訊息數位化的結果，因此，以下讓我們來了解數位化的意義、優點與影響其發展的因素，以期更理解有線電視普及化後的影響。

(一) 電視／廣播數位化的定義

　　只要能接收並且顯示十八種數位電視畫面格式廣播訊號其中任何一種的電視機，均可稱作數位電視機。美國消費電子協會（Consumer Electronics Association, CEA）將數位電視訊號又分成三類：高畫質數位電視（HDTV）、加強畫質數位電視（EDTV）與標準畫質數位電視（SDTV）[1]。**表4-4** 即以標準畫質數位電視與高畫質數位電視二者為例，用表列的方式比較其間的不同。

(二) 電視／廣播數位化的優點

　　電視廣播數位化後，除了能提供較好的影音訊號外，電視廣播數位化最大的優點是能大幅增加頻寬使用效率。目前的傳統類比式電視訊號在經由無線電傳送時，須使用六兆赫（MHz）的頻寬，但由於數位訊號可以壓縮，六兆赫的頻寬可傳送三至六個與目前相同解析度的電視頻道，或傳送一個高解像度的節目。

表4-4　標準畫質數位電視與高畫質數位電視的比較

種類	標準畫質數位電視	高畫質數位電視
掃描線	畫面解析度低於720條掃描線	畫面解析度高於720條掃描線
播出格式	480i*	720p與1080i*
音質	數位音質，但不一定是杜比音效	提供杜比立體音效
畫面	畫面與傳統電視相差不大	提供16：9的畫面比例

＊參見註[1]。

---

[1] 數位電視的播出格式：在美國通訊委員會通過的數位電視的十八種播出格式中，較常被使用的三種為480i、720p與1080i。其中的數字代表每個畫面的掃描線，i代表交錯式掃描（interlace），每次只掃描一個畫面的一半，與現今電視的顯示方式相同。p代表漸進式掃描（progressive），這種方式每次掃描全畫面，電腦顯示器就是使用同樣的掃描方式。因此，480i數位電視的畫面品質大約等同於現今最好的類比式電視所能顯示的品質。因此高解析度電視（HDTV）的品質應至少有720p的畫質。以現有的科技，最好的高解析度數位電視為1080i的畫質水準。

(三) 數位電視發展的主要因素

1. 多媒體系統的進展：多媒體就是指資料（Data）、文字（Character）、語音（Voice）、音樂（Music）、圖形（Graphics）、影像（Video）等多種媒體，由於電腦與通訊科技的發展，使得以上多種媒體的儲存、處理與傳送成爲可能，而在電子技術上最大的支持動力則來自數位化技術。將各種不同形態的資訊數位化之後，可以儲存在同一個記憶裝置內，由同一傳輸線路傳送，並在同一個設備內處理、顯示及輸出，因而能實現多采多姿的多媒體系統。所以，以往類比形態的電視信號，就必須轉換成數位信號後，才能進行廣播、傳輸或儲存，這是數位電視發展的基本需求。

2. 通訊科技的發達：頻率爲國家的寶貴資源。由於國防科技、衛星通訊的進步及視訊需求逐年增加，使得有限的電波頻帶出現擁擠的現象，在這種情況下，採用可大幅壓縮資料，以容納更多頻道的數位電視廣播成爲新世紀的寵兒。

3. 人類對影像畫質、聲音音質的追求：爲了實現高解析能力的高畫質電視，須在廣播頻道上占用很寬的頻段，如果採用傳統的類比方式來廣播，將使得原來已經不足的頻道益顯困窘，爲了解決此問題，採取數位廣播方式即可在六兆赫（NTSC 系統）頻道內做高畫質電視廣播，實現了人類電視革命，以邁向高畫質電視的夢想。在聲音方面，數位電視也實現了杜比 AC-3 的 5.1 聲道家庭劇院構想。

4. 數位電視廣播能提供多樣化服務：這是現有類比電視廣播系統所做不到的。所謂的多樣化服務，如氣象、新聞、交通、隨選視訊（Video On Demand）及遊戲等，甚至於購物、網際網路都成爲可能。

　　依目前媒體數位化的發展狀況，電視台將可提供更多樣的內容，媒體也成爲跨媒體形態，未來，在廣播上可以看影音內容，網路媒體也可

透過數位電視形態播出，以提供閱聽眾更好的數位內容。未來收視形態將可依個人需求而量身訂做。

七、網路變革

網際網路自 1993 年開始廣泛應用於學術界。電腦網路的發展，主要是以分享資源為主，但個人電腦功能提升至網路主機功能後，加上資訊公開、資源分享的觀念日益普及，每個人均可隨時利用各種網路上不同的資源。網際網路技術促使電腦得以實現傳播民主化、資源分配公平化的理想，更造成全球文化結構及人類生活方式的變革。網路媒體的傳播使得傳統的社會文化、倫理價值及社會體系受到解構的衝擊，產生革命性質變（楊瑞明，2001）。網際網路被稱為第六媒體，是傳播的一種新媒體，屬於多人對多人（包括一對一、一對多、多對多）的傳播（溫世仁、莊琬華，1999）。

網際網路結合了影像、圖像、文字、聲音等多媒體，打破傳統媒體地域性傳播的限制，改變傳媒介對使用者與接受者的定義與行為。電腦在我們的生活中所提供的功能不斷提升，而網路發展帶給大眾更多生活的便利及改變。在《媒體的未來》（溫世仁、莊琬華，1999）一書中指出，網路媒體科技將有下列重大的影響：

1. 虛擬實境（Virtual reality）：由電腦螢幕達到模擬的效果。
2. 虛擬公司：網路購物、網路訂票等，各種商務活動都可利用網路進行。
3. 遠距教學：學習者可利用網路獲得自己需求的資訊。
4. 遠距醫療：利用視訊傳播可聯合專業醫生，使病患獲得有效的治療。
5. 人際溝通：網路的溝通擁有隱祕的效果，人際間可無所不談。
6. 資訊流通：媒體科技進步，可以藉網路迅速接收最新訊息。

　　網路媒體使得虛擬世界與現實生活的界線變得模糊，網路可以任意轉變身分，而產生不同人際關係的互動，閱聽眾必須詳細過濾資訊來源，以適應網路的變遷。

第四節　傳播科技對閱聽人的影響

　　隨著科技進步，媒體對大眾的影響及生活上的變化是不容忽視的。本節的主旨便是要陳述傳播科技及新媒體對閱聽人的影響。廣電基金於每年調查報告均以六千人為樣本，提供業者及學者可分析的資料及數據。

　　台灣民眾每天收看三個小時以上的電視；廣播的收聽則散布於各種場合；年輕人在家、學校或在網咖上網也成了盛行的活動。雖然在研究中不乏大眾與媒體之閱聽行為的相關研究，然而青少年及兒童經常是新媒體傳播行為中主要的焦點，因兒童及青少年的心靈是張純潔的白紙（tabularasa），最容易受到媒介內容的影響（莫季雍，2001）。

一、青少年與媒體的相關性研究

　　現今的青少年是伴隨媒體成長的一群，收看電影、電視、接觸媒介成為青少年日常活動中的重要一環，甚至成為生活本能。隨著媒體文化遍布，透過媒體來認知世界，也成為青少年重組、建構世界圖像的重要資訊來源。媒體成為資訊來源的重要一環，媒體人物成為青少年認同的對象，青少年從媒體中建立自我的世界觀（陳建安，2000）。

　　由於媒體的全球化發展，世界沒有距離感，對青少年而言，其資訊隨時與世界同步。在傳播環境變遷下，不同世代的媒體接觸行為已有些許不同。《動腦》雜誌（1998/9）針對 X 、 Y 世代的媒體消費行為報告中指出，閱報比率與年齡成正比， Y 世代閱讀《大成報》與《民生報》

居多；而 X 世代閱讀《自由時報》、《中國時報》與《聯合報》較多；此外網路的使用習慣也有差異。

陳建安（2000）研究中發現，原本 1993 年電視與廣播的收看在媒體消費者心目中的地位均是排名第一。然 1999 年加入網際網路後，收看電視與使用網際網路的媒體消費行為在媒體消費者心中的地位卻成為第一。網際網路的使用行為已取代收聽廣播行為，使其降為第二。

二、青少年新電視使用與其家庭人際關係之研究

國內學者孫曼蘋（1997）研究發現，青少年的電視使用與其家庭的人際關係有關，此篇研究的目的為探討多頻道、多元化節目的新電視環境下，台灣青少年的電視使用與其家庭人際關係間的變化。其研究結果為：

(一) 父親職業的影響

研究中發現只有父親的職業和擁有新媒介有正相關，母親工作與否或做什麼工作無關緊要。此結果意味著，父親仍是現代家庭中的一家之主，他的職位影響到他對於新事物的認識和接受。

(二) 有線電視使用與家人互動

家中有接裝有線電視的同學，在與家人互動程度上，並沒有顯著差異，這結果顯示，可能有一半以上受訪的青少年，是常和家人一起看電視，但他們看第四台的時間多寡和家人關係無關。原因可能為中國傳統所形成的較疏離的家庭人際關係，超過媒介使用對家庭的影響力。

(三) 期待與家人一起看電視

該研究顯示，期待與家人共看電視為闔家團聚、閒談溝通塑造了有利情境，或許未來會改進原先家人間已有的疏離。

因此，在已經相當疏離的機會情境中，有線電視的使用對青少年的影響反而有些正面義意。在某種程度上，有線電視媒體有助於其與家人團聚。

三、網路媒體對青少年的影響

網際網路的方便、快捷、沒有限制，可以滿足青少年追求刺激、好奇的特質，也可符合青少年求新求變的心理，但網路存在的現象也不容忽視。以下我們以國內楊瑞明（2001）的研究為例，來探討青少年網路使用的相關問題。

(一) 網路媒體的色情問題

網際網路的迅速發展，色情問題的出現在網路中可以各種形態呈現，色情問題已不再是電視、書報及雜誌等有限傳播所能想像的。而國內色情網站有越來越盛的趨勢，網路已成為色情的溫床，並以更便捷的方式提供色情資料。而網路上流傳的性觀念，即是青少年目前所認知及接收的，這些現狀對青少年人格發展的誤導與身心健康的傷害，著實是社會目前所面臨的問題（錢玉芬，2001）。

(二) 網路媒體的上癮問題

由於電腦已成為生活上的必需品，再加上網路媒體的使用，使人有上癮的可能，變成長期沉溺於網路媒體世界而廢寢忘食等。這些舉動已造成生活及工作、人際關係的偏失，對個人、家庭及社會適應產生許多困擾。

因為網路媒體匿名性，在網路上真實姓名、年齡、外表及生理反應都可隱藏，上網者由於其需求與欲望很容易滿足，而且身分不必曝光，不自覺悖離道德或認為此舉有害，而沉溺其中。

陳淑惠（2003）針對一千三百二十六名台大學生的調查，發現網路成

癮者經常會出現耐受性、強迫性上網與戒斷性反應的症狀，一旦不能上網就會覺得十分痛苦，長期下來就會造成人際關係緊繃和時間管理不當。周倩和楊台恩（1998）針對國內十二所公私立大學一千二百位學生所做的問卷調查，將網路上癮的輕重程度分為三大類型，初期是「上網時間增長型」：剛接觸網路，但上網時間不斷增加，處於沉溺的初期；中期症狀為「問題出現型」：上網時間越拉越長，逐漸發生人際、課業、健康等生活問題；第三期則為成癮嚴重，時時刻刻都無法擺脫上網的念頭。

　　網路上癮正是網路媒體帶給青少年的現象及影響，需要學者專家的密切關注。

關鍵詞

親眼求證　visual verification

資訊的時效性　recency of information

創新　innovation

美國消費電子協會　Consumer Electronics Association, CEA

第五章

傳播環境對閱聽人的影響力

- 前　言
- 第一節　閱聽人的使用動機
- 第二節　他人對閱聽人的影響
- 第三節　文化影響
- 結　語

前 言

現代人緊湊而密集的生活行程表中,「媒介的使用」仍占相當程度的分量。包括課餘的廣播頻道、飯後的電視節目、閒暇時的雜誌書籍、蒐集資料的網際網路,以及話題不斷的新聞報紙……等。然而,在資訊爆炸的時代裡,多少資訊是費盡心力蒐集得來?又有多少資訊是被設計後,硬塞進腦袋裡?其中,我們所消費的媒介訊息,多少是來自個人的需求?又有多少是受到他人影響,不得不然的行為?接續前面四章的討論,本章的重點在於介紹「傳播環境」對於個人接觸使用媒介的影響力。

在討論之前,或許應該先為「傳播環境」下個定義。本章將討論的「傳播環境」意指兩方面:其一是「他人的影響」。人類是群居性動物,許多的行為往往是為順從他人意志或服從他人的命令。例如:搭公車、買電影票時,我們會順從著排入長龍般的隊伍裡。學校交代的作業、軍隊裡的命令,我們不得不服從著完成任務。而在使用媒介的動機中,「他人」是否會成為影響力之一?

其二是「文化的影響」。文化是人類行為所有可觀察的形式去除後,所剩餘的部分。這部分包括人類內在、看不到的思想活動,以個人或無從想像的集體觀念呈現,如「集體目的」、「共同價值觀」與「互為主體的真實」(王宜燕等譯,1994)。可見在媒介的使用動機中,文化或許對我們施展其不可見的威力,使得我們每天必須「儀式性」投入各項媒介的訊息之中。

然而,要探討閱聽人的媒體使用行為如何受「他人」及「文化」的影響,必須從了解閱聽人為什麼使用媒體開始,因為從閱聽人使用媒體的動機中,我們可以初步看到,閱聽人是被何種因素激發而使用媒體?這些因素中有哪些是從環境面而來?因此,本章的內容共分為三節,第一節是探討閱聽人的使用動機;第二節是探討他人對閱聽人的影響;第三節則是探討文化對閱聽人的影響。

☞ 第一節　閱聽人的使用動機

一、「使用與滿足」與相關研究

　　關於媒介的使用動機，傳播研究中最常引用的理論取徑，以美國社會學者 Katz 和 Blumler（1974）提出的「使用與滿足」（uses and gratification approach）最為常見。這項理論取徑認為不管是平面媒介還是電子媒介，人們接觸它們都是基於某種需求，這些需求包括訊息的需求、娛樂的需求、社會關係的需求以及精神和心理的需求等等（趙志立，2001）。多年來「使用與滿足」研究歷經不斷整合及驗證所得之成果，極具重要價值及實質貢獻（沈文英，2001，頁91）：

　　　　在「使用與滿足」研究展演過程中，自功能主義以降，乃至使用與依賴模式（Rubin & Windahl, 1982）、使用與效果（Levy & Windahl, 1984 ; Rubin, 1986）等相關理論，皆歷歷可見「使用與滿足」研究與其在觀念及模式上相因相成。自「使用與滿足」發展出的概念也具有顯著的啟發性，使其適用於傳播研究的其他領域，如涵化分析之探討方法（Swanson, 1987），或人際傳播的研究（Abelman, Atkin & Rand, 1997）。故有「使用與滿足」研究猶如是涵納好些不同模式的大傘（Rubin, 1986）之說法。

　　因此，當我們想進一步了解媒介使用動機，「使用與滿足」的理論取徑，乃不失為一好方法。在「使用與滿足」模式中，閱聽人凡受心理、社會以及社會文化之影響而產生「動機」，致以使用大眾媒介來完成特定目的，皆被理解為「滿足」（沈文英，2001）。換句話說，當我們從媒介獲得滿足之際，正是受到可見（如時間、空間、接收器材……）與不可見（如心理、社會、文化……）層層相關聯的影響。

二、團體規範與文化影響

Sherif（1948）提到，「參考團體」是指社會行為者予以認同並引導自己行為和社會態度時，加以仿效的實際群體（或概念）或社會範疇。通常個人是經由參考團體而學得社會一般所公認的觀點（葉至誠，1997）。具有群居性動物的屬性的我們，難以逃脫受到各種社會結構及社會團體的束縛。個人與團體間在行為上有兩個明顯的特徵：其一，個人離不開團體；其二，個人的行為時受團體的影響；受團體中其他個人（如父母、教師等）的約束，也受整個團體（如習俗、法規等）的限制。當社會規範建立之後，對團體中的成員，在行為上即具有約束作用（張春興，1991）。

誠如Berelson（1963）等學者的研究指出，使用媒介的動機當中，部分可能是屬於「儀式性」的行為。亦即，當我們收聽廣播、收看電視或者閱讀書報雜誌，除積極求知的動機之外，或者也帶著幾分「希望被稱讚」、「吸收新知是件好事」、「追趕潮流」或「跟隨其他人」、「能與他人溝通的話題」……等心態。

為了協調人際關係、避免認知衝突、建構團體次文化，或者受到同儕團體的影響等因素，我們自然而然地服從所屬團體的規範。使用媒介的結果，讓我們在聊天時，獲得相當充分的談話資料；在學習模仿行為時，提供大量的訊息線索；在小團體的形成過程中，建構出「我群」（self-group）與「他群」（others-group）的差異[1]。

Lull（1990）的研究發現指出，每個人的收看行為其實沒有什麼選擇性可言，因為大家看的節目，經常是家庭另外一個人選擇的。在「使用與滿足」的研究取向下，媒介並沒有強加自身的訊息於閱聽人身上；反

---

[1] 在傳統的社會學分析中，社會群體主要是以階級、地位、種族、年齡、性別、地域與宗教來加以區分。然而，透過團體內所凝聚的共識（或可稱之為「文化」），則具有雙重作用，不但使得人群之間具有共同性，文化也同時能夠作為分辨「我群」與「他群」之用（馮建三譯，1993）。

之，媒介實乃提供了多種刺激，而閱聽人則以不同的方式加以詮釋，並得到不同形式的滿足。人們如何詮釋特定訊息，當然會因人而異，但為什麼造成這些個人差異？很可能是受到文化差異的框架之影響（馮建三譯，1995）。因此，在討論使用媒介的各項動機與影響力之餘，對於媒介所傳遞的大量訊息，不論是訊息來源或者接收者，都需要進一步從文化的角度來了解關於訊息製碼與解碼之間的解讀情境，因此本章將於第三節接續討論「文化差異」對閱聽人的影響。

第二節　他人對閱聽人的影響

一、一般期間的媒介使用習慣

美國大眾傳播學者 Merrill 和 Lowenstein（1971）所合著的 *Media, messages, and men: new perspectives in communication* 一書中指出，閱聽人接觸媒體最基本的三項動機，分別是：為了解除寂寞的感覺、想要滿足好奇心，以及渴望獲得他們自己偏見的佐證。此外，**表 5-1** 也列舉了其他三位學者關於閱聽人使用媒介的動機研究。

然而，除了上述的種種動機能夠影響閱聽人外，在傳播的歷程中，更有許多無形的因素會影響閱聽人使用媒介的動機，這些因素包括：團體、文化、社會……等。其中社會影響的因素，涵括：(1)社會規範的影響[2]；(2)訊息影響[3]；(3)社會感染[4]；以及(4)逃避「與眾不同」[5]等。也

---

[2] 任何一個有組織的社會都有規範（norm）存在。規範界定了被認可的行為或不認可的行為。

[3] 有些人之所以認同大多數人之行為，乃是由於接納別人提供的訊息所導致，此為訊息的影響（informational influence）。

[4] 社會感染（social contagion）係指一群人模仿同一個樣板（model）行為的現象。

[5] 藉認同於他人的行為以藏匿自我，確有維護安全感的作用。異於他人之所以會產生不自在感覺，乃因容易引起他人的注目，而陌生人的注目經常是一種嫌惡的刺激（aversive stimulus）。

傳播心理學

表5-1 閱聽人使用媒介的動機

研究年份	研究者	研究發現（結論）
1963	Berelson	閱聽人的讀報動機： 1.明瞭公眾事務的消息與解釋； 2.在報上尋找日常生活的指標； 3.消遣、休閒娛樂； 4.社會聲望； 5.替代式的社會參與； 6.閱讀本身被視為一種好事； 7.維護安全感； 8.看報是一種欲罷不能的儀式。
1978	Levy	閱聽人收視電視新聞的動機： 1.守望環境，包括習慣收視、渴望獲得新知、與他人分享資訊； 2.認知取向，收看電視新聞，可與他人分享資訊內容； 3.資訊的不滿足； 4.情感取向，收視電視新聞，使人感到輕鬆興奮； 5.解悶需求，除滿足對個別新聞的好奇心，也產生部分娛樂效果。
1985	Palmgreen, Wenner & Resengren	收看電視新聞的五大動機，包括： 1.尋求消息資訊； 2.決策決定之參考； 3.娛樂； 4.人際互動的有用性； 5.與主播神交。

資料來源：自行整理。

因個人受到社會影響，使得人們更容易遵守團體的規範。

此外，大眾傳播媒體已被視為產生制度性的權威者。縱使大眾無法直接接觸、不能大規模互動，但大眾傳播訊息卻在大眾採納傳播主題後，能在區域、所屬的家庭和團體中發生互動，藉此更可擴大有如群眾的互動，產生影響更大的集體行為。因此政客、廣告主喜歡利用大眾傳播，導引分散的大眾，試圖從閱聽大眾的間接互動中，對特定事物產生集體行為或蔚為時尚（方蘭生，1984）。「議題設定」（agenda-setting）理論的假設[6]，正是植基於此。

二、特定期間的媒介使用習慣

　　在傳播研究領域中，Lazarsfeld（1948）等人在伊利諾州所做的選舉研究中，發現很多選民投票都是胸無成見，完全是「從眾」(conformity) [7]的心理。看到大家都投Roosevelt總統一票，所以也跟著投一票，此即所謂「樂隊花車效應」，此效應並不意味著大多數人左右少數人，而是少數人自願順從多數人，少數人已沉醉在這種意見氣氛之中（方蘭生，1984）。此外，學者Noelle-Neumann（1973）也以「公眾效果」一詞，來描述在眾多意見中強勢意見對個人造成的壓力，而個人對強勢意見的判定，則是少數來自個人的親身體驗外，大都是來自大眾傳播媒體的內容（引自翁秀琪，1998）。

　　另外，德國心理學家Lewin曾提出「場地論」（field theory）[8]，用以解釋人的一切行為與周圍環境的交互關係。Lewin而後再以「團體動力學」（group dynamics）的概念，假設個人不是遺世獨立和被動的資訊處理者，只是從各種說法的邏輯綜合中，形成最後的態度。而團體動力即意含團體是各種動力和壓力的產物。強調團體規範對態度和行為所產

---

[6] 議題設定理論起源於Lippman（1956）所提出的「心像理論」（Image Theory），他認為媒介訊息會影響人們腦海中的圖像。以及Cohen（1980）對媒介效果的看法：「媒介或許不能很成功地告訴人們要『怎麼想』（what to think），但它卻能很成功地告訴人們該『想些什麼』（what to think about）。」（羅世宏譯，1992）
議題設定理論的基本假設，是媒介對新聞報導的方式，會影響公眾對於日常生活中重要論題為何的看法。議題設定對於媒介效果研究的重要性，在推翻了過去以勸服為主的傳播研究典範，也突破了由哥倫比亞學派所建立的媒介效果有限典範。

[7] 每個社會對其成員中的不同角色，都有其成文的或不成文的行為標準。社會公認的角色行為標準，稱為社會規範（social norm）或簡稱規範（norm）。社會規範建立之後，對團體中的成員，在行為上即具有約束作用；個人在團體中的活動，如照社會規範行事，行為表現符合所認可之標準，即稱為從眾（conformity）（張春興，1991）。

[8] 場地論（field theory）是社會心理學家K. Lewin根據完形心理學的理念，所提倡的解釋人格形成及社會行為的一種理論。按場地論的基本觀念，人所表現的一切行為，乃是個人與其環境兩方面因素交互作用的結果。此一交互作用可用以下等式表示之：B= f (P+E)。等式中，B指behavior，P指person，E指Environment，f指function（函數）。等式之P+E代表個人與環境所形成的物理與心理的空間，即為其生活空間（張春興，1991）。

生的衝擊，而說服性的訊息只扮演了次要的角色。因此，人們改變態度，是為了滿足各種個人的和社會的需要，或是為了減少不愉快的情緒狀態（李茂政，1984）。舉例而言，為避免自身產生認知不和諧的狀態，在選舉期間，閱聽人對於新聞台的謹慎選擇可見一斑。支持某政黨候選人的觀眾，必然樂於收看報導內容傾向對該政黨友好的新聞台，而排斥與其政黨傾向不同的新聞台。

三、媒介使用習慣與日常行動

　　Klapper（1960）在 *The effects of mass communication* 一書中提出，大體上來說，一般人選擇傳播內容，往往是選擇與自己意見相符合的內容，他們會在不知不覺中，排除與自己意見相反的傳播。1913 年心理學者 Watson 發表論文指出，個體的行為不像本能心理學說認為是遺傳而來的，而是由生活環境中學習所造成的。行為主義強調，每一個人的刺激反應並不相同，各人因學習環境的差異，所習得的價值標準、態度與信仰有所不同。這種現象使得個人在接受刺激時，是依照個人的想法而有所反應與解釋。此一學說更正了「本能」心理學循環論證的錯誤，傳播效果研究中，「個人差異理論」（individual difference theory）於是誕生。

　　「個人差異理論」使得大眾傳播學者不得不改變他們原先錯誤的看法，並從這理論中發現閱聽人有自己的「預存立場」。預存立場包括，團體內的規範、個人先前經驗，以及社會心理學中所談及的「從眾」（conformity）、「順從」（compliance）與「服從」（obedience）的相關行為[9]。

---

[9] 從眾，指由於實際存在或想像其存在的團體壓力，而產生與團體一致的行為改變和信念改變。順從，指順服於特定要求的反應。人常為了獲得酬賞、逃避處罰或其他原因而表現符合他人期望、要求和命令的順從行為，這常是口服心不服或權宜之計的行為，並不包括內在信念與態度的改變。服從，是順從的一種特別形式，於其中要求是以命令或權威的象徵表露。一旦要求者建立了他的法定權力（legitimate power），被要求者往往不過問也不思考權威者做此要求的理由（李美枝，2002）。

當個體的行為是因其他人都這麼做而做時，即稱之為「從眾」。例如：錯失收視某電視節目，當同儕討論相關話題時，個人若產生插不上話的焦慮感，之後這個人就會為了「避免落單」而成為使用該媒介的動機之一。

若個體的行為是因他人的要求（即使他可能不喜歡）而為時，則稱為「順從」或「服從」。例如：收聽某廣播頻道或閱讀某本書籍，是因為學校老師交代的作業或上級長官交辦的任務，雖然個人對於該頻道、書籍並沒有主動使用的意願，但仍然會完成收聽或閱讀的工作。「老師的作業」與「長官的任務」也就成為閱聽人使用媒介的動機之一。

舉個2002年的例子，公共電視台推出戲劇節目〔人間四月天〕時，在首播的收視率並沒有達到預期目標。然而，在播出一段時日後，討論徐志摩的種種愛情觀、背誦徐志摩詩詞的閱聽人與日俱增。因此，在重播該劇時，收視率出現比首播更亮眼的成績。

第三節　文化影響

傳播與文化具有密不可分的關係，所有人類的傳播最終都將因文化而連結起來（Hornick, Enk, & Hart, 1984）。文化可以決定何種「訊息」是適合表露的，或什麼地方、什麼地點適合表露（李茂政，1991）。雖然，在社會科學的領域裡，文化可能是最難定義的名詞之一（汪琪，1990）。但在進一步討論之前，或許應該先了解關於文化的各種定義（參見**表5-2**）。

然而，儘管對於「文化」的定義眾說紛紜，人類生活中的一切事物多半還是受到文化的支配。例如：祭祀祈禱、衣著裝扮、言行舉止，以及使用媒介。

表5-2　文化的各種定義

年代	學者	定義
1975	Carey	社會生活不只有權力和交易……它也包括美學經驗的分享，像是宗教觀念、個人價值以及情感，還有理性的觀念；這些都是「一種儀式性的程序」。
1983	Hofstede	能影響一個群體對其環境回應的共通特質之交互性加總，且認為文化「可以區別不同群體成員之集體心智運作過程」。
1990	汪琪	用以指涉某些人類團體的共同「屬性」，也可以表示由特定文化認同的人們（或為了特定文化認同的人們），以特定文化意義加以製碼的「文本和符號產品」。
2000	McQuail	某種集體和他人共享的東西（沒有全然的個人文化）。文化必定具有某些符號表達形式，不管是有意的抑或無意的；具有某些模式、次序或者規律，因此也具有某些評估的面向（只要和文化所規定的模式具有某種程度的相同性）。隨著時間的演變，文化也具備（或已經具備）動態的連續性，亦即文化是現存的與變遷的，它具有歷史，也具有潛在的未來。

資料來源：自行整理。

一、同一文化內的媒介使用

在傳播歷程中，「情境架構」強烈地影響傳播的行爲與效果。所謂的「傳播情境架構」至少包括四個層面：物質的、社會的、心理的和時間的（李茂政，1984）。「社會層面」包括參與傳播的人員之間的社會關係、人們所扮演的角色和內容，以及他們所賴以進行傳播的社會規範和文化習俗。依傳播學者Schramm（1973）對傳播過程所提出的模式做一說明：訊息的傳播，首先有傳播者（即來源），將訊息製成符碼，使成爲一種訊號，然後爲對方所接受後，再把它還原成原來的符碼，賦予意義，才算達到目的地。但是在「製成符碼」以及「還原符碼」兩個階段中，有一個很重要的先決條件，即製碼者和還原符碼者必須要有共同的經驗範圍（或知識），彼此才能溝通，以產生共識（如圖5-1）。

若我們延伸Schramm的模式，試著擴大解釋「情境架構」中的種種成分，則在傳播過程中最巨大且不易被察覺的部分，或許就是「文化」施展潛在影響力的場域。否則傳播來源與受播目的地二者之間，既沒有

情境架構（社會、文化、風俗、氣氛……）

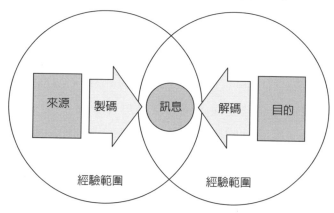

圖 5-1　傳播模式

資料來源：李茂政，1984，頁50。

共同的經驗範圍，又沒有相同的文化背景，容易造成南腔北調、各說各話的情況。

　　由**圖 5-1** 中可知，文化不僅影響來源及目的的「製碼／解碼」能力所需要的「經驗範圍」，更進一步的，也可能造成接收者產生「防衛性感知」的反應，亦即以「選擇性的暴露」（selective exposure）、「選擇性理解」（selective perception）及「選擇性記憶」（selective retention）等行為，抗拒任何不一致或造成焦慮不安的資訊進入知覺感官（Klapper, 1960）。

　　然而，接收訊息端在接收到訊息之後，不一定就會發生傳播來源預期的反應。Hall（1980）提出閱聽人各自歧異的三種「解讀策略」。第一種是「主導－霸權立場」（dominant-hegemonic position）：閱聽人採取訊息本身所設定的且為社會權勢團體所偏好的詮釋架構。第二種是「協商立場」（negotiated position）：雖然閱聽人採取訊息本身所設定好的詮釋架構，但同時閱聽人會根據自己本身的立場進行局部性（因而充滿矛盾地）的修正。第三種則是「反對立場」（oppositional position）：閱聽人

察覺到訊息本身所被設定的偏好詮釋架構，因而自行建立另外一套詮釋架構以資對抗（唐維敏譯，1998）。

誠如英國學者 Thompson（1990）認為，文化的意涵是來自於符號（symbol）與社會之間多重交錯之互相影響過程，社會中許許多多的部分結構，透過意圖性的指涉（intentional referential），並結合了各種社會關係與結構組織的普遍共通性，使大眾易於了解與接受。廣告作品的產生，同樣也具有結構性的概念，是經由廣告機制的組織結構、運作方式，社會中的政治與經濟制度、風俗習慣、價值體系及文化概念等共同互動運作的結果。

Douglas 和 Dubois（1997）認為，文化因素以四種方式影響廣告：(1)廣告主題的選擇；(2)文字與象徵的隱含意義（connotation）；(3)傳統、藝術圖像（pictorial conventions）的解讀，以及(4)媒介選擇。但也有部分學者（例如：Mallen & Litvak, 1964）質疑文化是否真的在廣告上具有舉足輕重的地位。

二、差異文化間的媒介使用

因為不同文化背景而產生溝通方面的困難，無論是直接的（面對面的交往）或間接的（透過大眾傳播媒介的交往）、嚴重的（如國際談判）或輕微的（如客套話），可說形形色色（汪琪，1990）[10]。由於每個國家的地理環境、經濟發展、產業狀況、行銷組織、語言與法律之限制具有差異，所以造成國家文化差異。又因文化可用來影響消費倫理，而文化的價值、規範與特性根深柢固於廣告訴求中，且文化差異會反映在廣告的訴求上，因此國家文化的差異會造成各國廣告採用不同的訴求。但有

---

[10] 人與人之間的差異，再加上文化與文化之間的差異，已經足以構成「異族人」之間溝通的阻礙。大致說來，至少有四種與文化間傳播有密切關聯的心理傾向：(1)刻板印象（stereotype）；(2)種族優越感（ethnocentrism）；(3)為他人設想（神入）的能力（empathy），以及(4)歸因的過程（attribution）（汪琪，1990）。

Ryans 和 Donnelly（1969）聲稱跨國性的文化差異，使得標準化的廣告策略失效。Lenormand（1964）更指出若不針對某一特定市場，設計出特定的廣告，則廣告主是自願甘冒不必要的風險。

　　但 Munson 和 Shelby（1979）卻認為，跨文化的廣告有必要存在。這些廣告分別由不同的文化價值觀、目標及規範所延伸而來的生活狀態，必然會影響到廣告訊息的接受情況，因此跨文化的廣告，並不能只是將廣告裡使用的語文進行轉換而已。

　　有學者認為廣告的標準化以及在不同的市場進行促銷是件困難的事（Mueller, 1992）。其中一個重要的理由是文化的差異，例如：語言、傳統、信仰、音樂……都能主宰溝通的過程，進而影響廣告的效果。另有一些學者認為，廣告必須整合文化價值以及目標市場的準則，以便成功的與閱聽人溝通，並且避開負面的反應（Hite & Fraser, 1988）。

　　Hofstede 在 1983 年首次提出四個文化構面，其研究對象遍及五十個國家、訪問超過十一萬六千人，由於樣本充分且涵蓋範圍廣大，因此廣為各類學者所採用。Hofstede（1983）綜合各學者的觀點，以國家為分析單位，經由因素分析萃取四種國家文化的衡量面向，分別為「權力距離」（power distance）、「不確定性規避」（uncertainty avoidance）、「個體主義－集體主義」（individualism-collectivism）及「陽剛作風－陰柔作風」（masculinity-feminity）（鄭淑雲，1997）。針對四個文化面向，黃馨台（2000）的論文曾進一步解釋如下：

(一)權力距離

　　指社會對因自然或社會的不平等所造成權力分配不均現象之接受程度，即社會如何看待人們在社經地位、聲望、財富與權力來源上的不平等現象。在高權力距離文化中，產品訊息以及資訊傳遞的方式會強化消費者的身分。採用高價位策略的商品，其主要訴求對象就是白領階級以上的消費者。例如：名牌服務、化妝品、名車、首飾……等。

(二)不確定性規避

指當社會面臨不確定的情況（如風險或未知）時，感受到威脅的程度，人們會使用法律、宗教、科技去規避不確定性，此構面與焦慮、安全的需求、對專家的依賴及資訊的應用有關。由於高不確定性規避國家的人們，不能承擔風險且害怕失敗，因此傾向有較嚴格的法律、程序與強烈的國家主義。高不確定性規避的國家比較喜歡強調低風險或安全特色的商品。例如：廣告採用「名人證言法」，正是希望消費者將其對於該位名人的觀點，移轉至他／她所推薦的商品。依賴該位名人的專家背景或者顯著的名氣，消費者較容易被說服。

(三)個體主義

指人們僅顧及自身或與其有直接相關的家人，而忽視社會中其他人的需求。「集體主義」則是指緊密的社會體制，把個人視為團體的一部分，對於自己隸屬的組織具有情感性的依賴與關懷，並可因團體需要而改變，對於群體決策有強烈的信賴，重視親情、友情與強調我們的概念。在集體主義文化裡，消費者比較容易受到意見領袖的影響。而一句「只要我喜歡，有什麼不可以」則讓廣告商喚醒消費者的個體主義。不再是盲目的跟從流行符號。近年來更有許多商品，針對不同消費者來設計開發，例如：手機、汽車、飾品等，廣告風格都較強調個人特色。

(四)陽剛作風

指傳統的男性價值，如強調自主、績效、積極進取、控制、成就、野心、競爭等概念，隱含金錢物質主義、獨斷性、支配性與缺乏他人的關心。「陰柔作風」則是強調女性的價值，如較重視生活、自然和諧、氣氛、樸實、謙虛、有教養，其中隱含了對環境、他人、關係、生活品質的關心，較為人性導向。

近幾年，大量的研究文獻使我們了解到跨文化差異在廣告文本中的表現。朱有志（1995）、鄭淑雲（1997）曾整理廣告內文所呈現的文化價

表5-3　廣告內文所反映的文化價值觀之相關研究

分類	相關研究
文化類似地區，廣告中文化價值的探討	大陸與香港（Steward & Campbell, 1988）；大陸、台灣與香港（Tse, Belk & Zhou, 1989）；英國與美國（Frith & Wesson, 1991; Katz & Lee, 1992）；美國與墨西哥（McCarty & Hattwick, 1992）
相異文化地區，廣告中文化價值的探討	美國與日本（Belk & Bryce, 1986; Muller, 1987; Hong, Muderrisoglu & Zinkhan, 1987; Lin, 1993）；英國與法國（Whitelock & Chung, 1989）；美國與巴西（Tansey, Hyman & Zinkhan, 1990）；美國、法國與台灣（Zandpour, Chang & Catalno, 1992）；美國、日本、南韓與大陸（Keown, Jacobs, Schmidt & Ghymn, 1992）；中國與美國（Cheng & Schweitzer, 1996）
單一文化地區，廣告中文化價值的探討	菲律賓（Marquez, 1975）；印度（Srikandath, 1991）；日本（Muller, 1992）；台灣（Tsao, 1993）；大陸（Cheng, 1994）

資料來源：朱有志，1995；鄭淑雲，1997。

值相關研究（參見表5-3）：

　　了解文化差異對於一項成功的訊息廣告而言，是相當重要的。廣告內容的差異，可以利用不同的研究觀點檢視。研究者指出，許多跨國的廣告開始依照跨同質的文化團體類似的需求，而產生「在地化」的策略運作。不論在任何文化中，相似性通常都占優勢。不同文化間有極大的差異存在，但同一文化中則有很大的相似性存在，同一文化裡的人幾乎都使用同樣的語言、具有同樣的價值觀、同樣的興趣（李美枝，2002）。

三、文化因素影響訊息設計創意

　　仔細分析起來，「文化」涵蓋的層面確實是十分寬廣，有描述性的、歷史性、規範性或心理性的諸多定義。但綜合以上各個種類的定義，我們可以歸納出一個解釋：「文化是由許多不同部分所組成的系統；這些部分彼此作用、彼此依賴，有些是我們可以看見的、實質的物體（如藝術品、建築物、衣著）、制度（法律）、組織（宗族），有些是內在的、看不見的

品質,如價值、道德觀、信仰、哲學思想。由這些「部分」所構成的系統—文化爲我們提供了生活的範疇,另一方面,它也受到自然環境、其他文化和每一個個人的影響,彼此作用的結果,使文化不斷衍生、遞變。」總結一句,文化是除了自然環境與人類本能外,幾乎是無所不包的(引自汪琪,1990)。因此,廣告創意不僅受到固有的、現有的文化因素所影響,更會因應時代的變遷而不斷的改變,例如:各式較爲私人/隱祕的商品(如內衣褲、保險套等),以往受到保守民情以及風俗的限制,鮮少在媒介裡刊登廣告,但是如今相關廣告的創意,則是極盡誇張的凸顯商品的特色與優點。

各文化群體皆有屬於自己的文化價值體系,各群體間的文化差異除了可以透過直接觀察、比較其有形部分外(如語言、行爲、實物),更可利用其實體創作來探究其無形部分(如價值觀)的差異。廣告就是經由社會群體運作所產生的實體創作,屬於文化下的產物,是反映社會價值變遷的加工品(artifact)(Rotzoll, Haefuer & Sandagge, 1990;引自鄭淑雲,1997,頁3)。並且,對跨國性廣告而言,廣告主的文化背景將影響訊息的形式,而閱聽人的文化背景也將決定訊息的解讀差異。人類學者強調,一個文化試著有效率地和另一文化進行溝通時,或多或少會出現一些障礙。Sommers 和Kernan(1967)則指出,存在於消費者之間國家差異對於特定化廣告的策略。而Buzzell(1968)在說明文化因素如何影響市場時指出,廣告確實會受到語文、文學及符號的影響。

結　語

經由前三節的介紹與討論後,或許可以更加確定,接觸媒體的行爲往往不如表面呈現的簡單。在相關研究的討論中,研究者經常發現在家庭權力、性別權力的主導力量外,更潛藏著 Noelle-Neumann 的沉默螺旋理論所描述的現象;在社會心理學所列舉的「從眾」、「順從」與「服從」

各種行為中發現，團體、社會或無形的文化，無不主宰著我們對於媒介的使用。

　　本章另外針對跨文化研究領域中，相當受到矚目的「跨國性廣告文本研究」，以 Hofstede 的研究發現為基礎，揭開跨國廣告集團對於廣告內文「標準化」或「特定化」的爭議。誠如學者 Cook（2000）所言，對社會心理學而言，我們如何以微觀層次所能處理的理論角色解釋越來越多鉅觀層次現象，即「跨文化研究」的挑戰之一。但這並非新的挑戰，數十年來社會心理學的跨文化研究早已成為社會學門裡重要的研究項目。但跨文化研究截至目前為止，仍未累積相當數量的文獻的原因，在於「很難達成研究情境完全相同的設定」Facorro & Defleur（1993）。

　　礙於篇章，本章針對「跨文化」間的研究，仍有未能詳盡之處，例如：外購節目在異文化地區播映情況與影響[11]；外購節目內容對於在地文化價值觀的影響[12]；以及外購節目裡角色的刻劃，對於異文化地區形塑「刻板印象」的影響[13]……等。在「全球化」的衝擊、「地球村」以及「跨文化傳播」的遠景裡，實有賴於理解「文化價值觀」的差異，並設法消除差異文化間錯誤的刻板印象，以及促進文化交流與傳播溝通的障礙。

---

[11] 例如：Kenichi Ishii, Herng Su & Satoshi Watanabe（1999）. "Japanese and U.S. Programs in Taiwan: New Patterns in Taiwanese Television." *Journal of Broadcasting & Electronic Media*,*43*(3), 416-431 。

[12] 例如：Shigeru Hagiwara, S. R. Joshi, R. Karthigesu, James F. Kenny, Paul S. N. Lee & Elena Pernia（1998）. "The Reception of Global TV in Asia – An Assessment of its Impact on Local Cultures." Anura Goonasekera & Paul S. N. Lee eds. *TV Without Borders: Asia Speaks Out.* Singapore: AMIC.

[13] 例如：Lars Willnat, He Zhou & Xiaoming Hao（1998）. "Foreign Media Exposure and Perceptions of Americans in Hong Kong, Shen Zhen, and Singapore." *Journalism & Communication Quarterly, 74*(4), 738-756 。

關鍵詞

使用與滿足　uses and gratification approach

議題設定　agenda-setting

場地論　field theory

團體動力學　group dynamics

個人差異理論　individual difference theory

從眾　conformity

順從　compliance

服從　obedience

主導－霸權立場　dominant-hegemonic position

協商立場　negotiated position

反對立場　oppositional position

權力距離　power distance

不確定性規避　uncertainty avoidance

個體主義－集體主義　individualism-collectivism

陽剛作風－陰柔作風　masculinity -feminity

第一部分　閱聽人的內在歷程

第六章

化無形為有形——閱聽人的訊息處理歷程

前　言

第一節　認知心理學與訊息處理模式

第二節　感覺與知覺

第三節　記　憶

結　語

前　言

　　當眼前出現一則新聞報導或廣告時，它是如何抓住你的注意力的呢？你的腦袋瓜到底在想什麼，是記得標題、內容或是其他的邊緣線索？抑或是你先選擇遺忘，但時間一久還是給它記得很清楚，這是為什麼呢？

　　新聞報導使用的倒金字塔寫作[1]方式常將標題下得很突出，如此一來很容易吸引閱聽眾的目光，例如：〈「辣妹」管理員——房客趨之若鶩租屋暴漲〉（《高苑電子報》，2004/7/21）；〈百年來頭一遭——紐約愛樂有台灣提琴手〉（《TVBS-N電子報》，2004/7/21）……這些新聞標題，能吸引你嗎？

　　在許多商業行銷的手法當中，有許多方式可以強迫消費者記憶商品，包括廣告暴露次數越多、廣告創意凸顯、品牌好記有特色等，例

圖6-1　「曉玲，嫁給我吧！」電視廣告片段

資料來源：《中廣新聞網》，2004/1/2。

如：2004年年初喧騰一時的「曉玲，嫁給我吧！」這一句廣告詞，讓台北銀行發行的大樂透未演先轟動（參見**圖6-1**）。從2003年12月25日開始，持續一個星期，讓人摸不著頭緒的求婚廣告，除了在電視頻道強力密集放送，還有讓來往民眾指指點點的大型廣告看板，男主角憨厚的笑容與女主角曉玲都成為民眾茶

---

[1] 所謂「倒金字塔」的寫作方式，是把新聞中最重要的部分寫在最前面，再依重要性遞減原則，撰寫各段內容，此法可讓新聞媒體的編輯在最短的時間內，掌握整則新聞的重點，並可依己意迅速增刪（參考資料：林巧敏，社教文化活動如何善用傳播媒體加強宣傳，國立台灣科學教育館輔導員）。

餘飯後的話題，答案後來終於揭曉，果然如先前的預料，是廣告商的巧思，廣告上寫著：「中大樂透，你也可以這樣浪漫」（《東森新聞網》，2004/1/2）。

又以全球知名運動品牌NIKE為例，在廣告當中並不用刻意凸顯品牌的文字或產品，但消費者卻可以強烈地意識到品牌的存在（參見圖6-2）。

以上均是商業行銷成功傳遞訊息的例子，而將這些訊息從無到有的幕後推手，即是認

圖6-2　NIKE 的平面廣告

知心理學中訊息處理歷程的一部分。但人們究竟如何感覺、知覺、記憶這些訊息呢？而什麼又是訊息處理過程？為了解答這些疑問，本章節的重點，首先將說明何謂認知心理學與訊息處理模式；其次將解釋感覺和知覺之定義與差別，並進一步說明知覺歷程；最後將介紹記憶的種類、歷程、測量方式、增進以及傳播者如何幫助閱聽人記憶。每章節的目的在於介紹認知心理學之基礎，並結合傳播現象，讓讀者更了解訊息處理歷程的每個環節及重要性，並可依此檢視日常生活的現象，加以運用。

第一節　認知心理學與訊息處理模式

一、認知心理學的定義

認知心理學研究人們如何獲得生活上的各種信息，這些信息又如何表徵並轉化為知識，它如何儲存，知識又是怎樣用來指導我們的注意和行為（Solso, 1994）。這牽涉到兩個層面的問題：一是知識在我們記憶中

是如何儲存的，以及儲存什麼的記憶內容問題；一是知識如何被使用或處理的歷程問題。前者強調的是心智結構，後者強調的是心智歷程。這就是認知心理學研究的兩大方向，因此 Mayer 在 1981 年的著作中將認知心理學定義為：為了解人類行為，而對人類心智歷程及結構所做的科學分析（鄭麗玉，1993）。而在傳播領域中，則是探索訊息如何被記憶及儲存，或如何有效使閱聽人擷取訊息，因此諸如閱聽人如何接收新聞訊息，或閱聽人如何解讀電視……等問題，以及日常生活相關的廣告效果，均與認知心理學中的訊息處理密切相關。

二、訊息處理模式的階段

認知心理學的主要理論架構為訊息處理模式（information processing model），視人類為主要的訊息處理者，探討人類憑感官接受訊息、儲存訊息以及提取、運用訊息等不同階段所發生的運作歷程，因此認知心理學也常被稱為訊息處理心理學。

圖 6-3 呈現了最常被放入在訊息處理模式中的幾個階段。來自環境中的訊息，經由感官紀錄器接收，做短暫的儲存，稱為感官儲存或感官記憶。而過濾和選擇階段是有關注意力的兩個階段。在過濾階段的注意力像過濾器，限制一次可辨識的訊息量，其發生在形態辨認階段之前。選擇則是將所有的訊息都加以辨識，只是某些重要的訊息才被注意或選擇做進一步的處理，進入下一階段的短期記憶。這兩個階段在不同的情

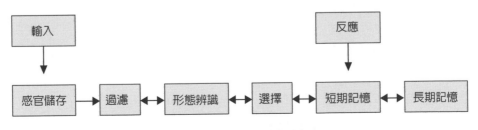

圖 6-3　訊息處理模式的階段

資料來源：引自鄭麗玉，1993，頁 3。

況下各有其正確性，因此在一些文獻中皆被羅列出來，本書亦不例外。

至於形態辨識階段是指我們認出進入的訊息是什麼。當我們辨認的是熟悉的訊息時，我們是在使用先前儲存在記憶裡的知識；當我們無法辨認某訊息時，我們可能就必須儲存此新訊息於記憶中。例如：當我們看到 NOKIA 的廣告就知道是手機的廣告，是因為「NOKIA 是手機」這樣的訊息早已儲存在我們的記憶當中；再舉前面大樂透的廣告為例，「曉玲，嫁給我吧！」這樣的訊息對於我們來說是陌生的，因此我們無法辨識這個訊息，可能就必須儲存這個新訊息在記憶當中。

記憶可分為短期記憶和長期記憶兩個階段。訊息經過個體注意後，轉入短期記憶。短期記憶的特性是維持的時間很短，而且容量有限。長期記憶是一般所說的記憶。當訊息經過重複或與舊有記憶發生關聯時，就進入長期記憶了。一般認為長期記憶的容量無限，且具有相當的永久性（鄭麗玉，1993）。

第二節　感覺與知覺

一、感覺與知覺的定義

感覺（sensation）和知覺（perception）是我們接觸周遭世界的管道。感覺是指感覺系統接受到任何外來刺激時，所產生立即性與生理性的反應。概括的說，所有的訊息都要經過感官進入我們的神經系統，藉由感覺歷程，產生各種不同的感覺經驗。感覺是一種在此時此刻的真實資料，也是生理性、基礎層次的心理歷程（Solomom, 1999）。

知覺則是指個體將以生理為基礎的感覺經驗，轉換為有意義的訊息，並用來解釋或反應周圍環境事物的一種心理歷程（張春興，1991）。知覺歷程則是要將感官輸入的訊息做一種主動的結合、分析與解釋，如

此，我們才清楚所感覺到的是什麼，了解外在世界發生什麼事（鍾聖校，1990）。

二、感覺與知覺的差別[2]

個體靠感覺與知覺來了解外在環境，但由於兩者間是連續的，因此個體不易察覺其區隔之處，但是此二者，在本質上仍然不同：

1. 不是所有的感覺都會產生知覺：雖然個體察覺到刺激，但刺激若未經過注意與組織，則不會形成知覺。例如：學生對於老師的教導常常會有「有聽沒有懂」、「充耳不聞」的現象。
2. 感覺是立即性的生理反應，知覺則是綜合感覺與記憶的心理結果：感覺立即反應當下所接受的刺激事實，而知覺則是將感覺所接收到的刺激，與原先儲存在記憶中的資料結合，產生不同的意義或解釋。
3. 感覺具較大的普遍性，而知覺則呈現很大的個別差異：感覺以生理為基礎接收外在刺激，具有較大之普遍性。知覺除了必須以感覺為基礎外，還須加上過去經驗和所累積知識來形成統合之判斷，因此會呈現很大的個別差異。例如：炎炎夏日我們會想吃冰，這是一種感覺結果，但要吃什麼冰呢？此時就會依照我們以往吃冰的經驗或者是同儕朋友的推薦，來決定我們要吃哪一種冰，因此每個人最後選擇的冰品會很不同。

基於以上三點，我們可以了解，即使是相同的感覺經驗傳達，也會因為不同的個體接收，而產生不同的解釋結果。舉例來說，現金卡這類商品，對於年輕上班族和學生來說是很具吸引力的，但對於老一輩的人

---

[2] 此部分之分類內容參考徐達光（2003），《消費者心理學：消費者行為的科學研究》，頁101。

而言，則可能將其視為浪費、奢侈和不踏實之代名詞。

三、知覺歷程

在了解感覺和知覺的定義和差別之後，我們將進一步來說明何謂知覺歷程。知覺歷程（perception processes）是由下而上的歷程（bottom-up processes）以及由上而下的歷程（top-down processes）所共同作用產生，請參考圖6-4。

(一) 由下而上的歷程（bottom-up processes）

由低層處理逐次上升，從物理刺激轉化成具有心理意義的歷程，最

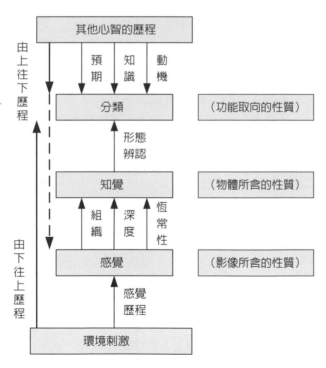

圖6-4　知覺歷程

資料來源：黃天中、洪英正，1992，頁98。

後辨認出輸入的訊息是何種意義（鍾聖校，1990）。換句話說，當個體經過外在刺激後，知覺歷程會開始進行一連串的屬性分析（feature analysis），然後將各屬性組合。這部分的歷程幾乎是自動化的，不需意識或高層認知功能介入的訊息處理歷程，例如：基模（schema）[3]。舉例而言，當我們逛街，聽到有商家放「晚安曲」，就知道打烊的時間到啦；當我們看到電視節目主持人說：「休息一下」，就知道進廣告了。

(二) 由上而下的歷程（top-down processes）

依據先前的知識或更高層次的心智功能，來協助我們處理不完整的感官輸入，進而辨識及分類來自下層或外層的感覺和知覺的歷程。因此我們不能藉由單獨分析一個個的感覺，來推論整體的知覺；應該由整體的知覺來直接分析其內容。由以上的說明可知，若只有由下而上的機制是不夠的，因為人類對形態的辨識常被高層次的知識、期望、動機……等因素所影響，亦即所謂的「情境效果」（context effect）。以「蘋果」為例，當它被放在白雪公主的故事情境中，這個蘋果定義就變成一個害人的毒蘋果；若放在牛頓的故事裡，它的意義就完全不同了。這全是由儲存在記憶中的知識所引導，一個刺激形態可能因為期望不同而有不同的詮釋。

第三節 記 憶

心理學將記憶定義為：「個體對其經驗的識記、保存，以及再認或回憶」（楊治良，2001）。記憶可說是對學習相當重要的能力與過程，因

---

[3] 基模（schema），說明一個物體的結構、景象或概念。我們的記憶中儲存了許多訊息，這些訊息引導的管理與組織規則，即稱之為基模（Solso, 1994）。例如：「颱風基模」包括颱大風、下大雨、停電、門窗及招牌被風吹落等。所以當我們知道颱風要來時，就會去準備手電筒、食物，會將門窗及易吹落物固定等，我們會去做這些準備工作，完全是由儲存在大腦中的「颱風基模」所引導。

為有了記憶，我們才能將知識保存在腦海中，據以作為日常生活行動的基礎。傳播者也很關心傳遞出去的訊息是否被閱聽人記住，因為我們通常需要對訊息留下印象，才能談進一步的說服效果。由此可見記憶在傳播過程中的重要性。但記憶在人類的腦海中究竟是如何運作？以下試著揭開記憶的神祕面紗，介紹記憶的種類、歷程、測量、增進，並討論傳播領域中，常用來增進閱聽人記憶的策略與方法。

一、記憶的種類

早期研究記憶的心理學家主張「記憶二元論」，他們發現記憶有長短之分，分為「初級記憶」（primary memory）和「次級記憶」（secondary memory）（James, 1890; Waugh & Norman, 1965）。訊息在次級記憶會得到較長久的保存。

後來Atkinson 和Shiffrin（1968）更進一步提出「三段記憶模式」（a three-store model of memory），將記憶由淺到深分為三類：「感官紀錄」（sensory registers）、「短期記憶」（short-term store）和「長期記憶」（long-term store）（轉引自鄭麗玉，1989，頁16），如圖6-5 所示。

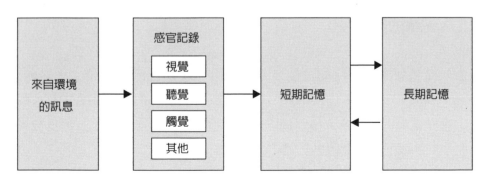

圖6-5　三段記憶模式

資料來源：Atkinson and Shiffrin, 1968；轉引自鄭麗玉，1989，頁16。

(一) 感官紀錄

又可稱爲感覺記憶。訊息透過不同的感官進入系統，包括視覺、聽覺和觸覺都有感覺記憶，而目前感覺記憶的研究主要是關於視覺的和聽覺的，視覺的感覺記憶稱爲「影像記憶」，聽覺的感覺記憶稱爲「回聲記憶」（楊治良，2001）。這個階段頂多只保留原始訊息幾秒鐘，如果沒有經過進一步的處理，就會隨時被後面的訊息取代。

(二) 短期記憶

訊息經過個體注意後，轉入短期記憶，但如果沒有經過複述（rehearsal），訊息在三十秒後就會消失。由於訊息在此做短暫停留，供我們使用，因此也有人稱之爲「工作記憶」（working memory）。短期記憶的容量非常有限，大約是 7 ± 2 個單位（chucks）（Miller, 1956；轉引自鄭麗玉，1989，頁16）。

(三) 長期記憶

長期記憶一般是指訊息儲存時間在一分鐘以上，最長可以保存至終生的記憶（楊治良，2001）。長期記憶保存了許多我們對於自己的過去、對所處的世界所累積的印象，爲我們日常活動提供必要的知識基礎。

二、記憶的歷程

從訊息處理歷程的角度來看，記憶可以分爲三個階段：「編碼」（encoding）、「儲存」（storage）和「提取」（retrieval）。這相當於把人腦比喻作電腦，資料輸入後經過處理，轉換爲適合儲存的形式，供日後提取使用。以下分別說明這三個階段的工作。

(一) 編　碼

指的是將外在的物理刺激轉化爲內在的抽象形式，亦即心理表徵

（mental presentation）（鄭麗玉，1993）。訊息如何被編碼，決定了它會如何被儲存。如果新來的資訊和舊有記憶發生連結，較有可能會被保存在腦海中（Solomon, 1999）。

(二) 儲　存

一般認為訊息在腦海中是以網絡（network）的方式儲存，其形狀有如蜘蛛網（Solomon, 1999）。可見相關的訊息在記憶中是有組織的儲存在一起，這可以說明為什麼相關訊息越多（提取線索多）的訊息越容易被回憶得清楚。

(三) 提　取

一般所說的回憶就是指提取的動作，將訊息從長期記憶中取出。我們常有這樣的經驗，遇到一個熟人卻喊不出他的名字，或是考試時明明知道念過卻想不起來答案，這都是因為無法順利地將記憶提取出來。影響提取的因素很多，例如：年齡、情境、新來資訊的干擾……等。本章最後面我們會進一步討論傳播者應如何幫助閱聽人提取記憶。

三、記憶的測量

記憶的測量方式主要可分為「再認」（recognition）及「回憶」（recall）。「再認」指的是辨認是否看過某個訊息，例如：列出一堆品牌名稱，詢問消費者是否聽過這些品牌。「回憶」要比再認需要較多的心理處理歷程，因此回憶要比再認困難。「回憶」又分為有輔助回憶（aided-recall）和無輔助回憶（unaided-recall），前者給予受測者一個有限的範圍或提示，例如：「請問您記得 2004 年總統大選藍營參選人是誰嗎？」後者則不給予線索輔助，例如：「請列舉您所知道的鮮乳品牌？」

那麼究竟傳播者要採取哪種方式來測量閱聽人的記憶？應該考量傳播目的和收訊者的習慣。就傳播目的而言，一個新上市的產品首要的目

標就是建立知名度，所以應先測量消費者的再認，這時候談回憶還太早；但如果是一個眾所皆知的品牌，例如：可口可樂，則可進一步測量回憶，例如：詢問消費者最近看過哪些可口可樂的廣告……等。

再就收訊者的習慣來看，舉消費的例子，有研究發現日常用品的購買決策有80%是在零售點才被決定的，特別是低涉入、方便性的產品，例如：牙膏，消費者會快速掃描貨架，然後選擇他聽過的牌子，這時只需要測量再認的層次；但有時候購買決策是事先形成的，特別是高涉入、高忠誠度的產品，例如：購買汽車，我們通常會先回想哪些廠牌在印象中是不錯的，再去做進一步的比較或試車，而不會到了要買車那天才臨時決定，在這種情況下，則需要測量該品牌在消費者心中回憶的層次。

四、記憶的增進

許多人都希望能擁有過目不忘的能力，尤其是在大考壓力下，許多學生或家長會在廣告的促動下，去補習「快速記憶法」。的確，研究學習心理學的學者們曾發展出一些記憶的訣竅，稱爲記憶術（mnemonics），能夠幫助人們有效率地記住重要的資訊，以下是常被建議使用的方法。

(一) 位置記憶法

將所欲記憶的事項與一個自己所熟悉的場所的各個位置連結起來，作爲回憶的線索（鄭昭明，1993）。這利用的就是心像（mental image）的原理。例如：去年生日時你和一票朋友聚餐，但一時想不起到底有哪些人，這時你可能會從每個人的座位來回憶，例如：坐你右邊的是Apple，正對面的是范范，他旁邊是小白、晚到的Jason坐在靠走道的位置……等，如此就簡單的把所有人名回想起來了。

(二) 關鍵字記憶法

許多複雜的理論爲了讓人容易記住，常會取第一個英文字母組合成

簡稱，例如：新聞寫作要點——5W1H，就是指Who、What、When、Where、Why、How，如此即使是新手也不容易忘記。中文也可以如此運用，例如：電視宣導影片把燒燙傷急救方法編成一個口訣——沖、脫、泡、蓋、送，是不是聽過一遍就不容易忘記呢？

(三) 諧音記憶法

求學的過程中一些必須背誦的基本知識常令學生感到頭痛，你是否嘗試過用諧音的方式幫助記憶呢？例如：1.414 可記成「一點是意思」、八國聯軍（俄、德、法、美、日、奧、義、英）有人記成「餓的話每日熬一鷹」。也有一些英文的初學者用中文字來記英文發音，例如：救護車的英文"ambuliance"有人記成「俺不能死」、"stove"記成「用爐子煮豆腐」，的確非常方便又有趣，但要小心別變成中文腔英文才好。

雖然「記憶」是學習相當重要的一部分，但不能忽略「理解」的重要性。記憶並不是在接觸到資訊時就自然產生，它必須經過主動的分析、整理與舊有的知識掛上鉤，那個知識才會成為你的（洪蘭譯，2004）。只有理解才記得住。一味死記的填鴨式教育所學到的知識是短暫的，不如教學生去理解、融會貫通，這樣的知識才是一生受用的。

五、傳播者如何幫助閱聽人記憶

記憶是傳播效果的一部分，傳播者莫不希望精心設計的傳播訊息能夠在閱聽人腦海中留下深刻的印象，以下是一些在傳播領域中流傳甚廣幫助閱聽人記憶的好方法。

(一) 重複暴露

訊息重複暴露的研究在廣告傳播中特別常見，因為媒體購買者需要了解廣告放送幾次能夠達到效果。Krugman（1972）著名的「三打理論」（three hit theory）主張，廣告暴露至少要達到三次以上，觀眾才會對產品

有印象，進而產生效果；然而，在當今媒體環境複雜、競爭激烈的情況下，傳播領域中甚至有人提出「七打理論」。一般而言，不管是三打或七打，重複暴露越多次，印象越深刻，但須注意過度曝光可能會讓效果遞減，因為閱聽人可能會自動對訊息忽略，甚至產生反感。

(二) 鼓勵推敲

重複暴露通常是讓閱聽人被動地多次接收訊息，但有時候傳播者可以鼓勵閱聽人主動複習訊息，並做進一步的推敲，以便將刺激物和既有的認知基模相互連結。Craik 和 Lockhart（1972）認為訊息處理有層次之分，精緻性的複誦（elaborative rehearsal）較維持性的複誦（maintenance rehearsal）能達到較好的記憶效果。

(三) 有效轉錄

有效轉錄指的是把原本無意義的訊息賦予意義，來幫助記憶（鄭昭明，1993），其中一個方法就是利用諧音，例如：566 洗髮精就讓人想到「烏溜溜」，是相當好記的品牌名稱；另外像是達美樂披薩的外送專線「2882-5252」，廣告巧妙的把它念成「餓─爸爸餓─我餓我餓」，讓消費者想吃披薩時就能輕易回想起這個號碼。

(四) 多重表徵

訊息除了以語言的方式儲存外，也能以聲音、圖像的方式儲存，運用越多儲存機制，訊息被保留的機會也越大。例如：有研究發現當新聞報導的聲音跟電視影像配合時，會增加理解和記憶（Lang, Potter, & Grabe, 2003）。再以圖像來說，有個常見的概念叫作心像（mental image），指的是心裡的圖畫或景物，這對具體名詞的記憶特別有幫助。有學者發現語文項目的記憶如果以心像的方式收錄，則其記憶效果遠優於以語文方式收錄所得的結果（Paivio, 1971；轉引自鄭昭明，1993，頁223）。像是我們如果聽到一個陌生的名字，可能聽過一遍就忘了，但如

果同時看到這個人的照片，就能夠留下較深刻的印象，這就是為什麼候選人的競選傳單都會印上自己斗大的照片。Lutz 和 Lutz（1977）的研究也證實，當圖像的內容重複文字所傳達的訊息時，回憶會顯著地較佳。所以傳播者可以盡量以圖文相輔的方式來幫助閱聽人記憶。

(五) 先後順序

有研究發現訊息出現的先後次序會對記憶產生影響，這叫作「系列位置效果」（serial-position effects）。當訊息出現在最前或最後，都會增加記憶，前者稱為「初始效果」（primacy effect），後者稱為「時近效果」（recency effect）。反之，如果訊息是夾在一堆資訊的中間，則不容易被記住。相信每個人都有類似的經驗，例如：初戀總是讓人印象深刻，而和國中同學最後一次出遊的畢業旅行也叫人難忘。

(六) 給予線索

訊息被記住還不夠，還要能夠在需要的時候提取出來使用。消費者從廣告獲得的產品資訊，常常到了購買地點時已忘得一乾二淨，但這並非代表廣告訊息沒有進入消費者的記憶，只是沒有適當的線索來幫助他們提取而已。解決方法之一是在產品包裝加上廣告中出現的線索，例如：勁量電池廣告中打鼓的可愛兔子讓人印象深刻，但很多人分不清楚廣告品牌，後來廠商就將兔子也加入產品包裝，方便消費者辨認（謝文雀編譯，2001）。

結 語

記憶在傳播過程中是相當重要的一環，前面的介紹有助於幫助傳播者了解閱聽人的記憶運作機制，以找出能夠加強訊息記憶的方法。但需要注意的是，記憶只是傳播效果的一個層面，被記住不一定代表理解、

或進一步的態度改變，一則受爭議、報導不實的新聞，或一段荒謬、沒水準的廣告也可能讓人印象深刻，但卻不能達到好的傳播效果，這是我們在學習傳播心理理論時必須加以留意的。

關鍵詞

訊息處理模式　information processing model

感覺　sensation

知覺　perception

知覺歷程　perception processes

下而上的歷程　bottom-up processes

上而下的歷程　top-down processes

屬性分析　feature analysis

情境效果　context effect

初級記憶　primary memory

次級記憶　secondary memory

三段記憶模式　a three-store model of memory

感官紀錄　sensory registers

短期記憶　short-term store

長期記憶　long-term store

工作記憶　working memory

編碼　encoding

儲存　storage

提取　retrieval

心理表徵　mental presentation

再認　recognition

回憶　recall

輔助回憶　aided-recall

無輔助回憶　unaided-recall

記憶術　mnemonics

心像　mental image

三打理論　three hit theory

精緻性的複誦　elaborative rehearsal

維持性的複誦　maintenance rehearsal

系列位置效果　serial-position effects

初始效果　primacy effect

時近效果　recency effect

第七章

訊息處理的捷徑——談閱聽人認知基模的作用

☞ 前　言

☞ 第一節　認知基模的基本概念

☞ 第二節　認知基模與新聞節目

☞ 第三節　認知基模與戲劇節目

☞ 第四節　認知基模與廣告創意

☞ 結　語

前　言

　　人們每天面臨五花八門、眼花撩亂的外來資訊，例如：上司疲勞轟炸的碎碎念、塞爆信箱的廣告信件、二十四小時放送的新聞、貨架上數十種可供選擇的品牌……等，你可有想過你是如何有效率地處理這些資訊，而不必請一位私人祕書來幫忙你？

　　從上一章所介紹的訊息處理歷程，可以發現閱聽人的感覺、知覺、記憶……等歷程，受到一套內在規則所主導，這就是所謂的「基模」。基模幫助我們選擇出對自己有用的資訊，並用自己習慣的方式去理解和消化，因此我們可以處於龐大的資訊洪流中而不被淹沒。本章即在探討認知基模的概念和作用，以及認知基模如何影響我們對於新聞、戲劇和廣告等傳播訊息的處理。

第一節　認知基模的基本概念

一、何謂基模

　　心理學者在研究人類的知覺與記憶歷程時，發現人具備一種複雜的組織系統，稱為「基模」（schema）。基模的定義為：「存在於人腦海中的認知結構，包含了我們對於刺激物的概念（concepts）和這些概念的屬性（attributes），以及這些屬性之間的關係」（Fiske & Taylor, 1991）。簡單的說，基模就是人在接觸環境時，為求認知事物而產生的基本認知模式。

　　基模的結構有如金字塔型的層級組織，將抽象的、概括性的資訊置於最上層，而一些較為特殊的資訊置於一般性的類目之下，在最底層則是具體的實例（Taylor & Crocker, 1981）。舉例來說，我們對武俠小說的基模之中，會包含一般武俠小說的共通屬性或元素，例如：決鬥、飛簷

走壁、英雄救美等，而最下層則是武俠小說的經典實例，例如：《神鵰俠侶》、《倚天屠龍記》等。

所有基模之共同點並非在於它的內容，而是它們結構化的特性以及對訊息處理的影響，它有助於我們簡化及組織複雜的訊息本體。有些名詞與基模的概念密切相關，例如：刻板印象（stereotype）、社會腳本（social scripts）、框架（framing）等，都是用來描繪基模概念的基礎課題。

其中，「刻板印象」是指將某些特質歸於一個特殊團體的成員所共有，可說是存在我們日常生活中、最常運用來認知與詮釋事物的方式之一，例如：我們常以為法國男人一定是浪漫多情，即使不見得所有法國男人都是如此。另外，人們對於事件或事件的系列順序，也有基模存在，這種基模稱為「社會腳本」（Schank & Abelson, 1977），社會腳本的特點在於，它發生於某一段有限時間裡、它有因果流程（先前事件引發後繼事件）。例如：一對男女朋友交往久了，也到了適婚年齡，自然會被周遭親友認定他們將步入禮堂，然後結了婚就該生小孩，但實際上並非所有人的人生規劃都是按照這套規則發展，不婚族或頂客族大有人在。至於「框架」則是與傳播學較為相關的概念，因此在下面獨立出來探討。

二、基模與框架

框架理論是傳播學門借用心理學的基模概念所發展出來的研究取向，特別是常用來分析新聞內容。早在 1970 年代初期，「框架理論」即因 Goffman（1974）出版 *Frame Analysis: an essay on the organization of experience* 而廣受重視。框架可定義為：「人們解釋外在真實世界的心理基模，用來作為了解、指認以及界定行事經驗的基礎」（Gerhards & Rucht, 1992）。

而 Entman（1993）總結框架的文獻後，提出較為廣泛的定義：「框架主要牽涉了選擇與凸顯兩個作用。框架一件事件的意思，是將對這件事所認知的某一部分挑選出來，在溝通文本中特別處理，以提供意義解

釋、歸因推論、道德評估，以及處理方式的建議。」例如：你在閱讀這本書時，挑出你所認為的重點，並做上記號，就類似選擇與凸顯的過程。

打個比方說，框架猶如我們觀看世界的「有色眼鏡」。透過鏡片，許多事物可能不再雷同於以往的模樣。同樣的事物，在不同的人眼中可能會呈現出迥然不同的風貌及意義。而其中運作的過程，往往是相當主觀的框架過程。框架是人們對事件的主觀解釋與思考結構，唯有透過這個主觀的結構，人們才有能力界定問題、了解事件發生的肇因，從而提出決策與解決方案（Entman, 1993）。

臧國仁等學者（1997）進一步將Goffman所稱之框架與真實，歸納出以下三個特點：

1. 所有客觀社會事件轉換為個人主觀心像時，似乎都要經歷「再現」的過程，個人藉由「框架」轉譯社會事件為主觀認知，並透過語言成為日常言說（discourse）。
2. 心像的轉換或言說都不可能完美無缺地複製真實世界的原始面貌，而只是真實的「再造」（reproduce）產物，兩者可能相近，也可能互相矛盾。所謂「再造」，意指任何真實只是內在心智的建構。
3. 社會事件轉換為個人主觀認知的過程中，個人不斷地受到「社會其他人」的影響，使得個人框架常常也是同一社區框架（community frames）的反映。

框架可以說是轉換社會真實為主觀真實的重要過程。新聞記者扮演社會事件再現過程中的守門人，根據自身的背景、經驗、知識架構，與組織常規，將他們認為大眾所應該知道的真實以及他們所觀察到的事實呈現出來，這就是媒介框架（media framing）。事實上，所有符號轉換的過程均涉及框架，Entman（1993）就認為框架至少存在於新聞消息來源、新聞文本、新聞工作者、讀者，以及社會文化。

以上所討論的內容，不論是對於事件的「框架」或者對於人事的「基模」，都有許多概念重疊之處。或者可以說，基模是主導我們如何去認知、框架外在事物的基礎。因此，本章擬以「認知基模」（cognitive schema）一詞，試圖兼容前述兩項名詞的內涵，以利進一步討論及理解。

三、認知基模的作用

究竟基模在我們的認知歷程中扮演什麼樣的角色呢？歸納過去學者的看法，可以發現基模至少有以下三種作用：

1. 基模有助於我們快速而又經濟的處理大量訊息。因爲環境中充斥著過多資訊，而我們無法對所有資訊逐一處理，所以有賴一個準則來引導我們應該注意什麼訊息、如何詮釋，並且從而形成推論或評價。
2. 基模有助於我們的記憶。如果外來訊息與既有基模一致，就能夠增加人們對此訊息的回憶（recall）（Taylor & Crocker, 1981）。
3. 基模有助於塡補漏失的訊息，並且提供一個常理的預期（黃安邦、陳皎眉編譯，1986）。當外來資訊不完整或有所遺漏時，人們就會從既有基模搜尋適合的訊息來塡補空隙。

一般認爲合乎基模的訊息較容易被閱聽眾注意、理解與記憶，但有時候「反基模」的訊息卻有意想不到的效果。最近流行的「腦筋急轉彎」以及「冷笑話」即是一種典型操弄基模的產物。其中運作的模式相當簡單，卻又極具發散式思考的創意。藉由顚覆常識的邏輯，給予解謎者意想不到的另類答案。這類新式語言之所以迅速風行，原因就在於我們往往受到舊有基模的限制，落入謎題的陷阱裡。問問題的人可以獲得嘲諷的機會，而答題者也會因爲謎腳的「不合基模」而一笑置之。

另外，基模可依據其作用的不同，區分爲以下幾類（Fiske & Taylor, 1991）：

【腦筋急轉彎】

1. 有個病人到醫院去做檢查，結果醫生告訴病人說你要看開一點，請問這個病人得了什麼病？

2. 空襲時為什麼要躲在地下室？

3. 上理化課時，將氯化鋇、硫酸銅、碳酸鈣三樣化學物質混合在一起結果會怎麼樣？

4. 想在台灣從政，除了台語、國語，還要會哪一種語言？

5. 波霸穿什麼最容易引起騷動？

【冷笑話】

烤肉最不希望發生的事

1. 肉跟你裝熟　　　　　2. 木炭耍冷

3. 蛤蜊搞自閉　　　　　4. 烤肉架搞分裂

5. 火種沒種　　　　　　6. 肉跟架子搞小團體

7. 黑輪爆胎　　　　　　8. 香腸、肉跟你耍黑道

9. 蔥跟你裝蒜　　　　　10. 玉米跟你來硬的

【腦筋急轉彎答案】

1. 鬥雞眼；2. 方便後人考古；3. 會被老師打；4. 肢體語言；5. 穿幫。

1. 個人基模（person schemata），指關於對他人行為認知的架構。我們理解他人的行為、界定他人的身分時，往往藉由對方的言行舉止所透露出的線索來決定。

2. 自我基模（self-schemata），指對自己所形成的架構，或對自己所處位置的看法。每個人在為自己尋找定位時，總不容易看清楚真實的自己。然而，中國俗語說，「物以類聚」、「近朱者赤、近墨者黑」，如果不了解自己，可以看看周遭最要好的朋友是什麼樣子。

3. 角色基模（role schemata），即我們對於特殊角色，都具備一種有

組織及抽象的印象。例如：在舊有的觀念中，西方人會認為猶太人就是小氣的民族，或有色人種代表的是次等人種，這些都是刻板印象以及偏見所造成的誤會。

4. 事件基模（event schemata），對某事件所具有的舊知識，可用來理解新的事件，並做進一步推論之用。例如：我們對台灣的「選舉」存有某些既有印象，每當選舉期間到來，我們就會預期見到大量的傳單、掃街拜票、站台助選等活動。

綜合上述心理學對「基模」與傳播領域對「框架」的定義與論述，我們不禁好奇地想進一步去探討，人們在此基本的認知歷程中，究竟會在新聞、戲劇與廣告等重要的傳播活動上，造成哪些有趣且深具意涵的現象？本章將於第二、三、四節中，逐一探討。

第二節　認知基模與新聞節目

一、新聞框架

嚴格說來，傳播學者直到1990年代初期，才開始正式引用框架概念解釋新聞價值。新聞報導中所描繪的情境（context）與主要議題，均須透過選擇、強調、排除與詳述等手法，才得以呈現。

媒介報導事件的方式，就是框架的表現；媒介框架（或稱為新聞框架）就是新聞所建構的真實，是新聞工作者將原初事件轉換為社會事件，再將其轉換為新聞報導過程中，根據自己的經驗將事件框架，而與其他社會意義連結（臧國仁，1999）。舉例來說，報紙上刊載一張斗大的照片，在尚未詳細閱讀內文時，我們看到該張新聞照片裡，示威群眾向警察丟擲石塊；圖中一名員警血流滿面，由同僚扶向路旁。在未經思索的直覺判斷下，我們很容易產生對於示威的反感，並且傾向於將「示威

群眾」與「暴民」畫上等號。

　　但必須注意的是，在新聞產製的過程中，一定會經過「選擇」與「重組」的步驟。選擇機制包含排除作用，顯示了對事件的分類效果。重組機制則包括排序，顯示對事件強調的部分。認知基模從各類事件當中選擇、凸顯，將事件認知的某一部分挑選出來，到進入文本處理；其中除了核心意旨，也須注意相對層次的關係，要從各種社會議題中，發現相關性，對於認知基模進行友好或敵對定位（吳宜蓁，1998）。或許在前面提到的新聞照片中，有部分「真相」已經被「選擇」並且「重組」後，呈現出另一種截然不同的訊息。在攝影記者按下快門之前，也許該名受傷的員警剛打倒數名示威民眾，其他的示威群眾因為一時氣憤，才會開始丟擲石塊。由此可以發現，在我們解讀照片的過程中，可能「重組」出完全不同的「事實」。

　　除了「媒介框架」以外，「議題設定」也是媒介透過新聞報導去影響大眾的一種手段。McCombs 和 Shaw（1993）認為：「議題設定是一個過程，可以影響人們想些什麼以及如何想」。這方面的看法正開始與「媒介框架」的概念結合。因為議題設定牽涉到一個事件如何被媒體呈現，在這個過程中某些議題會被強調，並且用某個特定的角度去解讀。

二、閱聽人的新聞基模

　　媒介守門人選擇刊登、播映他們認為對於閱聽人相關的、有用的以及有趣的資訊（Wicks, 1992），然而訊息的接收者，往往只會接收在他們認知基模裡已有基本概念的訊息，忽略其他無關緊要的資訊。

　　Graber（1988）的研究發現，閱聽人會採用認知基模來處理得自大眾媒體的新聞。人們在處理新聞資訊時，運用多種策略，包括將一則新聞直接套入某一基模裡來進行推論，或是套用多種基模詮釋一則新聞事件。Graber 發現，在處理新聞資訊時，人們記住證據導出的結論而非證據本身；透過認知基模處理新聞資訊，是人們應付資訊超載問題的利器。

另一方面，當閱聽人接收到某件新訊息時，往往為避免「認知失調」（cognitive dissonance）（Festinger, 1957; Heider, 1946, 1958），而採取「同化」（assimilation）或「調節」（accommodation）的手段，以便適應環境或新訊息所帶來的刺激。同化指的是個體運用其既有基模處理所面對的問題，意即將新遇見的事物納入既有基模之內，將既有的知識類推運用。如果吸納的結果發現，既有基模仍然適合，此一新事物即同化在既有的基模之內，成為知識的一部分。而調適則為在既有基模不能直接同化新知識時，個體為了符合環境的要求，主動修改其既有基模，從而達到目的的一種心理歷程。

認知基模能夠輕易同化環境中新知識經驗時，在心理上自會感到平衡。不能同化環境中新知識經驗時，在心理上就會感到失衡，因而產生內在驅力，驅使個體調適既有基模，以容納新的知識經驗（Piaget, 1979）。因此當我們長期以來，一直受到新聞媒介的觀念灌輸，我們很容易產生直覺式的偏見。就前述新聞照片的解讀來說，很容易認為維持穩定治安的員警，絕對是「正義的一方」，而示威群眾必然是「無端生事的無聊分子」。

三、延伸討論

在媒體報導複雜的政治新聞，與一般大眾閱讀這些新聞時，常會用一些簡單化的規則來處理。以下報導是關於 2004 年總統大選後的學生靜坐絕食風波，各方人馬爭論這群學生抗議者的黨派色彩。由這個例子可以看出，黨派是媒體報導政治新聞的一個基本框架，也是我們理解一個人政治立場的捷徑，特別是大選時期更容易激化為黨派甚至族群之間的對立。姑且不論這群大學生究竟是否具有黨派背景，這個例子可以幫助我們思考，我們平時是否太偏重使用黨派這個認知基模去解讀一個人的言行，而犯了以偏概全的錯誤？

網路世代學運　藍綠網友互掀底

　　為抗議大選亂象，大學生在中正紀念堂絕食抗議，卻引發背景爭議，藍綠兩方由網路相互掀底，延伸到黨部、立委出面開記者會質疑指控，網路世代學運的色彩，令人眼花撩亂。

　　八名大學生自 4 月 2 日晚上開始，在中正紀念堂大中至正門下，展開絕食抗議，並提出五大政治訴求。但有些網友不以為然，4 月 4 日晚，台大批踢踢 BBS 站的阿扁版，有網友提出「不要被假學運給騙了」，指出絕食活動網址和親民黨網站有關，隨後不同網友開始接力，接連補上網址比對、相關報導及照片等「證物」，指出絕食活動當中的陳政峰及陳信儒兩位台大同學，屬國親青年團體成員，並依此強烈質疑學生代表性及抗議正當性，指控這是個「學運詐騙集團」。

　　民進黨也在隔日舉行記者會，質疑絕食抗議的學生有泛藍政治背景，民進黨文宣部副主任鄭文燦表示，陳信儒是親民黨全委會學生代表。陳政峰更曾在國民黨支持下角逐台大學生會長，不過並未當選。對於綠營的指控，親民黨發言人黃義交表示，靜坐學生之一的陳信儒曾參加親民黨青年營，但這些學生靜坐與國親毫無關係，親民黨也不曾提供任何支援。

　　4 月 6 日上午，另一批大學生由台大林于倫等人所組成的「學生網路團體」，透過民進黨立委段宜康，在立法院貴賓室召開「學生運動？運動學生」記者會。林于倫在會中出示網路取得的資料指出，在中正紀念堂前絕食抗議的學生具政黨色彩。由於記者會地點由段宜康出借，記者曾因此質疑林于倫等學生是否也有政黨色彩，學生們回答，他們不隸屬任何政黨，未接受任何社會團體資助，純粹是自動站出來說話。

　　對此，網路也快速地出現反質疑，隨即有網友張貼出記者會發言學生之一的東吳李姓學生，以往也曾參與學生扁友會及參與綠營助選等活動照片，並也以此質疑記者會自稱中立的說法。對此，有的網友認為只要「訴

求中立，背景不是問題」；有的笑稱「這不就是狗咬狗滿嘴臭毛」。

面對外界的質疑，絕食活動發言代表陳政峰表示：「即使我們曾有政治背景，但現在都是自發性的活動，絕對沒有任何政黨的推動！」為了撇去政治色彩的困擾，學生們不願透露彼此身分、姓名系級，擔心被「關切」，一名學生甚至激動地說：「萬一民進黨把我祖宗十八代都翻出來怎麼辦！」有的絕食學生則不為所動的說：「我們的顏色會越來越多，越來越豐富。」

資料來源：《聯合新聞網》http://archive.udn.com/2004/4/7/NEWS/NATIONAL/
NATS2/1944248.shtml

第三節　認知基模與戲劇節目

一、戲劇典型

電視台每天重複上演的連續劇、單元劇以及肥皂劇，可謂「新瓶裝舊酒」、「換湯不換藥」。但是每天仍有多數的家庭，準時守候在電視機面前，隨著劇中人物的悲喜而泣笑。

下頁的「連續劇十大名句」，從瓊瑤的愛情劇，到金庸的武俠劇，都是經年不換的台詞。雖然偶爾有觀眾受不了陳腔濫調，而投書抗議，但往往抗議聲越大，收視率越高。

除演員的對白不變、人物角色的刻劃雷同外，戲劇情節的安排，如法炮製的情況所在多有。例如：全家人聚集在病危的長老床邊，聽著交代的遺言，最終長老掉落手中握著的重要信物，頭一側偏，家人們開始哭泣、喊叫。又譬如洞房花燭夜，男女主角先行言語上挑逗之能事，然後燭滅、幕垂。007的電影，千篇一律的以男女主角互望、擁吻，而欲言又止地讓觀眾想像出最後的結局。

【連續劇的十大名句】

〔第十名〕我已經有了你的孩子了。

〔第九名〕老天爺啊！我到底是做錯了什麼，你要這樣懲罰我！

〔第八名〕他就是你親生的爹呀！嗚～

〔第七名〕不要過來！再過來，我就死給你看！

〔第六名〕你打我！好！我走，我現在就走！

〔第五名〕不要管我！你快走！快走啊！走～（拉長音）

〔第四名〕不！我不相信！我不相信！我不相信～（拉長音）

〔第三名〕廢話少說！要殺要刮隨你便！

〔第二名〕廢話少說！看招！

〔第一名〕唉唷！爹、娘，人家不來了……

許許多多的例子正可得知，媒體上所表現的戲劇，實際上正是編劇、導演與觀眾之間玩弄認知基模的「默契」。戲劇節目的角色設計與情節安排，就是利用觀眾既有的認知基模所建構成形。然而必須注意的是，這樣的默契也容易造成「刻板印象」（stereotype）以及「偏見」（prejudice）。「刻板印象」經常過度簡化細節並且扭曲事實，當人們忽略實際的證據且過度類化這些概念，刻板印象將誤導對事實的了解。而「偏見」的特點則在於，它對人們的評價是建立在他們所隸屬的社會階層或種族上，而不是建立在對個別的了解或事實上。

透過戲劇的刻畫，我們能輕易聯想「狐狸精」、「負心漢」、「書呆子」……大概的形象。然而戲劇中所呈現的族群特性，可能影響現實生活中我們對於該特定族群的認知基模。負面一點來說，即是建立對於該族群的刻板印象從而產生不適宜的偏見。

刻板印象更進一步的效果是，它不只影響本身的行為，當我們與刻板印象目標裡的成員互動時，也影響了該「受害者」的行為。從此角度來說，刻板印象可以說是一種「自我應驗預言」（self-fulfilling prophecy），指

的是人們的行為常有順從他人期望之傾向。例如：若我們先入為主的對原住民產生「教育程度低、愛喝酒、不勤奮」等不良的刻板印象，除了我們本身會越加對他們產生排斥感外，原本不是如此形象的原住民，會因為其所受到的歧視或自尊心的傷害，而越來越往刻板印象的死胡同裡走。因此，當我們一方面享受著「預言」戲劇節目裡所有角色行為的快感之餘，其實我們也應時時警惕自己，是否在真實的日常生活裡，也經常自以為能夠扮演「未卜先知的預言家」？

二、閱聽人的戲劇基模

許多人都以觀賞電視或電影作為日常生活的娛樂消遣，在不知不覺中，戲劇所呈現的現象也形塑了我們的世界觀。特別是兒童常由電視來認識所處的環境，因此有許多學者探討兒童如何收看電視節目，例如：吳翠珍（1994）的研究發現，兒童對於電視的媒介特質有相當程度的了解，尤其在形式結構上的表現最佳，另外年級（或可視之為認知發展）是決定兒童電視基模一個強而有力的變項。

電視劇中許多兒童不宜的情節，常令我們憂心兒童會受到不良影響，但也有學者發現兒童對電視劇內容不完全是被動接收的，例如：王敏如（2000）研究兒童如何詮釋電視中的性別刻板印象，發現兒童對於劇中呈現的性別刻板訊息普遍具有主動詮釋的能力，他們會根據本身的先前知識與既有的生活經驗，來評估劇中呈現的性別刻板印象，並進一步根據對真實社會現況的觀察，對文本反映出的社會價值觀或意識形態進行詮釋，而非全然接受連續劇文本所傳遞的性別刻板印象。

對於一般人來說，認知基模也是一種期望的架構，在特定的情況下，基模成為指導期待的形式，指導我們該注意什麼、什麼即將發生，以及如何解釋發生的事件（Fredin & Tabaczynski, 1994）。因此戲劇不必完整交代來龍去脈，只要丟給觀眾幾個線索，他們就能夠自行拼湊出劇情發展。例如：電視戲劇受限於尺度，對於親熱戲通常都是點到為止，

但只要出現散亂在地上的衣物、男女主角緊緊交握的手，就能讓觀眾猜到接下來發生了什麼事。而且有時候意在不言中的表達方式，反而留給觀眾更多的想像空間。

三、延伸討論

觀眾看戲劇節目時，通常期待皆大歡喜的結局，好人出頭天、壞人遭受報應、而有情人終成眷屬，因為這樣的結局符合我們既有基模中對社會常理的預期。前陣子走紅的連續劇〔台灣霹靂火〕，在還未播出結局前，各種猜測就已經沸沸揚揚。下面的報導提到演出反派「劉文聰」一角的演員秦楊表示，劉文聰應該要掛掉才能對社會交代，似乎說明著連續劇的結局應該要大快人心，較能夠被廣大觀眾接受。

現象萬花筒

台灣霹靂火結局　秦楊：劉文聰掛掉才能交代

演了兩百七十多集的八點檔〔台灣霹靂火〕即將播出完結篇，大反派「劉文聰」的下場令人好奇。飾演這個角色的秦楊表示，「劉文聰一定要掛掉，才能對社會大眾有交代」。

〔台灣霹靂火〕將於七月底下檔，大家都在猜「劉文聰」下場會如何。秦楊說，現在他也不知道結局，不過他認為「劉文聰」一定要掛掉，才能符合社會大眾對「壞人償命、好人留下來」的期待，達到寓教於樂的效果。

不過秦楊說，如果他是編劇，不會讓「劉文聰」死掉，而是要讓他「孤倔過一生」，最好是自殺好幾次都死不了，因為這樣的下場比死還痛苦。

目前青少年爭相模仿「劉文聰」的台詞，例如：「我若心情不好，我就不爽；我若不爽，我就想要報復」、「送你一桶汽油和一根火柴」等，秦楊說，「劉文聰」其實很聰明，希望大家不要學他的狠勁，而是要學他的頭腦。

資料來源：節錄自《大紀元報導》2003/7/3 http://www.epochtimes.com/b5/3/7/3/n337549.htm

第四節　認知基模與廣告創意

一、廣告創意

廣告創意的呈現形式有許多種，且常常建立在基模之上。隱喻（metaphor）就是其中之一。隱喻源自修辭學，它的運作機制是以熟悉的事物來理解陌生事物。隱喻亦可說是將一概念或意義由一脈絡轉換至另一脈絡，或是將抽象的概念視覺具體化。有學者認為隱喻以超現實主義的手法加深了廣告的藝術價值（Forceville, 1996）。

廣告的訊息設計以反傳統的歧異性吸引閱聽人主動投入辨識廣告圖像中的主題，並參與主題間空隙的詮釋，以建構完整的廣告訊息（Carroll, 1985），同時也在解讀階段獲得愉悅。隱喻適合應用在介紹新上市的產品，以閱聽人所熟悉的載體，來認識陌生新產品，有助於理解與記憶（Dyer, 1982）。例如：右上邊這則廣告的產品是電子型錄即時詢報價系統，是一般人感到陌生的新產品，所以它的廣告創意以「貓與老鼠天生敵對」的認知基模

作為創意出發，延伸出科技時代裡，滑鼠與貓的勢力競賽。

二、閱聽人的廣告基模

Mandler（1982）根據認知理論提出，閱聽人會採用原先建立的認知基礎或情感基礎去判別資訊。意即，閱聽人會利用認知基模作為分析外來資訊的基礎。在收看廣告時，閱聽人會先判斷該廣告中的資訊與先前的認知基模是否有相通之處，進而判斷是否採用認知基模中的經驗或情感來評估反應。

然而外來資訊並不一定總是與既存的認知基模一致。舉例來說，當我們看到比較廣告裡，廠商將兩種產品進行優劣評比，而廣告裡被比下去的那個品牌，若正好是自己最喜愛使用的牌子，就會產生所謂的認知失調（cognitive dissonance）。至於要如何解決此不平衡的狀態呢？Hall（1980）提出三種解讀方式：優勢解讀（完全接受）、協商式解讀（協調衝突的部分後接受），以及對立解讀（完全拒絕接受）。

某些種類的產品常重複採用特定的元素，例如：用美女來廣告化妝品。久而久之，觀眾對這些產品的廣告也會形成固定的認知基模。當廠商推出新廣告時，為求獲得消費者的認同，最快的方法便是利用消費者對於舊有廣告的認知基模。例如：某品牌的沐浴乳向來除潔淨的能力強、氣味芳香持久，更因為洗完澡後不會有黏膩感而受到消費者青睞。現在廠商推出改良配方的新產品時，廣告並不需要大費周章的重新教育消費者，建立消費者對於該品牌的好感，只須進行「告知式廣告」，提醒消費者注意新一代產品的問世即可。

再將視野放大到廣告的播放情境（context）來看。Garramone（1992）認為訊息在某程度上會限制適用的認知基模。例如：閱聽人不會依照收看新聞的基模去看廣告；而且基模的選擇會受到之前「促發效果」（priming）的影響。即人們在理解新接收的訊息時，往往會受到最初印象的影響（Berkowitz & Rogers, 1986），這類的影響是潛移默化的，有時候連自

己都察覺不出來。因此我們可以發現很多時候，廣告會刊播在同類型或相關的載體（carrier）中，例如：政論性節目中間播放競選廣告、資訊類雜誌刊登 3C 商品廣告……等，其所根據的原理之一，就是期望藉由節目或雜誌內容建立的基模，來幫助閱聽人對廣告訊息的解讀。

三、延伸討論

　　前面探討的廣告創意與基模，主要都是提倡廣告訊息與閱聽人認知基模一致時的優點，但是否有些情況下不一致的效果反而較好呢？廣告很多時候會刻意顛覆舊有觀念，以引起觀眾注意，進而進一步處理其訊息，特別是幽默廣告常採用這種手法。李培蘭（2003）曾探討幽默廣告的類別，發現其中一種產生幽默刺激的機制是「失諧─解惑」，這是屬於認知取向類的幽默，通常發生在安全、無威脅的自然條件下，當收訊者接收到與預期或實際經驗矛盾的訊息時，

資料來源：1999 年 4A 自由創意獎，
最佳平面廣告銀獎。

失諧情況就會產生，因此產生幽默。例如：右上邊的衛生棉廣告標題為「對我輕薄」，右看之下會令人感到錯愕，因為在我們的認知基模中女生不該說這樣的話，但仔細閱讀文案，就會理解它所訴求的是又輕又薄的衛生棉。廣告嘗試挑戰閱聽人的認知基模，因而產生創意與幽默感。

結　語

　　本章討論了認知基模的基本理論和實例，而究竟了解認知基模的概

念對我們日常生活中的傳播活動有何幫助呢？以傳播者的角度來看，應認知到閱聽人對傳播訊息並非照單全收，他們有自己一套處理訊息的認知架構。對於閱聽人認知基模的研究，有助於傳播者設計出能夠吸引閱聽人注意、容易理解、進而達到說服效果的訊息。

　　而作為一個閱聽人，雖然認知基模幫助我們有效處理各種資訊，但人們常會扮演認知吝嗇鬼（cognitive misers），用最少阻力的方法及最不費力的原則，取出少部分我們所需的資訊，以完成某件事、做決定、選擇如何反應（Fiske & Taylor, 1991）。認知吝嗇鬼容易使個人的觀點及對社會世界產生不正確的感覺及偏見。因此當我們在使用媒介時，必須記得經常提醒自己：多少內容是出於真實？多少內容是經過選擇與重組？多少內容是自己認知基模作用下的結果？培養對於這類問題的敏感度，正是培養自己媒介識讀能力（media literacy）最好的機會。

關鍵詞

基模　schema

刻板印象　stereotype

社會腳本　social scripts

框架　framing

社區框架　community frames

媒介框架　media framing

認知基模　cognitive schema

個人基模　person schemata

自我基模　self-schemata

角色基模　role schemata

事件基模　event schemata

認知失調　cognitive dissonance

同化　assimilation

調節　accommodation

刻板印象　stereotype

偏見　prejudice

自我應驗預言　self-fulfilling prophecy

隱喻　metaphor

促發效果　priming

認知吝嗇鬼　cognitive misers

第八章

你是哪種人？——談閱聽人與性格

── ☞ 前　言

── ☞ 第一節　心理學的性格議題

── ☞ 第二節　傳播研究中的性格議題

── ☞ 第三節　研究舉隅：傳播學與心理學的對話

── ☞ 結　語

☞ 前　言

　　張三一大早起床，便匆匆忙忙地抓起一份報紙，躲進廁所閱覽各版標題。梳洗完畢後，他開著汽車，悠閒地往公司邁進，沿途中他還欣賞了流暢的廣播音樂。三十分鐘過後，他開始了忙碌的一天……

　　結束繁忙的公事後，張三回到家門口，發現信箱塞滿了各式各樣的廣告文宣，他不以爲意，也絲毫不感興趣。享用晚餐之後，張三一如往常地快速切換電視頻道，卻總是找不到合意的節目。平常生活圈狹小，沒有特殊嗜好，生性害羞的他，只好按了電腦開關電源，上網瀏覽文章，以及呼叫網友，藉由網路對談打發一整晚的時間……

　　看完上述的虛構故事，你是否感覺自己跟張三有些類似之處呢？你也是害羞的人嗎？除了網路之外，對媒體使用是否不感興趣，而總是匆忙閱覽各報標題而已呢？其實，不同性格或人格特質的人，對媒體一定有不同的使用行爲，就拿張三來說，他正是內向型性格的典型。

　　本章將從心理學上個體（object）的角度，也就是從閱聽人（audience）的角度，檢視不同個性（personality）或人格特質的人，會怎樣解讀媒體訊息；他們對於媒體使用，又會呈現出怎樣不同的行爲？第一節先簡述心理學上對於性格的分類，以及影響性格發展的因素；第二節將回顧與閱聽人性格有關的傳播理論；第三節則進一步試著讓心理學與傳播有深度的對話。

☞ 第一節　心理學的性格議題

一、性格的定義

　　「性格」（personality）的定義非常多，難有一個統一的標準，有人稱

之為「個性」，也有人認為性格代表一種行為、思維模式，有別於思考，而是一種持久性的心理傾向或特徵。張春興（2002）將性格一詞界定為：性格乃是個人在對人己、對事物等各方面適應時，於其行為上所顯示的獨特個性；此種獨特個性，乃由個人在其遺傳、環境、成熟、學習等因素交互作用下，表現於身心各方面的特質所組成，而該等特質又具有相當的統整性與持久性。

二、性格的特性

通常，我們總是將「個性」、「人格」、「性格」掛在嘴邊，卻少有人深究性格的特性。因此，在了解性格的定義後，接下來將整理心理學對於性格特性的一些描述，分列於下：

(一) 複雜性

世界上沒有人的個性是完全相同的，就算是外表神似的雙胞胎，成長的生活環境會有些許差異，個性方面也不可能完全一樣，這就是所謂性格的「複雜性」。我們可以從一個人身上看到多面向的人格特質，而這些人格特質甚至是以一種矛盾的方式呈現。舉例來說，某人具有積極、樂觀、正面的人格特質，可是他看待愛情卻呈現一種悲觀、退卻沒自信的個性。

(二) 統整性

性格也具有「統整性」，構成個人性格的特質不是分立的，而是綜合成一個有機的組織。不過患有精神疾病的人可能就沒有統整性的人格特質，在 Keyes（1994）的著作《二十四個比利：多重人格分裂的紀實小說》中，我們可以發現主角比利擁有二十四種完全不同的性格，而且這幾種性格還會彼此對話。當然比利只是存在於小說中的人，現實生活裡，在多半的情況下，一個人即便擁有兩三種矛盾的人格特質，整體說來還是

具有「統整性」的，比方說當你想到陳進興，就會聯想到此人的人格特質是「殺戮、毀滅性」的。

(三) 獨特性（Distinctiveness）

人的行為、感情和行為形態，就像指紋一樣具有特異性。若要把從一個人身上所發現的行為原則，推論到其他人身上，會有其困難。因此，在追求能夠應用到所有人類普遍性原則的過程中，應先處理性格的獨特性。

(四) 穩定性與一致性（Stability and Consistency） / 「持久性」

假如人具有獨特性，則他必須在不同的情境和時間中，具有某種程度可資辨認的行為表現。這並不是說其性格要有完全的一致性或不做任何改變，而是說其不同時間的穩定性，以及不同情境的一致性，達到了可被偵測的程度。比如說：「我從大學時代就認識小張，至今已經十五年了，他總是那麼樂觀的一個人！」或是「我的爸爸是個負責任的人，不管在家裡還是在工作崗位上，都非常盡責稱職。」

(五) 隱蔽性

一個人的人格內涵，很難直接觀察，雖然行為上會透露一點端倪，但終究不可能完整且文字化，因此心理學領域中的各種性格測量方式只能算是間接推測，對一個人的性格必須全方位、多角度且長時間地了解，才可得出較可信的結論。

三、性格理論分類

除了上述非學術領域對人格特質進行的分類外，心理學領域中也有兩派理論，將人的個性進行分類，以下可見這兩種理論的內涵。

(一) 類型論

　　類型論（type theory）多半以某種人格特質為標準，將所有的人區分為幾大類型，然後再從各類型中，找出共有的其他人格特質。這類理論的優點是方便、迅速，缺點則是對人的分類太過簡略，因此對人的理解與解釋相當局限。

　　類型論包括體型論（theory of body type）與心理類型論（theory of psychological types）兩種。體型論是以身體結構與形態作為分類根據的理論。舉例來說，1925 年德國精神病學家 Kretchmer（1921）創設了體型論（theory of body type），他將人類的體型分為下列四類，並且認為各類體型的人擁有不同的性格：

1. 肥胖型：此種人身材圓厚，多脂肪，手足粗短，性格外向，善與人相處。
2. 瘦長型：此種人身材瘦長，手足長而細，性格內向，喜愛批評，多愁善感。
3. 健壯型：此種人健碩強壯，肌肉發達，活力充沛，性格較內向。
4. 障礙型：此種人身體發育不正常，或有障礙、殘缺、畸形，性格多內向。

　　體型論雖然不是百分之百準確，然而，卻似乎與一般人先入為主的印象相同。一個人如果體型豐盈，我們會認定這個人生性開朗、樂天；倘若一個人像林黛玉一樣弱不禁風，這個人可能生性悲觀、內向。

　　2002 年 7 月下旬，歌手黃乙玲曾遭歌迷恐嚇，經警方搜查之後，才發現此名恐嚇取財者是位不良於行的重度殘障者，從下述新聞報導中，可見到多數不良於行的患者多為內向型性格，似乎與 Kretchmer 的見解不謀而合。

恐嚇歌星黃乙玲　重殘男子譜悲歌

　　【記者蘇郁凱／台北報導】「黃乙玲要準備五百萬，若無，黃乙玲有代誌，叫黃乙玲準備五百萬，這毒品送給黃乙玲吃。」台語歌手黃乙玲、龍千玉與曾心梅等人，本月6日開始陸續接獲這樣一封恐嚇信件。令警方訝異的是，嫌犯林某是名靠輪椅行動的重度腦性麻痺患者，為了寄發恐嚇信，曾獨自推輪椅前往兩公里外的信箱投遞。

　　警方透露，進入林宅後，向林某年近七十歲的父母表示來意後，老爸爸與老媽媽直說「孩子」很乖巧，不可能做壞事；但林和祥自行從房間出來，坦承犯行。警方搜索後發現，林某房間堆滿女性台語歌手的 CD 與錄音帶，又找到另三封準備寄給藝人王瑞霞與詹雅雯的恐嚇信，遂連夜將林某與證物帶回台北偵訊。

　　翻閱林某的日記，他的日記透露為何寄出恐嚇信的心路歷程。他寫著：「阮厝甭幫忙我，阮厝欺騙我，我需要紅歌星，我是愛您支持我，我希望您會接受我寫的歌，我用毒品寄乎您，見面我才解釋，我有信心乎您支持我，我會認真打拚寫歌，我無可能將我前途放棄。我不是要害紅歌星，我是要愛每一個人攏會凍支持我，請您原諒我不得已。」等。

資料來源：《中國時報》，2002/7/25。

　　此外，類型論的性格理論尚有另一種形態，我們稱之心理類型論（theory of psychological types）。例如：Carl Jung 的人格理論，便以個人的兩種心理行為，即焦慮的高、低與內、外向為根據，而將人的性格分為四類（請參考**表8-1**），因此又被稱為行為型論（behavior type theory）。

　　不過，這種分類方式的缺點是以偏概全，人的個性並非只有這四種，而應該像是光譜的連續帶一樣，很少人完全落入這兩個極端值裡面，性格還是有許多不確定的灰色地帶。

表 8-1　Carl Jung 性格分類表

心理特質	高焦慮	低焦慮
外向	緊張的、易興奮的、不穩定的、溫暖的、易親近的、依賴的	沉著的、自信的、信任的、能適應的、溫暖的、易親近的、依賴的
內向	緊張的、易興奮的、不穩定的、寧靜的、冷淡的、害羞的	沉著的、自信的、信任的、能適應的、安靜的、冷淡的、害羞的

(二) 特質論

　　特質論的基本假設乃認為：人們擁有特定方式反應的行動傾向，這種傾向就是特質（trait）；換句話說，我們可由某人的特質反應來描述他們的個性。有以這種方式行動的強烈傾向者，可稱為高度具有這些特質；相反的，以這些方式行動的傾向較少者，就比較不具這些特質。類型論是採取一種心理圖示（psycho gram）的方式，首先將個人在多種特質上所占的等級全部列出，並與團體的常模[1]相比較，希望由此了解其性格傾向。就某一（或某些）特質來說，個人所居的地位，可能比一般人高，但就另一（或另些）特質來說，可能比一般人低。

　　研究人格特質論的學者有很多，研究結果也眾說紛紜。其後，Costa 和 McCrae（1985, 1989, 1992）集結所有特質的分類方法與基本單位，提出了性格五因素模式（Big Five factor model），又稱為五大特質理論（Big-five personality traits），並發展出 NEO 性格量表（NEO personality inventory, NEO-PI），專測性格的五大基本要素：

1. 外向性（extroversion）——善於交際、健談、獨斷的。
2. 友善性（agreeableness）——和藹可親的、合作的、忠實的。
3. 嚴謹性（conscientiousness）——負責任的、可靠的、固執的、成就導向的。

---

[1] 根據標準樣本所施測的結果，將所有受測者所得的分數，經由統計分析，整理出一個系統性分數分配表，按高低排列，所得的平均數，就稱之為「常模」。

4. 神經質（neuroticism）──冷靜的、熱心的、安心或緊張的、沮喪的、不安的。

5. 開放性（openness）──富想像力的、藝術的、知性的。

特質論就是要把人的性格「向度」找出來，在性格理論中算是主流的取向，因為可以詳盡描述人的差異，例如：用十六種特質描述人，每個人的特質都會不一樣，即使有內向外向差異存在，還有程度上之分別。也就是說，特質論是要找遍一個人身上所有可能的特質，而不像類型論那麼武斷地劃分。不過此種理論缺點是，要描述一個人的因子實在太多了，如何精準地評價個體的人格特質，可以說是難上加難。

著名的心理學者如 Allport 及 Cattell 均提出特質理論。Allport（1961）提出傾向論，他認為每個人均有他自己的首要特質、中心特質和次要特質，這些特質均會影響到個人與其環境的互動。另外，Cattell（1943）提出「十六個性格因素論」（16PF），經由客觀的測驗統計方式，歸類出個體具有表面特質及潛源特質。前者是表現於外所被認定的行為，是表面的；後者則是根據表面特質推理設定，是內蘊的。

四、人格特質形成原因

影響人格特質形成的因素有很多，只是有些因素非常顯而易見，有些影響因子卻是隱晦不明，必須透過縝密分析才得以追溯。以下將分述三個形成人格特質的主要原因：

(一) 遺傳或生理因素

人格特質可能會受遺傳影響，我們常聽到一句話：「你兒子個性跟你小時候幾乎一模一樣！」只是不見得完全跟遺傳因素有關，可能還與父母的身教有密切相關。至於精神疾病患者的人格特質多半是由於遺傳，如果家族成員有人曾罹患精神疾病，那麼下一代性格失常的機率就會提高。同樣的，生理因素也會影響個體人格特質，例如：婦女到了更

年期，由於體內賀爾蒙改變，人格特質可能會趨向於焦躁不安、憂鬱，某些內分泌失調症（例如：甲狀腺毛病）也會有焦慮的情形產生。

(二) 家庭因素

家庭也會造成人格特質不同的原因。一般而言，在子女排行為老大者，他的個性會比較偏向成熟穩重，身為老么者則偏向自我為中心，這是由於父母多數較為寵愛老么的緣故，排行居中者，人格特質比較容易讓人親近，也多半由於上有兄姐、下有弟妹，在個性上傾向容易與人為友。父母的管教方式也有很大關係，不過也並非全然正相關，一般說來，父母管教方式趨於嚴格者，則子女人格特質較偏向服從或內向、畏縮，當然也有極端例子出現，例如：我們常在社會新聞版面看見逆子殺父案，歸咎其家庭因素，許多個性叛逆的嫌犯竟來自於父母過度管教的家庭。此外，家庭氣氛也會影響人格特質，在父母婚姻失和而家庭紛爭連連的背景下，這個家中子女的個性可能傾向暴力，或產生嚴重社會退卻傾向；反之，若家庭和樂，則子女的個性應該是正面且積極的。

(三) 生活形態

一個人後天的生活形態也是影響性格極重要的因素，近年來，生活形態因素漸漸為人所重視。舉例來說，如果一個人天生不喜歡運動，假日足不出戶，平時工作忙碌導致天天坐在椅子上，時間一久，他的個性可能會朝負面發展，整天將自己關在室內很容易胡思亂想，若加上壓力，更可能引發憂鬱症。相反地，如果一個人喜歡戶外運動，常常跑步、做日光浴，那麼他的性格可能較為外向，即使本身屬於容易憂鬱的類型，他也會慢慢藉由運動找回自信。類似的例子還包括生活習慣等等，如果一個人酗酒，那麼這樣的生活習慣會導致生理機能改變，間接造成性格改變，像是對「酒精」產生依附性格。不過，生活形態與性格，是一種「雞生蛋、蛋生雞」的因果關係，很難界定究竟是生活形態影響性格發展，還是性格影響生活形態。

生活形態因素多半被應用在廣告效果研究上，研究者試圖透過生活形態，歸納出不同的受訪者性格，進而推論出性格不同的受訪者會有怎樣不同的消費行為。在現象萬花筒中，可見到生活形態影響性格的實證。

在回顧心理學中對性格的意義與理論的建構之後，下一節將進一步去回顧傳播研究中關於性格的理論。在傳播領域，總是約定俗成的認為讀者知道「性格」的內涵為何，也很少花費篇幅介紹性格與閱聽人媒體使用行為之間的關係。

因此，本節主要在於概略介紹心理學對於性格的定義，至於各心理學者的詳細理論內容，讀者可參閱「性格心理學」相關書籍。也就是說，本節只是一個開端，透過這個引子，來開啟第二節傳播研究中關於性格議題的討論。

第二節　傳播研究中的性格議題

過去傳播理論認為媒介功能強大，傳播學之父Lasswell（1927）所提出「魔彈理論」（magic bullet theory）、「皮下注射理論」（hypodermic model）的概念是，閱聽人對於媒體傳送的訊息都會全盤接收，個體接收了外在刺激（訊息）後，在態度與行為上就會產生改變。也就是說，過去傳播理論是一種單向思考，認為媒介一定能達成預期的傳播效果。然而，隨後傳播界發出許多反對聲音，以「接收分析」為例，此理論強調閱聽人本身也有解釋文本的能力，媒體本身並不具有絕對的權力來影響閱聽人對於文本的判斷或認知。

在第一節當中，我們已對「性格」有了粗淺認識，也明白性格的特質，和形塑性格的三大因素。在第二節中，我們將簡單回顧從過去到現在的傳播研究中，有關閱聽人的議題，並從中挑選出強調閱聽人人格特質的部分，以求與心理學領域的性格議題做結合。

一、你為什麼恐慌？

1938 年 10 月 30 日晚上八點左右，美國哥倫比亞廣播網在節目中播出由劇本《世界之戰》（*War of the Worlds*）所改編的〔火星人入侵記〕（*The Invasion from Mars*），成千上萬的民眾聽了節目後莫不恐懼不安，誤以為火星人真的降臨地球。Cantril 後來做了調查，想了解為何有些人會對廣播劇感到恐慌，而另外一些人卻不會恐慌，甚至會主動釐清事實真相。

研究結果顯示不同性格的人有不同的反應，患有恐懼症、缺乏自信者容易受煽動，而性格較具批判性的人則不容易受影響。

台灣也有異曲同工的例子。幾年前，台灣有出版社推出《一九九五閏八月》一書，以中國節氣與政治背景做分析，預言 1995 年共軍必定大舉進軍台灣。結果，這本書甫上市，便大賣幾萬本，並且造成人心慌張，最後此書甚至被列為禁書。預言災難的書籍如此多，為何有人就是會害怕，甚至舉家移民美加地區？性格多疑、沒有自信的閱聽人，是不是比較容易受到煽惑，而被媒體利用操弄？

在中國大陸亦然，透過電視媒體傳播，讓平民認為法輪功是邪教，意圖顛覆共產黨政權。你的看法如何？你認為哪種性格的人會受到電子媒體操弄？

二、意見領袖是精神領袖？

過去大眾媒介與閱聽人之間是一種直接的關係，閱聽人直接從大眾媒介獲得訊息。不過從 Lazarsfeld 與 Elihu（1955）的研究則發現：意見領袖扮演著重要角色。兩級傳播模式中，媒介依循「大眾傳播」模式傳布訊息給意見領袖，意見領袖再循著「親身傳播」模式，透過口耳相傳使大眾知曉。有些閱聽人是鮮少接觸大眾媒介的，當然也就不容易接收到媒介傳遞的訊息，此時若能透過意見領袖的傳播或加以解釋，那麼訊息的觸達率也會更提升。根據徐佳士等人於 1976 年的研究結果顯示，意

見領袖如果具有積極、活躍的人格特質，將有利於訊息的流傳（引自翁秀琪，1992，頁76-77）。

平面媒體也有相似的有趣例子。當許多媒體同聲譴責《壹週刊》罔顧新聞專業時，《壹週刊》卻成爲這些媒體的意見領袖。每次都是該週刊率先披露某個聳動主題或內幕消息，然後其他媒體再將這些主題加以追蹤報導。也許《壹週刊》原本的力量不如預期的大，訂戶或零售讀者也沒有那麼多，反倒是當其他媒體爭相將其主題視爲新聞重點，爭相報導後，才會使《壹週刊》一出刊就變得沸沸揚揚，使全民都知道該週刊又挖到某條獨家。換言之，《壹週刊》成了意見領袖，其狗仔隊積極、無孔不入的追新聞精神，透過其他媒體，加速了其訊息散布。

三、台鹽洗面乳真好用！

創新傳布理論（diffusion of innovations）由傳播學者Rogers於1962年提出，這個理論簡單地說，就是研究或發明新事物與技術後，將其傳播出去而被群衆所接受的過程。此傳播過程主要包含五種元素：(1)某新事物；(2)透過某管道；(3)歷經一段時間；(4)在某社會體系內的人們之間運作；(5)人。Rogers認爲創新事物的傳布速度與人的創新性有關，他依照人的創新性將人分爲五類（見**表8-2**）：

從**表8-2**可看出，Rogers認爲越早採用者，人格特質就越不會墨守成規，也越勇於接受挑戰與冒險，個性也越趨向理性。個性不同，接受新事物的能力也不同（引自翁秀琪，1992，頁86）。

早期，洗面乳市場不見台鹽洗面乳蹤影，台鹽相關保養品也非一般女性的首選。不過從2002年開始，有位成大的女學生上網分享自己使用台鹽洗面乳的心得後，台鹽洗面乳瞬間成爲市場上的狂賣商品。之後，各大網站的美容留言板，每天都有大量文章討論台鹽產品的好處。2002年開始，台鹽因爲開發鹽性保養品成功，還乘勢推出膠原蛋白產品，準備進軍海外。因爲當年那篇短短的留言，使台鹽在網路上開始延燒，只

表8-2　Rogers 人格特質分類表

分類	人格特質
創新者	具冒險精神
早採用者	受人尊敬
早跟進者	深思熟慮
晚跟進者	疑神疑鬼
落後群	保守傳統

資料來源：翁秀琪，1992，頁86。

要常上網的人，都知道台鹽出產了以鹽為訴求的沐浴用品。

　　網路的魅力真的如此大？究竟是台鹽產品魅力驚人，還是使用者本身人格特質因素較大？你認為喜歡嘗新求變的女性，是造成台鹽銷售長紅的主因嗎？

四、你被洗腦了嗎？

　　Hovland 的勸服研究主要在探討何種類型的訊息較能說服閱聽人，不過他也關心閱聽人的性格因素，他認為具有社會退卻傾向的人，比較不容易受到任何形式勸說的影響，外導傾向的人比內導傾向的人更容易被說服，比較主動的閱聽人也比較容易受改變（翁秀琪，1992）。

　　廣告的勸服效果有時也像一種「洗腦」過程，尤以競選廣告為最。當廣告重複傳達某位候選人的形象時，選民就越容易被洗腦，對此位候選人的印象將決定投票結果。你認為競選廣告對於哪種類型的選民，最容易產生勸服效果？

五、使用與滿足理論

　　Rosengren（1974）以線性的5W 傳播模式為基礎，為「使用與滿足」研究勾勒出相當完整的研究架構（見圖8-1）。

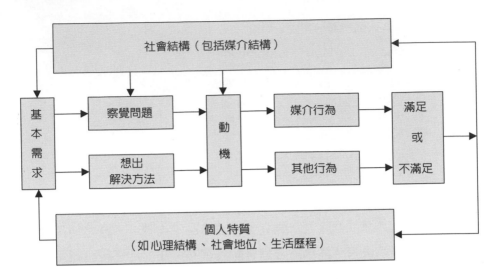

圖8-1　使用與滿足的理論架構

資料來源：Rosengren, 1974 ；引自翁秀琪，1992，頁130。

「他將個人產生基本需求的因素細分為社會結構（包括媒介結構）與個人特質（包括心理結構、社會地位及生活歷程），並將媒介使用的行為及其他行為的最後結果——滿足或不滿足，再回歸到社會結構及『個人特質』上。」（引自翁秀琪，1992，頁130）

針對媒體研究多注重閱聽人「使用動機」的情形，Rosengren 特別強調個人特質對於媒介選擇與使用的影響，他認為，未來媒體研究應該更加強個人特質與媒介之間的關係（Weaver, 1991）。

綜合上述傳播研究結論顯示，通常閱聽人的人格特質越正面，則傳播效果越好，若閱聽人個性越內傾，則傳播效果相當有限，甚至必須借重意見領袖的力量加強訊息效果。詳細研究過程，讀者可參閱各經典傳播理論用書。我們可以發現，傳播效果並非純粹的單向線性模式，而在某種程度上，取決於閱聽人本身的性格。

接下來，將引入目前國內外相關研究，瞧瞧究竟不同性格或不同人格特質的閱聽人，其使用媒體的行為會有哪些不同的差別。

第三節　研究舉隅：傳播學與心理學的對話

　　在第二節，我們回顧傳播領域當中，與性格議題有關的理論。過去，性格議題只是匆匆帶過，少有詳細實證去分析不同性格的閱聽人，對於媒體使用會有哪些不同的行為。因此，最後一節中，我們將蒐集國內外文獻，探討不同人格特質或個性的閱聽人，在使用媒體時會有怎樣的偏好。

　　以下幾個小節，將以媒體類型為段落，分述該媒體的使用者特質。由於傳播與心理學的結合是新領域，相關文獻並不多見，因此，我們將羅列國內外近期研究成果，並且以媒體（媒介）作為分類依據。

一、網　路

(一) 網路成癮者與低自尊人格特質

　　在本章一開始，曾提到「網路成癮」（internet addiction）此名詞，究竟網路成癮的確切定義是什麼呢？王澄華（2001）曾提出，過去的網路成癮研究多半是想找出容易形成網路成癮的人格特質，或是具備有成癮特性的網路功能。然而網路成癮有許多種形態，包括網路「性」成癮、網路人際關係成癮、網路強迫症、資訊缺乏恐懼症，及電腦成癮等。具備不同個人特質的網路使用者，會受到不同的網路功能特性所吸引，而產生不同的網路成癮形態。

　　他還認為，並沒有所謂單純的「網路成癮個人特質」或具備成癮特性的「網路功能」，網路成癮現象的產生是網路使用者的個人特質與網路功能交互作用的結果。王澄華（2001）以網路人際互動為出發點，首先探討網路人際互動的特質，繼而推論具備什麼樣人格特質的網路使用者容易在高網路人際互動的情況下成癮。

　　結果發現，網路上的人際互動具有高親密度、高自我揭露程度與高不確定感的特性，在三種成人依附形態中，以焦慮依附者的人際互動模式與網路人際互動的特質最為接近，因此，焦慮依附者在所有的依附形態中的網路成癮傾向最高。簡而言之，在所有的依附形態中焦慮依附者的網路成癮傾向最高，其次是逃避依附者[2]，安全依附者則沒有表現出任何的網路成癮問題。而自尊越低、對自我概念越不確定者，其網路成癮問題越嚴重。

(二) 人格特質越趨負向者，越傾向使用網路

　　朱美慧（2000）曾對大學生進行一份研究，研究結果顯示：個人特性（自尊、EQ、人際關係、學習適應、自主定向、家庭適應）越趨負向，就會越偏向「虛擬情感」及「虛擬社交」的網路使用行為。而網路使用行為越傾向「虛擬情感」及「虛擬社交」的人，越容易有網路成癮的傾向，而且個人特性越負向的大學生，也越易形成「網路成癮」的行為。

(三) 憂鬱性格者，越容易沉迷網路

　　韓佩凌（2000）也得出類似結論，他對中學生進行的一份研究顯示，在網路使用時間、心理特性與網路沉迷關係分析上，可知「使用時間」、「生活壓力」、「憂鬱傾向」對網路沉迷有直接的影響力。當中學生面臨生活壓力時，為了逃避生活壓力的挫敗感容易造成網路沉迷。這類因生活壓力的過大而產生情緒、認知、人際性格形態的失調，藉由網路的使用，最大的滿足來自於情緒的紓解。因而網路中虛擬人際關係中溫暖的情緒支持，會讓中學生沉溺於這樣的網路互動活動而難以克制。

　　其他網路與使用者人格特質的相關研究還有：戴怡君（1999）發現，越認為在網路上的互動是不真誠、無法交到真心朋友者，使用網路

---

[2] 成人的依附理論中認為，內在運作模式主要涉及個人的人際信念、需求與目標，因此，安全依附、曖昧依附及逃避依附不同類型成人間的差異，最直接的表現會是在日常生活中與他人的互動上。

與他人進行互動的頻率越高，這個假設獲得支持。故使用網路進行互動者，多認為網路上的交往是不真誠的，越認同網路互動的不真誠，就越常透過網路與他人進行互動。另外，在真實生活中人際關係較差者，其透過網路與他人進行互動的頻率較高，此研究假設亦可能獲得支持。也就是說，人際關係較差者，在真實生活的溝通情境裡，可能較缺乏與人溝通的技巧，而無法順利達成與人溝通互動的目的，因此傾向於透過網際網路來與他人互動，故使用的頻率較高。

二、電　影

(一) 美國、德國性格互異的受訪者，對於電影的偏好

　　Weaver 、Brosius 和Mundorf（1993）認為，人格特質與媒體使用偏好有直接關係，人格特質會直接影響對於媒體的使用。人格特質可以說是在社會環境中引導我們認知情感交互作用的態度、信念與價值的連結。而媒體偏好就是消費者期待能夠從與媒體的互動中得到滿足感所形成的一種態度。

　　不過人格特質與媒體使用偏好的關係並沒有太多實證研究，因此他們採用 Eysenck 和 Eysenck（1985）發展出來的三種「前導」性格形態（個性外向、神經質的、精神病的），去看看這三種性格在媒體偏好上有什麼不一樣。

　　個性外向就是積極、有自信、有活力、能適應社會；神經質的人格特質就是容易情緒化、焦慮與疏離感；精神病人格特質為有高度社會偏差、衝動、不順從、缺乏約束、需要認知結構。理所當然地，個性外向的人期待媒體使用能培養他們的自信心；神經質的人期待使用媒體以管理他們的焦慮感；精神病傾向的人會期待媒體內容涵蓋偏差的主題，以提供一種刺激感的經驗。不過以上的推論無法一般化，也無法推論到具有類似性格的人，而且還會受到文化影響，例如：媒體的「偏差內容」

定義便會隨著國家不同而有不一樣的定義。因此，Weaver 等人納入文化
這項因子，看看美國、德國人在媒體使用偏好上是否有差異。此研究將
受訪者對於電影的看法分為四種（性－喜劇、悲劇、恐怖片、不墨守成
規的戲劇），也將受訪者人格特質依照分數高低分為三組（低、中、
高）。結果發現：

1. 美國人在外向型、神經質性格得分較高，德國人在精神病性格方
   面得分較高。
2. 具有高度外向型性格的受訪者較傾向收看性－喜劇類的電影，國
   籍方面則影響不大。
3. 具有低度精神病性格的受訪者較傾向悲劇型電影，國籍方面則影
   響不大。
4. 具有高度精神病性格的受訪者較傾向恐怖片，國籍方面則影響不
   大。
5. 具有低度精神病性格的德國人較傾向性－喜劇片，而具有中度精
   神病性格的美國人較傾向此種電影。

(二) 人格特質不同，對於電影的偏好不同

Weaver（1991）另外還有相似研究，也對幾種前導型性格進行分
析，看看這幾種類型的受訪者在黃金時段的電視節目、當代電影與流行
音樂方面，媒體使用行為有何差異。他對一百一十九位大學部男學生施
以問卷調查。結果發現，神經質性格的學生，對資訊或新聞類的電視節
目會產生極強烈的偏好。具有精神病特質的學生，對於恐怖電影會有較
強偏好。

三、電　視

(一) 自我概念高，收視時間短

　　伍至亮（2001）曾研究國小高年級學生的自我概念[3]與電視收視行為、偶像崇拜之現況，他發現自我概念高的學生看電視的時間較短，對於具有教育性的節目接受度較高，對正面性的偶像崇拜程度也較高。

(二) 生活形態不同，看待日劇的態度也不同

　　在第一節中我們曾提到，生活形態與性格是互爲因果的關係。除了上述由性格看電視使用行爲外，洪慧純（2001）則從「生活形態」切入，研究不同形態的青少年收看日劇的情形。透過實證調查，洪慧純以台中市十二歲至二十一歲在學的日間部學生爲對象，依一般化生活形態分爲「自我實現導向」、「促銷折扣導向」、「社會地位導向」、「社交導向」、「崇洋重質導向」、「學習導向」、「廣告導向」、「時髦流行導向」、「家庭休閒」等九項生活形態構面，再將青少年的九個一般化生活形態構面區分爲「多元積極群」、「精打細算群」、「崇洋消極群」、「追求流行群」、「傳統保守群」、「理性自主群」等六個群間異質、群內同質的區隔。研究結果顯示，不同的生活形態市場區隔與青少年收看情

---

[3] 自我概念的定義：一個人對自己行爲、能力或價值觀的感覺、態度及評價。 在二十世紀初，心理學者拒絕接受此一概念，在二十世紀中葉，因受人本主義心理學家的努力才再度被接受。Carl Rogers 認爲在個人思想和經驗中最重要的部分是對「我」的看法，即自我概念。它會影響個人如何去認知周遭的世界，進而影響一個人的行爲。自我概念（self-concept）的含義較自尊（self-esteem）廣，它包含個體看自己的各種角度，涉及所扮演的各種角色，對自身所有的標示與描述，如認爲自己是誠實的、溫暖的、具魅力的、過胖的。自尊則較自我概念範圍狹隘，自尊指的是對自己的想法或評價。若認爲自己是有價值的，則自尊較高；反之，對自己有許多懷疑，不肯定自己的價值或不喜歡自己，則自尊的程度較低。理想的自我概念（ideal self-concept）是自己希望成爲的形態，現實的自我概念（actual self-concept）指的是目前自認爲的形態。當兩者較接近時，個人擁有較好的自我概念；當兩者差距太大時，個人對自己有較多的不滿，並擁有較差的自我概念。

形，僅與「看日劇是否會完整的從第一集看到最後一集」間存在顯著關聯性。各群的青少年在收看日本偶像劇時，均以會完整的從第一集看到最後一集的比例為最高，唯有「傳統保守群」以不會完整的從第一集看到最後一集的比例較高。

(三) 不同類型的觀眾，對於電視新聞內容的偏好

「翁秀琪、陳世敏（1989）在國小、國中和高中學生的電視觀眾中，分出四種基本的觀眾類型：迷戀型、冷漠型、立即報酬型和延遲報酬型。這四種類型的學生不管是看商業電視或公視都採相同的模式：『迷戀型』是來者不拒，軟性、硬性的節目都看，『冷漠型』正好相反，他們不是電視的喜好者，『立即報酬型』的觀眾喜歡看戲劇、卡通、綜藝節目等軟性節目，而『延遲報酬型』則偏好新聞性、知識性的節目內容。」（引自翁秀琪，1992，頁253-255）

(四) 不同性格的使用者，採用有線電視的意願

在有線電視部分，隨著通訊技術進步與相關法規解禁，使傳統的有線電視得以跨足網路數據服務領域。在傳播、電腦與通訊產業聚合的趨勢下，有線電視從原本播送節目的角色，轉而為經營網路數據服務的供應者，成為新形態的網際網路服務供應商。有線電視網際網路服務，不管從業者（有線電視業者）行銷產品觀點，或以消費者（網路使用者）對產品認知觀點來看，都是屬於一種「創新產品」。陳俊榮（1998）認為，創新產品欲成功擴散，須從了解產品的創用者特質著手，因此，他以量化研究的方式，探究有線電視網際網路服務的潛在創用者特質。

陳俊榮（1998）依據產品潛在採用者（台北市有線電視家戶之網路使用者）對有線電視網際網路服務的採用意願，將其分為「創用者」、「早期採用者」及「大眾市場」三類型。問卷結果發現，潛在採用者中的創用者特徵為：未婚以法律與工商服務職業為主；多為網路重度使用者，期望有更高的撥接速度、更好的撥接率，以及強調網路服務之客戶

服務品質。在生活形態上，創用者勇於創新，喜歡追求流行，熱中品牌，有積極活躍的特質；在關懷家庭傾向上，創用者相對其他兩類型的人，有較低的家庭關懷意識。

(五) 電視暴力

不同性格的閱聽人，對電視會有不同的看法，然而，電視卻也會反過頭來，直接影響閱聽人性格的形成：電視暴力具有造成某些觀眾在現實生活中，行使攻擊性行為的傾向。從電視情節中所透露出的暴力訊息，無形中就成為他們日常行為的指標。如美國演員Jim Carrey 所主演的〔王牌特派員〕(*The Cable Guy*)，Jim Carrey 飾演一個從小就缺乏家庭溫暖的第四台線路架設員，終日沉浸在在各式各樣具娛樂性和暴力性的節目中，因而養成他日後自閉且具有暴力傾向的奇異性格（楊惠琪，2001）。

四、廣　告

(一) 開放型性格容易產生廣告優勢解讀

企業全球化趨勢的日益普遍，致使全球化的行銷成為必需。廣告為行銷不可或缺的一環，因此，廣告的全球化勢在必行。近年來，全球化企業在台灣使用「全球化廣告」的情況越來越頻繁，無論其所使用的全球化廣告類型為何，閱聽人對這些全球化廣告的看法才是最重要的。因此，謝炫達（2001）以不同類型的全球化廣告為研究主體，依據外國學者對不同類型全球化廣告的六種定義，使用其中的「完全標準化」、「半標準化」、「因地制宜的執行元素」，以及「概念在地化，執行全球化」等四種全球化廣告類型，從「接收分析」的角度出發，探討閱聽人面對不同類型全球化廣告文本時，如何解讀這些廣告文本。在探討解讀形態的同時，並設法了解閱聽人的「開放性人格特質」、閱聽人的「媒介依賴

程度」、閱聽人對全球化企業所知覺到的「品牌形象」，以及不同類型的全球化廣告文本等概念，是如何影響閱聽人的解讀形態。研究結果發現，閱聽人的開放性人格特質程度越高，越容易對全球化廣告採取優勢型的解讀形態。

(二) 人格特質與廣告特性相互為用

在電視媒體中，往往可見令人會心一笑的廣告，例如：巧妙運用情色鏡頭營造意念，販售一些生活用品。也可看見恐懼訴求的公益廣告，例如：警告觀眾若每天飲酒過量，將可能導致肝硬化。廣告若要發揮更大妙用，藉由「幽默」或「恐懼」的賣點以提升廣告效果，非得配合觀眾本身的性格才行。如果某些觀眾天性嚴肅，自然對幽默訴求的廣告感到無動於衷，幽默訴求反而可能令人不悅。

五、報　紙

(一) 生活態度不同，閱讀報紙品牌也不同

報禁解除後，報紙家數增多，激發強烈競爭，《首都早報》的停刊，《自立早報》的全新改版，讓報社必須權衡自己本身的條件、區隔市場、選定目標、做正確的產品定位，以便針對群眾的需求去辦報。

路全勝（1992）曾以台灣地區二十到六十四歲的全體民眾為對象，報紙則以《中國時報》、《聯合報》等十種報紙為主要目標；利用民眾的政治態度、生活態度、人口特性與報紙消費量等區隔等數，對報紙市場加以分析。研究結論驗證傳播理論中「一致說」的存在，即不同生活態度與政治態度的讀者會閱讀不同品牌的報紙。

(二) 從閱報行為觀察性格

即使連尋常的閱讀報紙也能看出一個人的性格與能力。從〈從閱讀

報紙辨性格〉這篇文章中，可看到不同性格的閱聽人，會有不同的報紙使用行為。

例如：拿到報紙後，不分場合和地點就急於求得報紙各版內容的「興奮型」閱報人，就算當時手中有事也會擱在一邊。這類人性格外向，精力充沛，開朗樂觀，喜形於色，不甘寂寞，反應靈敏，大膽熱情，易於接受新事物，適應性強；但好出鋒頭，剛愎自用。拿到報紙後，先把報紙置於抽屜或桌案邊的「安靜型」閱報人，會先將工作順利辦好，再在無他人干擾下一版一版地細細閱讀，並從中擷取知識，重要之處甚至剪存資料。這類人性格內向，沉默寡言，自得其樂，不尚空談，自我約束能力強，辦事認真，有獨立工作能力；但不善交際，對他人漠不關心。

至於「活潑型」閱報人，抓到報紙即不問青紅皂白，一古腦兒看個大概，有時甚至從他人手中把報紙奪來，這類人性格外向，樂觀風趣，不甘寂寞，善於交際，興趣廣泛，有組織能力；但做事馬虎，得過且過，好惹事生非。「抑制型」閱報人，拿到報紙後即隨便往抽屜或衣袋裡一放，待閒下來才拿出來閱讀，把閱讀報紙視為解悶消愁，這類人性格內向，孤僻，多愁善感，處事不果斷，工作缺乏能力，不善交際，孤芳自賞；但富於想像，善於體察別人，個性憨厚。

六、不同媒體的使用者人格特質

Finn（1997）曾對不同媒體的使用者特質進行分析，他蒐集了二百一十九位學生的日記，記錄他們使用各種媒體的時間與非媒體溝通活動的時間，採用相關分析法衡量人格特質與使用媒體時間的關聯性。花在看電視、聽廣播、看閒書、看電影的時間與五個性格特徵相關，分別是：敏感、外向、開放、和藹可親，與有自覺的（正直、有良心、誠實）。在大眾媒介的使用中，開放性與看閒書，外向與不愛看閒書，以及開放與不愛看電視三項有強烈關聯性。在外向與和藹可親項目拿高分的人則表現出偏好非媒介活動，特別是偏好與人交談。

結　語

　　本章分別在各小節當中，討論了心理學與傳播學的性格議題。不曉得您有沒有發現一個值得玩味的地方，就是傳播學相關研究內，以「類型論」居多呢？

　　多數研究只粗略對使用者進行分類，繼而探討各類型使用者會怎樣使用該媒體，不僅分類粗糙，未對各人格特質做詳細定義，甚至，不同的研究者對於操作型定義也有不同。以行為特徵對使用者做分類的相關研究，目前付之闕如。

　　限於資料蒐集不易，本章僅能列出目前國內外相關研究，尚待學術界持續性增添此領域的內容。性格無法輕易的使用二分法，總是能細分出許多互斥的人格特質，因此，也沒有辦法輕易做出「某某性格的人會偏好某種媒體」此種結論。

現象萬花筒

媒體的性格

　　閱聽人有性格，其實媒體本身也有「性格」，而這種性格，是閱聽人的投射作用，換句話說，媒體的性格是閱聽人賦予它的意義。以報紙來說，「副刊」呈現的樣貌是有別於一般報紙的，訴求對象也不同。副刊有連載小說、散文、新詩，呈現一種軟性基調，與政治新聞、財經新聞的硬性基調有別。以廣播來說，有各式各樣的類型（format）電台，古典音樂電台與熱門音樂電台的「媒體性格」便截然不同，古典音樂電台的性格是優雅，熱門音樂電台的性格是熱情奔放。你還能想出哪些媒體具有怎樣的性格呢？

叩應聽眾的人格特質

以政論性節目的叩應（call-in）觀眾為例，喜歡透過電話與政論性節目主持人或來賓互動的觀眾，他的性格多半是容易激動且好表達意見的。廣播的叩應節目向來受到聽眾歡迎，因為聽眾可以透過電話與主持人閒話家常。你認為這種廣播媒體的使用者人格特質是活潑性好交談的，或是孤僻以至於傾向透過看不見對方的方式與人互動呢？

遠離壓力——以汗水建立信心

古柏醫生說，「有個內向的女人，她在談話和社交活動中，常躲在幕後，也為自己不敢穿短褲跑步而耿耿於懷。但自從她參加我們有氧中心的活動之後，態度完全改變了，她開始固定跑步，在壓力測試中表現越來越好，完全改變了她自己的個性……」

「在人們參加運動計劃後的反應中，最容易記錄的是他們對自我形象的肯定，並因此變為更積極、自信的人。」在研究老人時亦發現，有運動的老年人對自己的感覺比不運動的老年人好。在一項測量個人自我印象的心理實驗中，運動最少的人，自覺與理想的自我形象差距最大；而最常運動者，則在擁有良好體型之餘，呈現出極高的自信。威斯康辛大學教授兼心理治療師格瑞斯特說過：「跑步者知道他們有能力改善自己，跑步對身體健康、外表及體型均有幫助，還能使你更接受自己。」

此外，他還指出，固定運動還能在其他三方面強化性格：

得心應手：獨立的跑者能發展出成就感，對他們覺得困難的技巧能夠駕馭自如。

耐心：要成為獨立的跑者需要時間，因此他能學習耐心，持續努力。

積極：有些病人認為跑步是種積極的活動，下意識用之來取代像抽煙、喝酒、好吃及無謂爭辯這類消極的習性。

「沮喪者在成為跑者後，對自己的感覺變好了，」聖地牙哥馬拉松診所所長鞏唐說：「他最初會感到『我沒辦法繼續下去』或『我什麼都做不

了』。跑步能消除那種負面感覺，將之扭轉過來——你能持續下去，也許還能跑上五公里呢！」

《跑步之樂》一書的作者柯斯楚巴拉醫生也同意上述說法。他說：「跑步之所以有效，乃因為它改變性格樣式，人們更能肯定自我價值，更有自信，也能逐漸感受到自我的力量。」

現任波杜大學體育教授的伊斯梅爾表示：「現在我們知道成人的性格是動態的，能加以改變的，經由運動，可將性格導向正面、積極的方向發展。」伊斯梅爾教授二十年來主持的運動計劃，有數百人參與。他發現，情緒越不穩定的人，在運動之後，越有明顯的改善。

杜克大學的研究結果似乎也支持上述論點，布魯曼梭和研究人員認為，固定的運動計劃可以改變最難纏、也最具自毀性的性格樣式——難以控制，易罹患冠狀心臟病的 A 型性格。布魯曼梭醫生表示，運動對性格的影響力很難解釋，但下決心運動就可能使生活形態全部革新，價值感因而改變。到底這種「我感覺好多了」的反應，是來自運動本身，或受團體影響，還是時間因素，很難確定，但當人們去做自知有益的事，他們能較容易有成就感的體驗。

資料來源：http://health.yam.com/article.asp?channelid=9&serial=1835

關鍵詞

性格　personality

獨特性　distinctiveness

穩定性與一致性　Stability and Consistency

類型論　type theory

體型論　theory of body type

心理型論　theory of psychological types

行為型論　behavior type theory

特質　trait

心理圖示　psycho gram

五因素模式　Big Five factor model

五大特質理論　Big-five personality traits

NEO 性格量表　NEO personality inventory, NEO-PI

魔彈理論　magic bullet theory

皮下注射理論　hypodermic model

創新傳布理論　diffusion of Innovations

網路成癮　internet addiction

第九章

傳播的緊箍咒(一)——閱聽人的動機

—— 前　言

—— 第一節　心理學領域裡的動機研究

—— 第二節　傳播領域裡的動機研究

—— 第三節　動機在傳播的應用

前　言

　　吃遍台北景美夜市每一個小吃攤，是我在學生時代就已經發下的誓願。不過，多年來，這項心願從來沒達成過。前幾天，我再次地以高昂的鬥志前往夜市挑戰，結果只吃到第三攤，快要撐破的肚子就已經豎起白旗投降。回家之後，看到家人正在津津有味的看著美食節目，而且還不時傳來對料理的讚嘆聲──「哇！看起來好好吃」。要是在平時，視美食節目如命的我一定會在一旁附和，但是當下，透過電視螢幕，看著一道道色香味俱全的美食，不但引不起興趣，反而變成一種煎熬。

　　我母親常說：「肚子餓了，看什麼都好吃。吃飽了，再怎麼好吃的東西，看起來都索然無味。」一樣的美食，在飢餓或吃飽的情形下，會讓人產生截然不同的反應。同樣的，一個電視節目，也會因為閱聽人的動機與情緒狀態，而有不同的行為結果。在前幾章提到知覺、記憶會過濾傳播訊息的傳送，在傳播的刺激歷程中，動機與情緒就像是《西遊記》裡唐三藏用來對付孫悟空的法寶──緊箍咒一樣，當咒語一念，閱聽人對傳送進來的訊息，就會產生不同的反應。

　　在接下來的兩章，我們將分成動機與情緒兩個部分，來探討閱聽人與傳播之間的關聯。本章中我們先要介紹心理學領域中有關動機的相關理論，進而深入了解動機與閱聽人之間的關聯與影響，接著舉出傳播領域中有關動機的研究案例，探究心理學與傳播之間是如何互相扣連，同時試著對還沒研究的部分提出建議，以作為日後研究參考。

第一節　心理學領域裡的動機研究

一、動機的定義與歷程

　　一位與我交情甚篤的大學同學，每到期中、期末考前的週日，就一

定收看當時滿紅的電視歌唱才藝競賽節目──〔五燈獎〕。可是，在平常的週日，她卻從來不看這個節目。我曾經好奇的問她，結果她的回答是，看「五燈獎」可以放鬆心情，消除考試緊張的壓力，而且有放空腦袋的作用，也因為效果不錯，所以這個節目就成為她每次考試前必做的功課之一。

　　每個人接觸傳播媒體或訊息都有不同的原因，這種引發個體採取某些動作或行為，並且使這項行為朝某個方向持續進行的心理歷程，就叫作動機（motive）。翻成白話，就是指一個人從事一件事（或一項作業、一種工作）的意願及其意願的大小，例如：我的大學同學看〔五燈獎〕的動機是為了消除壓力，而我因為工作的需要，每天必須閱讀書報雜誌，以蒐集製作節目的相關題材。

　　由以上的實例可發現，動機這種心理歷程是很奇妙的，如圖9-1所示，當個體處於未滿足的狀態下，就會產生需求，而在需求未被滿足以前，個體的內在會處於緊張不安的狀態，這個時候，個體會產生一種意願、一種驅力，引發個體採取某種行為來獲得滿足，直到滿足達成之後，才會減低不安的狀況，個體的驅力才會減低（黃天中、洪英正，1992）。就像是肚子餓的時候會引發強烈的覓食動機，於是我收看美食節目，或者是打開冰箱看看有沒有東西可以吃；可是一旦吃飽了，美食節目對我來說就不再那麼具有吸引力了，這也就是我同學只在考試期間收看「五燈獎」的原因了！

圖9-1　動機的心理歷程

資料來源：黃天中、洪英正，1992，頁114。

二、動機的類別

心理學的領域裡，把動機分為生理性和心理性兩大類。所謂的生理性動機是指個體因內在需要，所產生出一種使生理回覆到平衡狀態下的動力。例如：當血液中的血糖濃度降低到一定程度的時候，人體內的生理系統就會主動偵測，做有限度的調節，於是就會產生「飢餓感」的訊息，驅使人們攝取食物，來減低體內不安的狀態。而其他像冷熱感覺的體溫調節、細胞缺水而發出口渴的動機、賀爾蒙分泌產生性的動機，以及雌性個體在生育後代的前後期間所出現的哺乳、保護幼兒安全等等母性行為，都屬於生理性動機的範圍。

個體在外界的要求或壓力的作用下，所產生的動機，就稱之為心理性動機。例如：個體因為受到環境中的外在刺激而引發一種驅力，使他們對新奇的事物投入較多的注意力，而且想要進一步探索，我們稱為「好奇動機」；對於自己認為重要或有價值的工作，想要投入較多的心力，來達到一定的水準或追求完美的成就動機，像是學生為了獲得獎賞而用功讀書；以及想要和他人接觸、親近的親和動機等，其他不是基於生理需求所產生的動機，都屬於心理性動機的一種（黃天中、洪英正，1992）。

三、動機理論

動機的產生原因很多，而本文所介紹動機相關的理論，是根據國內心理學者黃天中與洪英正（1992）等人所著作的心理學書籍裡的理論命題分法，分別從需求論、認知論及誘因論等三面向來做介紹。

(一) 需求論

• Maslow 的需求層次理論（need hierarchy theory）

Maslow 在 1954 年提出一套五個階層的人類發展需求理論，又於

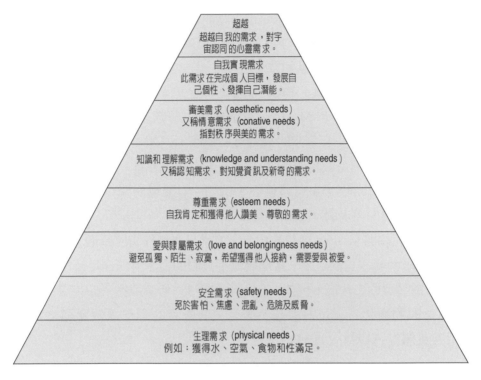

圖9-2　Maslow 需求層次階層

資料來源：黃天中、洪英正，1992，頁118。

1970 年提出將人類動機需求分成八個等級的動機需求理論。Maslow 認為，每個人都是生而本能地擁有動機需求，去希求成長與充實自己的潛能。而動機是由各種不同性質的需求所組成的，每種需求會按照它的層次，逐次滿足並往上發展，當低的需求被滿足之後，才會對較高的需求引發動機，而且層次的順序是固定的，不能反向發展（見**圖9-2**）。

• Alderfer 的ERG 理論（ERG theory）

Alderfer（1969）提出ERG 理論，來解釋需求滿足與欲望之間的關係。ERG 理論認為人的需求可以分為：生存需求（existence need）、關係需求（relatedness need）與成長需求（growth need）（引自黃天中、洪英

正，1992，頁118）。生存需求是指一切能滿足個體生理需要或安全的物質，關係需求則是指個體需要與他人建立互動關係，而成長需求是指個體對自己或環境有生產貢獻的需要。

和 Maslow 理論一樣，ERG 理論也有需求層級，不過不嚴格規定需求滿足的次序。除了和 Maslow 理論在需求分類上有明顯的差異外，ERG 理論認為部分生存需求間具有可交換性，例如：即使薪水不高，然而有好福利時，還是成為求職者選擇工作的一項考量。除此之外，不同類別的關係需求之間具有可移轉性，例如：對父母的關係需求無法獲得滿足時，會轉向尋求朋友的需求滿足。

ERG 理論與 Maslow 理論的相異之處就是強調挫折回歸觀念（frustration regression），也就是說，當個體較不具體的需求無法滿足時，較具體的需求欲望會隨之升高，例如：Scherf（1974）研究消費者的需求與生存欲望之間的關係，發現需求越不滿足，消費者的生存欲望會隨之升高（引自黃蘭雯，1996，頁33）。

(二) 認知論

• 認知評價理論（cognitive evaluation theory）

認知評價理論將動機依性質的不同，分為內在動機及外在動機兩種。所謂的內在動機是指因為喜歡或想要滿足才去做，而外在動機則是因為誘惑等外在因素促使人們去做。該理論主張內在動機可能因為外在動機的介入而減弱，最後被增強的外在動機所取代，一旦外在動機消失，內在動機也可能跟著消失或減低。例如：常見到家長用錢或禮物等物質報酬來鼓勵子女良好的表現，可是當獎勵沒了，小孩也失去進步的動力，結果卻變成了反效果。

• 公平理論（equity theory）

人們通常會拿自己的投入和所得和別人做比較，一旦相差太大，而使得人們感到不公平的時候，內心就會升起一種緊張不滿的感覺，促使

表9-1　公平理論

比率的比較	知覺
$\dfrac{O}{I_a} < \dfrac{O}{I_b}$	不公平（自己所得偏低）
$\dfrac{O}{I_a} = \dfrac{O}{I_b}$	公平
$\dfrac{O}{I_a} > \dfrac{O}{I_b}$	不公平（自己所得偏高）

註：$\dfrac{O}{I_a}$ 代表個體自己；$\dfrac{O}{I_b}$ 代表相關的其他人；O 代表所得；I 代表投入。
資料來源：黃天中、洪英正，1992，頁122。

他們把情況導回到公平的狀態。常用的方法就是改變投入、所得或者是扭曲自己或他人對這個狀態的認知（見**表9-1**）。例如有研究發現，人們會用公平理念來責難被強姦者，因為強暴事件發生，人們往往很難解釋這個不幸為什麼會發生，於是下意識裡會找出各種理由來貶損受害者，像是穿著太暴露、舉止誘惑、行為不檢等理由（胡崇慈，1986）。

- **期望理論**（expectancy theory）

期望理論是由 Vroom（1964）所提出來的，認為人們之所以採取某種行為反應，是因為他預期這樣做可以得到某種成果，而這種成果對他而言是具有吸引力的。例如：在颱風季節，閱聽眾為了獲取氣象資訊，而收看電視、報紙或收聽廣播。

期望理論是一個走數量模式的動機理論，也就是說，人的動機是可以用公式來表示的：

$$M = (E \rightarrow P) \times (P \rightarrow O) \times V$$

當中的變數包括了：

1. 吸引力（attractiveness）：指個體對作業潛在成果或報償的重視程度，可用「價」（valence）來代表其涵意，關係式為 V。
2. 績效與報償之間的關聯性（performance-reward linkage）：指個體預期績效和酬償共同出現的肯定程度，關係式為 P → O，P：

performance，O：outcome。

3. 努力和績效之間的關聯性（effort-performance linkage）：個體預期努力導致績效之關聯性大小，其關係式為E →P，E：effort。

透過個體的目標、努力和績效之間的關聯性、績效與報償之間的關聯性，就能夠了解所誘發的個體動機大小（黃天中、洪英正，1992）。

現象萬花筒

人工美女變身記

台北有一名女子拿了將近一百萬，耗時四個月，讓自己從頭到腳，進行徹底整型工程，她也不諱言，這麼做只有一個目的，就是為了進軍演藝界。

號稱台灣第一個勇於公開亮相的人工美女李庭，13日展示她花了四個月，從頭整到腳的成果，為了讓自己完全不像原來的自己，李庭花了近百萬，隆鼻花五萬、削骨三十萬、牙齒美白矯正十三萬、削唇六萬、墊下巴三萬、換膚五萬、脫毛十五萬、抽脂十五萬。

而野心勃勃打算進軍演藝界的李庭，花錢製作一個全新的自己，並且不忌諱地勇於表現自己。而為了美，花錢忍痛，在整型韓流風逐漸吹向台灣之際，李庭這樣的整型，算空前，但不絕後。

資料來源：引自〔民視新聞〕，2002/8/14。

- -

從期望價值理論來看，人工美女從韓國女星的整型風潮中得到透過外科醫師的整型技術（就是努力，E），可以讓自己擁有亮麗的外表與美麗的容貌（等於績效，P）；而一旦擁有了好的外型，就有機會獲得演出，成為明星或偶像（等於酬償，O）。這時，再加上「外科醫師的整型技術將

可以改變她的未來」已經成為心中最重要的意義時（V），於是讓這位人工美女產生了強烈的整型動機，甚至不惜花費鉅資、忍受痛苦，也要讓自己有個美麗的人生。

(三) 誘因論

• 二因子理論（two-factor theory）

Hertzberg（1959）研究人們對於工作感到滿足與不滿足之情境，結果發現工作滿足與不滿足是兩個不同的向度。Hertzberg 把會導致工作滿足的各種內在因素稱為激勵因子，例如：個人成長多，可以增加員工的滿足感，如果個人成長呈現負向發展則是無滿足。對於導致工作不滿足的各種外在因素，則稱作保健因子，假使員工的人際關係良好，那麼員工的心理則無不滿足的感受；反之，如果員工的人際關係不好，則會造成員工的不滿足感（見圖9-3）。（引自黃中天、洪英正，1992，頁119）

• 目標設定理論（goal-setting theory）

目標設定理論認為個人的行為是受到個人的目標和意念的指引，所以目標設定的好壞會影響到員工的動機。合宜的目標必須設定明確，同時讓員工都能夠清楚了解，難度要適當且具有挑戰性，還要有適時適當的回饋。這個說法與管理學上的目標管理（management by object, MBO）相當接近。

圖9-3 Hertzberg 的二因子理論

資料來源：引自黃天中、洪英正，1992，頁119。

• **增強理論**（reinforcement theory）

增強理論認為，行為的結果才是影響行為的主要因素。行為的發生會受到結果的控制，如果採取某一個行為，得到增強之後，那麼這個行為再次出現的機會就會比較高，反之如果行為得不到增強，甚至是得到懲罰的結果，那麼該項行為再次發生的機會就大大減少。例如：古典制約實驗中，原本狗兒只對進入口中的食物產生流口水的反應，可是經過幾次的鈴聲－食物配對以後，狗兒學習到鈴聲意味著食物就要出現，於是狗兒在單獨出現鈴聲的實驗情境下也會產生口水分泌的反應。

四、動機與認知過程

動機是個體內在的心理歷程，很難從個體外表的反應直接看出來，只能藉由個體所表現出來的行為加以推測和判斷，而行為又是認知的外在表現，所以想要了解動機是如何影響人們處理說服性訊息，我們得先知道動機在認知裡扮演什麼樣的角色。

閱聽人對真實世界的建構，是由基模或是人類腦海中的認知結構，經由上對下（top-down）的概念驅動而來，同時會隨著基模結構與組織的不同，導致不同的訊息處理策略（Fiske & Taylor, 1991），造成認知上的差異。而動機這個緊箍咒，它的存在與否不僅會影響基模類別的活化（activation），也會干擾到較複雜基模的有效運用（曾華源、劉曉春譯，2000）。

Petty 和 Cacioppo 在 1986 年提出了「推敲可能性模式」（elaboration likelihood model, ELM），來說明認知如何影響說服效果。「推敲可能性模式」認為「傳播說服」的發生有兩個途徑：中央路徑（central route）與邊陲路徑（peripheral route）（Petty & Cacioppo, 1983, 1986a）：

1. 中央途徑（central route）：是指當閱聽人在接收訊息時，對訊息內容的優劣加以推敲、思考、評估，進而產生較多的認知努力，且經由深度的思考作用而產生說服的過程。

2. 邊陲途徑（peripheral route）：是指當閱聽人在接收訊息時，只依據說服情境中的線索或暗示，作為是否接受訊息立場的依據，如廣告代言人的魅力、音樂、色彩、氣氛等。

Petty 和 Cacioppo（1986b）指出，閱聽人決定使用中央路徑或邊陲路徑來處理訊息的原因有二：閱聽人自身的動機（訊息與個人之相關性、個人之認知需求等）與能力（對訊息的基模、對訊息的理解度等），他們並以這個說服的認知歷程，來探究動機與認知之間的關聯，發現人在有能力、較有意願處理對自己涉入程度較高的訊息，也就是當動機強烈的時候，會採取中央路徑對訊息加以理性的接收與分析。而邊陲路徑則是假設人在沒有什麼能力且較沒有意願面對自己涉入程度較低的訊息，比如說沒有動機的時候，就會採取邊陲路徑處理訊息。

第二節　傳播領域裡的動機研究

動機這個緊箍咒既然操控著人們行為，在傳播的刺激歷程裡，動機也同樣的發揮了它的魔力。就像我在前言裡提到的，對食物需求的動機會讓我對美食節目有不同反應。

前面我們介紹了在心理學領域裡有關於動機的相關理論，在這一節裡，我們要把焦點轉到傳播上，除了藉由相關的傳播研究來了解動機與閱聽人之間的關聯外，還要檢視傳播與心理學之間是如何接軌的。

一、使用與滿足理論（uses and gratification theory）

傳播裡與動機有關的理論，要以「使用與滿足」這個學派為最大宗。主要是探討特定的媒介內容之所以造成吸引力的原因，藉以了解人為什麼要使用媒介，和用媒介來「做什麼」。Lazarsfeld 和 Stanton 在 1940 年代研究日報以及「肥皂劇」和「益智節目」受到大眾歡迎的原因，開

始了第一個有關動機的研究。結果發現，這些廣播節目提供了勸導和支持的來源、家庭主婦或母親的角色模式，或是提供「透過歡笑與淚水來紓解情緒」的事件；而報紙則不只是有用的資訊來源，它更提供讀者安全感、共同的談話主題和一種日常例行事物的結構（McQuail, 2000）。

Katz 、 Blumler 和 Gurevitch（1974）在二十年後重新把媒體使用與需求滿足研究導向整合。Katz 等人認為，媒介選擇的過程和下列事情相關：(1)來自社會和心理來源的需求，其因此而產生；(2)期待的；(3)大眾媒體或其他來源，所導引出的；(4)不同形態的媒體曝光，因之導致；(5)需求的滿足和其他結果，極可能是不經意的一種結果。這個學派下有關動機的研究可以說是相當多，例如：Katz 等人研究發現，閱聽人的動機與需求會決定媒介內容的效果；也有研究發現，為了增加自身知識而收看節目的觀眾，比偶然收看節目的觀眾更能回憶更多的新聞內容（沈文英，1996）。

與心理學的動機理論相對照，傳播領域裡所提出的使用與滿足理論，其實近似 Maslow 的需求論，例如：為了滿足對生命的好奇，所以人們會接觸傳播，選擇看 DISCOVERY 頻道來滿足需求。而從另外一個角度來看，使用與滿足理論也接近認知論裡的期望論，比如說，股市投資人會看電視節目，是因為他預期節目會有他想要的行情分析等等。這部分也就是使用與滿足理論後來發展出來的期望－價值論。

二、期望—價值論（expectancy-value theory）

「使用與滿足」理論另外還延伸出所謂的「期望—價值」理論（見圖9-5），也就是個人使用媒介的動機，是經由對媒體所提供的利益，以及附著這些利益不同價值所結合的利益。例如：一個人對「現在議題及事件之資訊」有正面評價，並且期待電視新聞會具有這樣資訊的話，他將會被驅動從電視新聞裡去尋找這樣的訊息。當期待被滿足，這個結果（GO）會回饋去強化有關這個節目屬性起初的信念；如果得到的資訊高

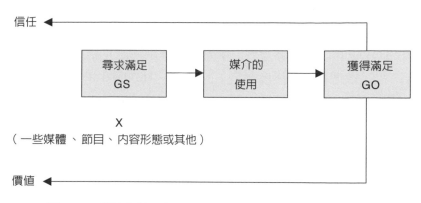

圖9-5 「媒介滿足的尋求與獲得」的期望價值模式

資料來源：沈文英，1996、2001。

於或低於期待的程度，那麼相關的信念會有所改變，也會引起動機的改變（沈文英，1996）。McQuail 認為，當 GO（滿足的獲得）比 GS（滿足的尋求）顯著的時候，很可能是有高度的觀眾滿意的情形以及高度的欣賞和注意；反之，若相反的情形出現時，則可以提供做銷路、銷售的低落，或電視的收視率降低或轉台等原因的頭緒（McQuail, 2000）。

國內有關於動機與傳播的相關研究，也大都以使用與滿足作為理論基礎，探討閱聽人使用媒介的動機。例如：楊惠娥（1980）研究台北市國小高年級學童收看電視益智猜謎節目的動機，研究結果指出，兒童收看電視益智猜謎節目有四類主要原因，分別是為了求取新知與自我評估、尋求娛樂、尋求社會互動基礎與尋求刺激。

三、動機對傳播的影響

早期的傳播研究，大都把閱聽人看作是「不知情的靶子」（unwitting target）或者是媒介刺激的被動接收者，直到1946到1961年之間，由 Hovland 所領導的「耶魯傳播與態度變遷計劃」研究實驗，情勢才大為逆轉。Hovland 採取行為式的閱聽人研究，把閱聽人當作可以「掌控」自己媒介經驗的媒介使用者或消費者，對直接效果模式提出強力的反彈

（McQuail, 2000）。

Hovland 在說服研究上，率先將動機納入訊息結構及觀衆人格特徵中，以了解閱聽人在態度改變上的差異。Hovland 認爲，所有的擾亂情緒，都是引起行爲的動機，如果傳播者能先引起閱聽人的恐懼感，然後再指示可以解除恐懼感的新觀念，就比較容易讓閱聽人接受新的觀念。例如：在實驗當中，故意以齲齒與牙周病的可怕來威脅受試者，然後再以注意牙齒衛生作爲提示，研究結果發現，程度較輕的恐懼訴求反而會使受試者產生更大的行爲改變，證實了恐懼訴求確實可以引起興趣和情緒壓力。

而 Hovland 也把動機視爲閱聽人本身的人格特質，用以預測說服在改變態度上的效果。Hovland 將動機因素定義爲：「包括顯著的個人需要、情緒不安、心理自衛能力、挫折的容忍度、機動之閾等，都可能干擾或幫助個人對不同說服傳播的反應」（引自王嵩音譯， 1993 ，頁168）。

另外，有學者的研究也發現，動機不僅影響閱聽人對傳播訊息所採取的行動，長久下來，更加速了社會階層之間在知識方面的落差，即「知溝」（knowledge gap）。研究指出，傳播媒介資訊傳入社會的速度如果加速的話，則社經地位較高者獲得資訊的速度會比低者爲快，時間一久，兩者之間的知識鴻溝則會擴大。然而知溝的核心在於動機與興趣，如果動機較強、興趣較大，閱聽人知道吸收訊息對自己有用，則會努力吸收資訊；反之，若動機不強且興趣較弱者，便不會積極地吸收資訊。

不過 McQuail 認爲人們的動機影響資訊的尋求和學習的因素，是來自於社會脈絡，而非來自於媒介脈絡。事實上 Viswanath 等人（1993）在從事減肥與癌症的動機與知溝研究上，也證實了 McQuail 的說法。Viswanath 等人（1993）的研究發現，團體中的成員關係、傳播的訊息內容、動機以及教育等因素對知識的影響，會比單一動機因素來得大。

另外值得注意的是，以電腦爲基礎的新興資訊傳布，也傾向擴大資訊富者和貧者之間的差距，亦即已屬於資訊豐富、具有高資訊技巧與更多資源的一群，將會更加凌駕在資訊貧者之上（McQuail, 2000）。

第三節　動機在傳播的應用

　　動機既然操控著傳播訊息的生死，那不就是等於宣告傳播者的死期了嗎？其實也不然。為了要讓傳播的訊息能夠突破動機這一個關卡，深入閱聽人的腦海裡，甚至發揮正向的效果，讓閱聽人採取傳播者預期中的行為，傳播者與閱聽人展開了一場心術攻防大戰。傳播者也深諳動機的重要性，於是在動機上做點手腳，把動機轉變成可以為傳播效果加分的利器，突破閱聽人的心防。我們可以從一些精心設計的傳播行為中，看到傳播者是如何運用動機來操控閱聽人。

一、誘因贈獎式廣告

　　「每刷一次卡，銀行就會為你捐出千分之一的消費款項給慈善團體」、「每刷二十元可得紅利積點」、「辦門號送手機」，在媒體上經常可以看到這樣的廣告。或許有人會問，為什麼傳播者敢捨棄利益做這樣的促銷活動呢？其實傳播者之所以敢釋放出這些誘因，是因為傳播者運用了滿足閱聽人心理層面的方式，來引發閱聽人購買的動機。Strahilevitz和Myers（1998）曾經以「利他主義」以及善因行銷來研究慈善捐款，發現刷卡送愛心的行銷方式，不但鼓勵消費者以信用卡消費，更給予消費者「做善事」的心理回饋，可以讓消費者獲得更大的滿足（賴乃綺，2001）；而Tuten、Bosnjak和Bandilla（1999）也認為，廣告上所附加的誘因是一種外部的線索（extrinsic cues），為消費者帶來不同於「使用廣告產品所得到的利益價值」；國內的研究也發現，在網路世界裡，「誘因」多半被歸因為引發瀏覽者點選的主要動機，因為廣告主各式好康的促銷資源釋出，讓消費者除了廣告產品以外，還可以得到許多附加價值，使得誘因贈獎式的廣告備受歡迎（賴乃綺，2001）。所以傳播者用

「誘因」作為說服策略，不但是可以增加注意力，還可能有助於喚起個人內在的快樂需求，進而引發購買動機。

「誘因贈獎式」的廣告，運用讓消費者「一次獲得多樣滿足、買了就是賺到的」的手法，刺激消費者購買動機。

二、品牌的運用

「NOKIA ——科技始終來自於人性」、「Prada ——引導時尚前衛利落的風格」、「NIKE ——Just do it」、「Levi's 一代表外出休閒輕鬆遊玩的夥伴」，廣告主花費大筆金錢打造的品牌，其實就是在塑造一種有情感依歸的品牌價值。廣告主看準了品牌可以讓消費者透過購買來滿足自我價值的認定，以及獲得社會公眾認定的需求，於是把品牌設計成與消費者的形象、地位相吻合，甚至代表了世代與個性，讓消費者衍生出一種擁有後備受尊重的感覺，來激發消費者想要擁有的渴望。例如：身為跨國企業的總裁，你就會購買一些與自己身分相稱的品牌產品等，都是傳播者運用動機對閱聽人的影響，將計就計的精心之作。

現象萬花筒

另類銷售新寵兒－電視購物

電視購物成為時下最流行的購物管道之一，滿足了不想出門，但又想輕鬆購買商品的民眾。（資料來源：網路圖片）

【記者周嘉宏投稿】一分鐘賣6顆鑽石、一分鐘賣4部車子、一小時賣1000張床，這樣驚人的銷售數字你相信嗎？購物專家精彩的解說，配合生動的肢體動作，以及商品的功能與樣貌，在觀眾面前一覽無疑，這就是時下最流行的電視購物，由於電訊科技的發達，改變了民眾的消費模式，現在已經越來越多的消費者習慣在家裡看電視選購商品。

電視購物是一種虛擬通路，主要是以電視做為媒介，透過電視與消費者接觸，所販賣的商品五花八門，藉由民眾最熟悉的娛樂管道，加上聲光效果，展示商品的特色，可說是物品的另一種銷售平台，由於電視購物的蓬勃發展，電視購物頻道如雨後春筍般的出現，例如，東森電視購物頻道、富邦電視購物、普特利電視購物頻道、新時代電視購物等，不僅提供民眾另一個購物平台，同時也是廠商打品牌知名度的好地方，由此觀之，電視購物市場的發展深具潛力。

其實，電視購物能夠如此快速的發展，究其原因在於現代人工作上比較忙碌，上街購物的機會也不多，在家裡透過電視觀賞購物頻道，只需一通電話，就可以買到想要的商品，另外，購物頻道也提供物品的鑑賞期，只要顧客對於物品有不滿意的地方都可以無條件退貨，對消費者而言，更是一種保障，同時也可以選擇付費的方式，在分期付款方面，更推出無息分期，種種的優惠方案及良好的服務，確實滿足了不想出門，但又想輕鬆

購買商品的民眾。

　　筆者認為，現在的消費管道非常多元，在未來，數位電視的發展，或許也會推出新形態的購物模式，電視購物最大的優點在於良好的售後服務，以及商品的展示較為豐富、完整，消費者在購買東西前，可以多蒐集資訊，多看多比較，選擇知名度較高，較有信用的公司，最重要的是，商品是否符合自己的需求，價格是否在可接受的合理範圍內，同時，電視購物業者也應秉持著誠實、不欺騙的原則，推銷商品給消費者，誠信、服務絕對是吸引消費者最大的關鍵因素。

資料來源：http://www.yzu.edu.tw/e_news/399/student/01.htm

　　傳播領域裡的動機研究，多數集中在需求的滿足，與心理學裡的需求動機理論相當接近，特別是和 Maslow 的需求論的扣連最為緊密。不少研究發現，閱聽人使用媒介的目的是為了增加資訊，這樣的動機正好符合 Maslow 第五階層中的認知需求，也就是對知覺資訊及新奇的需求最多，特別是當科技發達之後，所散布的大量訊息，越是迎合閱聽人這方面的需求。

　　不過，除了需求理論的研究外，傳播當中對心理學裡的認知及誘因等動機理論的研究則相當缺乏，傳播與心理學之間還有一大塊的處女地尚待開發，例如：從公平理論看閱聽人審判等等，都值得再進一步研究。因此建議未來不妨借助心理學方面的研究，更加深入了解動機對傳播的影響。

關鍵詞

需求層次理論　need hierarchy theory

EGR 理論　ERG theory

生存需求　existence need

關係需求　relatedness need

成長需求　growth need

挫折回歸　frustration regression

認知評價理論　cognitive evaluation theory

公平理論　equity theory

期望理論　expectancy theory

二因子理論　two-factor theory

目標設定理論　goal-setting theory

增強理論　reinforcement theory

推敲可能性模式　elaboration likelihood model, ELM

中央途徑　central route

邊陲途徑　peripheral route

使用與滿足理論　uses and gratification theory

期望—價值論　expectancy-value theory

知溝　knowledge gap

第十章

傳播者的緊箍咒（二）——閱聽人的情緒

—— 前　言

—— 第一節　心理學領域裡的情緒觀點

—— 第二節　傳播領域裡的情緒研究

—— 第三節　情感的互動對傳播效果的影響

前 言

　　2002 年坎城影展，在放映一部來自美國的競賽片〔無法逆轉〕中，由於強暴及謀殺場面太過血腥，造成二百五十人中途離席，另外有二十個人頭部不適，必須使用氧氣罩治療，成爲坎城影展數十年來罕見的案例。對這部影片，中途離席的影評人斥之爲「噁心」，但敢看完的影評人卻是起立鼓掌持續五分鐘。同樣的一部電影，觀衆卻有兩極化的反應。

　　情緒的影響在我們的日常生活中也經常可見。我有個朋友，只要一睡醒，就會無端陷入憤怒的情緒當中。而她的「下床氣」威力十足，不但意見全數因「爲反對而反對」而遭到反駁，連周遭的同僚也難逃風暴，無故被罵，就是情緒影響認知的最佳例證。另外在一系列有關「符號政治」的實證研究裡也發現，「人們對政治資訊的偏好與評估，甚至只是單純的辨認與分類的認知歷程方面，情緒都扮演著重要的角色，一般人對政治事件的反應或多或少都會受制於情感」（Sears, Huddie, & Schaffer, 1986；引自徐美苓，1995，頁58）。

　　情緒就如同動機一般，對傳送進來的訊息，握有生殺大權。如果配合得當，情緒可以助傳播者一臂之力，達到良好的傳播效果，可是如果時機不對，那麼情緒便會打亂傳播者的如意算盤。爲了更了解情緒的影響，接下來我們將先介紹心理學領域裡有關情緒的相關理論，然後進入傳播範疇裡，藉由研究來了解情緒與閱聽人之間的關聯，以及傳播與心理學這兩個領域之間的扣連狀況。

第一節　心理學領域裡的情緒觀點

一、情緒的定義與理論

　　情緒是指個體因外在刺激而被引發的激動狀態。它是一種複雜的反

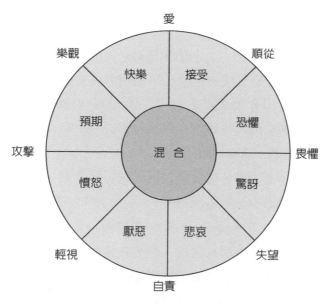

圖 10-1　Plutchik 情緒輪

資料來源：Zimbardo, 1992, p.464.

應，是由生理反應、主觀的認知，和表達行為所組合而成的一種反應狀態（曾華源、劉曉春譯，2000）。在人類諸多的情緒反應裡，有哪些基本情緒是可以被識別出來的呢？學者們的看法不一，其中Plutchik（1980）提出情緒輪（emotion wheel），指出人們有八種基本情緒：悲哀、厭惡、憤怒、預期、快樂、接受、恐懼、驚訝，如**圖10-1**所示，這些基本情緒還可與相鄰的情緒混合，例如：快樂與接受混合後變成「愛」，接受和恐懼混合後變成「順從」，憤怒和預期混合後成為「攻擊」等，與相隔較遠的混合時容易產生心理衝突，例如：預期加恐懼變成「焦慮」，快樂加驚訝變成「愉悅」等，由此可知情緒是由各種認知混合而成的複雜組合。

　　本章節所提到的情緒包括情感（affect）、情緒（emotion）、心情（mood），也可泛指感覺（feeling）等狀態。在心理學中情緒理論，主要有James-Lang理論、Cannon-Bard理論及Schachter的情緒雙因素理論等三個已建立的角度：

（一）James-Lang 情緒理論（James-Lang theory）

　　James-Lang 理論認為，人主觀的情緒是對情境產生的反射性生理反應的結果。因為生理變化使神經衝動，傳到中樞神經系統，而導致情緒經驗的產生（見圖10-2）。比如說當我們發現自己心跳加速、眼淚順著兩頰流下等生理反應之後，我們才會經驗到害怕、快樂或難過的情緒（引自曾華源、劉曉春譯，2000，頁91-93）。

　　在社會心理學上，有一種臉部表情狀態影響情緒，稱之為臉部表情回饋假設（Facial feedback hypothesis）的研究，可算是James-Lang 理論。例如：McCanne 和 Anderson 在 1987 年做了一項研究，要求受訪女性想像一件正面和一件負面的事件，然後在想像這兩個事件的時候，同時也要壓迫或放鬆某些臉部肌肉。結果顯示，當參與者想像正向事件，卻牽動有關刺激與悲傷的臉部肌肉時，他們感覺到的快樂相對減少許多，證實了臉部回饋的假設──臉部表情傳遞某種訊息到大腦，而造成我們主觀的情緒經驗（引自曾華源、劉曉春譯，2000，頁91-93）。

（二）Cannon-Bard 情緒理論（Cannon-Bard theory）

　　James 的生理變化引發情緒經驗的說法引起不少爭議，Cannon 與 Bard 於 1938 年提出不同的見解，認為情緒的感覺與身體反應是同時發生（見圖10-3）。外界的刺激引起的神經衝動，會先傳到腦部的視丘以及下視丘，然後分成兩路，一路傳到大腦，另一路到交感神經，而個體是基於這兩方面的神經活動交互作用的結果而產生情緒經驗（引自黃天中、洪英正，1992，頁122-125）。

　　引起知覺的情境刺激　→　由刺激引起身體反應　→　因身體反應而導致情緒經驗

圖10-2　James-Lang 情緒理論

資料來源：引自黃天中、洪英正，1992，頁123。

圖 10-3　Cannon-Bard 情緒理論

資料來源：引自黃天中、洪英正，1992，頁124 。

（三）Schachter 的情緒雙因素論（two-factor theory of emotion）

　　這個理論主要認為無論激發情緒的來源是什麼，任何情緒狀態都會讓人尋找產生情緒的原因（引自曾華源、劉曉春譯，2000，頁92）。因為情緒經驗是由於生理喚起和認知評價兩種歷程共同作用的結果（見**圖 10-4**）。例如：在搭雲霄飛車的時候，當車子爬到十層樓高然後以極快的速度往地面墜落，這時我們的生理會因為速度還有高度落差而處於激發狀態，那麼我們很可能為這個激發狀態貼上「害怕」或「恐怖」的標籤，即使平安回到地面，看著雙腳不斷顫抖，心理還是會覺得害怕。

二、情緒與認知

　　前面提到情緒是由生理反應、主觀的認知，和表達行為所組合而成的一種反應狀態。而我們的情緒和感受會影響到我們的看法，我們的想法也會影響到我們的情緒。

（一）認知影響情緒的四種方式

　　認知是如何影響情緒呢？心理學者提出認知影響情緒的四種方式：第一是我們透過外在的世界，尋找定義自己情緒的真正本質，因此我們

a.日常生活中一般的情緒發生歷程

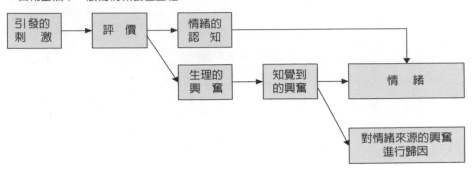

b.在生理興奮無法解釋的情況下的情緒發生歷程

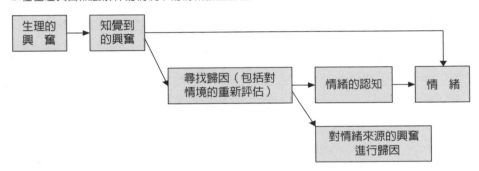

圖10-4　Schachter 的情緒雙因素論

資料來源：引自黃天中、洪英正，1992，頁125。

所經驗到的情緒，是受到外在世界的認知和解釋所影響。第二種是含強烈情緒的基模受到刺激，影響到我們的情緒狀態，例如：別人斜眼看你一眼，促動了你認為「他瞧不起我」的認知基模，而大發雷霆。第三種方式是我們的思考會影響我們對情緒引發事件的反應。例如：想一些與生氣無關的事，可以預防或減輕憤怒的發生。

　　認知影響情緒的第四種方式，是透過我們對反應和判斷的期待，來改變情緒。比如說，當人們覺得自己會不喜歡某一種新的食品時，他們甚至在把食物放到嘴裡之前，臉上就會先出現不喜歡的表情。相反地，當人們覺得自己會喜歡某一部電影或故事的時候，在他們看電影或聽故

事之前，他們就會刻意露出喜歡的神色，而且喜歡的程度可能會比沒有這些期待時來得強烈。期待甚至能影響我們的記憶，所以我們在回想的時候會誇大真實的感受（Wilson & Klaaren, 1992；引自曾華源、劉曉春譯，2000，頁96-97）。

(二) 情緒影響認知的兩種途徑

而情緒又是如何影響認知呢？相關研究發現，情緒可透過兩種途徑影響認知，最終影響我們的判斷。第一是情緒會牽動類似或相關的認知類型。當我們快樂的時候，正向的情緒會牽動正向的聯想和記憶；而當我們處在負面的情緒狀態的時候，這些負面情緒則會牽動負面的聯想和記憶。例如：「Mayer 和 Hanson 在 1995 年，以某一所大學的姐妹會和兄弟會為研究對象，要求他們寫一份有關目前情緒和社會認知的問卷，一個星期以後相同的問卷再填寫一次。結果發現，學生的判斷會隨著情緒而改變」（引自曾華源、劉曉春譯，2000，頁93）。這個研究不僅證實了情緒與社會認知和判斷之間有著高度的相關性，同時也點出了在情緒對認知的影響下，會出現與心情一致的判斷效果（mood-congruent judgment effect）。事實上這項效果也被證實有很高的實用價值，例如：有研究發現，當主考官心情好的時候，他們會給面試的人比較高的評價（曾華源、劉曉春譯，2000，頁92）。所以當你參加求職面試，得留意一下主考官的情緒波動喔！

情緒對認知的影響還不只這樣，有研究發現，快樂的情緒會激發創意（Estrada, Isen & Young, 1995）。他們要求一家醫院裡的醫師診斷某一位病患的狀況，同時也測量醫師的創意。在這些醫師當中，有一部分的人收到了病患的病歷以及用來創造好情緒的糖果；其他的醫師則沒有這個小驚喜。然後這些醫師們再依據所提供的字做聯想，以進行創意測驗。研究的結果證實了研究者的想法。那些收到糖果的醫師在創意測驗中，答對的題數比沒有收到糖果的醫師多。因為醫師們的診斷通常需要有創意的連結症狀和診斷，因此研究者認為，醫師的情緒狀態會影響創意，當然就影響了

他們診斷的表現（引自曾華源、劉曉春譯，2000，頁95）。

　　第二種途徑是情緒扮演提供消息的功能，或是在訊息處理中帶有偏頗，來影響我們的認知和判斷。比如說你的情人買了項鍊送你，當你心情好的時候，你會說：「我喜歡」，如果心情不好，那麼你可能會回答：「我不喜歡」。也就是當我們要做判斷的時候，會先問自己的感覺是什麼，然後再依照當時的情緒狀態來告訴自己（引自曾華源、劉曉春譯，2000，頁97-98）。

　　很顯然地，情緒和認知之間的關聯，是由許多不同的機轉所造成的，而隨著不同的思考方式（中央途徑或邊陲途徑的推敲可能性模式），這些機轉會受到更多的影響。情緒和認知之間的相互關係，遠比我們的想像來得複雜。

第二節　傳播領域裡的情緒研究

　　情緒包括了強度（情緒的高潮或低潮）和方向（情緒的正面和負面）。Watson、Clark 與 Tellegen（1988）指出，情緒的衡量可由正向與負向情感兩方面來分析，正向的情感變數包括：有趣的（interested）、興奮的（excited）、堅固的（strong）、熱切的（enthusiastic）、驕傲的（proud）、機敏的（alert）、美好的（inspired）、堅決的（determined）、體貼的（attentive）、熱情的（active）；負向情感的變數則有：罪惡感（guilt）、苦惱的（distressed）、煩亂的（upset）、嚇人的（scared）、敵意的（hostile）、羞愧的（ashamed）、緊張的（nervous）、過敏的（jittery）、害怕的（fear）、急躁的（irritable）。不同的訴求之情緒反應可由正向、負向與中性情緒三方面來衡量（賴孟寬、劉淑凰，2001）。

　　一些研究證實，電視節目會引起兒童的情緒反應。而常見的反應是興奮、快樂、驚訝、悲傷和害怕。內容和年齡會影響反應的程度，譬如較小的兒童對危險的動作片的反應比對愛情文藝片的反應強；年紀較大

的兒童除了動作片外，對愛情內容較有反應。另外，情緒的反應通常是在停止觀賞後立即發生，而且有時會持續數小時之久（王嵩音譯，1993）。

除了節目所引起的情緒反應之外，有些研究還指出，閱聽人會對電視人物有強烈的情緒依戀，這種情形一旦發生還會持續一段時間。甚至觀眾會因為對電視人物的認同，在觀賞電視或緊張的情節的時候，容易有強烈的情緒反應。

在傳播研究中，情緒的因素也受到相當的重視，而且經常被用作影響閱聽人的重要武器，像在廣告當中經常將與產品無關的正面情緒連結到產品上，例如：將好東西和好朋友分享的心情，和咖啡品牌相連結；另外，在一些電視節目或電影裡也會故意隱含許多感情的線索，來引起觀眾的反應，像是鬼片或悲劇電影等。

傳播所引起的情感效果在閱聽人身上可以找到印證，尤其以電視對情緒的產生較為明顯。根據研究發現，幾乎所有的兒童都曾被電視節目驚嚇過，尤其是當他們所認同的人物或動物遭受傷害的時候。如果傷害是被突然陷害導致的（比如說突然被汽車撞到），那麼導致的驚嚇會更大。年齡太小就收看暴力節目，或單獨一個人在黑暗的房間裡看電視，也都會引起驚恐。筆者小時候就曾經因為看〔八號分機〕（一個描述犯罪新聞的節目），而經驗到人生第一次的失眠。

而不同的情感訴求所造成的反應也不同。以下，我們將分別針對傳播所引起的正負情感效果，來看看它對閱聽人產生什麼樣的影響，以了解情緒在傳播裡的效應。

一、負面情緒的影響

人們會因為被激起的動機不同而出現不同的負面情緒，以至於產生不同的行為來面對情緒。例如：當一個人在肉體或生理感覺上被威脅，而又不是個人所能控制的時候，恐懼感就會被激起，因渴望被保護，所

以恐懼會傾向產生逃離威脅情境。

而憤怒的情緒是會被意識到故意的、對自己或對自己所愛的人的攻擊行為所引發。憤怒形成的大部分原因是來自於個人的經驗、文化背景及社會學習。當人們一旦感覺到憤怒的時候，容易傾向於導引出反擊性的攻擊行為。

悲傷的產生主要是由於肉體或心理上的損失或分離，不論是實際發生或僅僅是想像中，還是發生在過去式，都會引導出悲傷的情緒。當人們感到悲傷的時候，傾向於不做任何活動，讓自己遠離追求舒適的狀態或者是思考自己所失去的。

厭惡感則是由一些會造成生理上或心理上不愉悅的事物所引起的，例如：像某些食物或是死屍等等。厭惡感的引起，相較於憤怒和恐懼，更有可能是植基於社會的習俗。厭惡是一種主觀的感覺，一旦有厭惡感出現，人們會傾向於遠離或避免接觸那些會導致厭惡感產生的事物。

至於罪惡感的激發，起因於個人違反了已經內化在心中的那些道德、倫理或宗教上的規範秩序。比如說外遇或偷情，會讓人產生罪惡感，同時會伴隨著困窘以及羞恥等感覺。多數人會用贖罪、補償或是為自己所犯下的不當行為尋求懲罰來消除罪惡感（Nabi, 1999）。

(一) 恐懼訴求（fear appeal）

傳播裡有關情緒的探討，恐懼訴求是最常被研究的題材。最早也是最著名的恐懼訴求的研究，是 1938 年美國哥倫比亞廣播網所播的一齣敘述美國受到火星怪物的進攻，而進入戰爭狀態的廣播劇。逼真生動的劇情讓有些閱聽人在聽到廣播之後，以為火星人馬上就要威脅他們的生命而恐慌起來，受驚嚇的聽眾或驚叫、或躲藏、或禱告、或逃到郊區。社會學者解釋聽眾歇斯底里的行為，是因為認為火星人進攻直接威脅到生命、威脅到個人所有具意義的東西，而聽眾又無力控制情形所造成的。

靈異節目以及恐怖的鬼怪影片，例如：〔大法師〕、〔十三號星期五〕、〔見鬼了〕等電影，是使用恐懼訴求最明顯的例子。面無血色的鬼

臉、血淋淋的殺人場面、突然出現在意外之處的鬼魂、突如其來的尖叫聲，不斷地驚嚇閱聽眾，陰森森的場景、低沉的音樂、女性的啜泣嘆息聲，更是讓人感到毛骨悚然。還記得我到電影院看〔七夜怪談〕的時候，當貞子從電視機爬出來那一刻，尖叫聲幾乎是同時響起，而且還有人嚇到哭出來呢！

多數的研究顯示，傳播者使用恐懼訴求，無非是希望激起閱聽人的負向情感，藉著喚起人們內在的緊張情緒，並引起內在驅力而產生說服效果，因為恐懼會增加閱聽人對訊息的注意及興趣（吳萬益、周福星、蘇良育，1997）。早期的廣告人大都相信，越具有高度恐懼的廣告，將會達成越高的訊息說服力。不過部分學者研究發現，恐懼的敘述或圖片並不一定能激發閱聽人的恐懼感，相對地，足以激發閱聽人恐懼的訊息，也不一定要包含血淋淋的圖片或是令人恐懼的敘述（O'Keefe, 1990）。

恐懼訴求與閱聽人的態度之間是什麼樣的關係呢？Hovland、Janis 與Kelley（1953）、Janis（1967）以及McGuire（1968）提出「驅力理論」（Drive Theories），認為低程度的恐懼訴求無法激發足夠的驅力促使受眾接收訊息中的建議，過高的恐懼訴求又會使受眾心生防衛而忽略或否認訊息中的威脅，只有中等程度的恐懼訴求會產生最多的態度改變，恐懼與態度改變的關係是呈「倒U字形」（Hovland, Janis, & Kelley, 1953；Janis, 1967；引自黃鈴媚，1999，頁105-106)。

Leventhal（1970）則提出「平行反應模式」（Parallel Response Model），該模型主要的論點是：當人們接觸到恐懼訴求時，會產生兩種平行反應過程。恐懼訴求會讓受眾內心產生恐懼，為了降低這種讓人不舒服的情緒，受眾會進行「恐懼控制過程」，例如：逃避、注意力渙散、否認等等非調適行為。同時受眾也被激發出欲反抗訊息中所陳述威脅的想法，而為了要執行這種控制危險的想法，受眾會進行「危險控制過程」，就是思考訊息裡所陳述的威脅與建議，以及選擇與執行反制威脅的行動。

第三個模式是Roger等人（1975, 1983）所提出的「防衛動機理論」

（protection motivation theory），主張恐懼的激起將不會對態度改變有直接的影響，但是經過對威脅程度的認知評估之後，會對態度產生間接的影響。

Witte（1992）以 Leventhal 的平行反應過程為基礎，提出了「新平行過程模式」（extended parallel process model, EPPM）。恐懼訴求會引發受眾對訊息先進行威脅評估，當訊息所描述的威脅越相關、嚴重，受眾越相信遭受威脅的可能性，因而提高受眾進行效能評估，也就是評估訊息中建議是否有效。如果提出的建議是容易、可行而且有效的時候，最後會接受訊息的建議，如果訊息裡沒有提供有效建議或是建議太困難的時候，受眾便會改由控制恐懼，透過否認、防禦性逃避或抵抗以降低恐懼感（Witte & Allen, 1996；引自黃鈴媚，1999，頁109-110）。

總而言之，Nabi（1999）曾彙整負面情緒在訊息處理與說服過程中，所扮演的認知角色（參見圖10-5）。

恐懼訴求的運用在健康宣導更是常見。比如說幾張汽車被撞得稀爛、地上留有一攤血漬或是蓋上白布的罹難者的車禍現場照片，配上「酒後不開車，開車不喝酒」的字幕，呼籲民眾不要酒後開車；用未戴安全帽的機車騎士迎面撞上疾駛而來的汽車，隨後是一顆西瓜掉到地上摔爛的場景，來提醒機車騎士要戴安全帽，就是利用威脅的手法來刺激閱聽人，讓他們產生恐懼感的典型案例。

不過，這樣的宣導卻不一定能讓閱聽人產生負面的情緒。根據黃鈴媚（1999）在所做的〈恐懼訴求與健康宣導活動：宣導訊息內容設計之研究〉中指出，一般人因為存有心理學家所謂的「不會受傷的幻覺」（illusion of invulnerability）（Perloff & Fetzer, 1986），當不幸事件發生的時候，當事人往往傾向表示不相信這種可怕的事會發生在自己身上，或是開車不繫安全帶時，怕被警察攔下來開罰單的恐懼感高於害怕出車禍。而且如果威脅的刺激來源無法與受眾的經驗產生共鳴，也會讓受眾在理解宣導訊息的時候，產生認知障礙，導致訊息失敗。因此她建議，恐懼訴求的宣導訊息如果要有效，就必須包括：

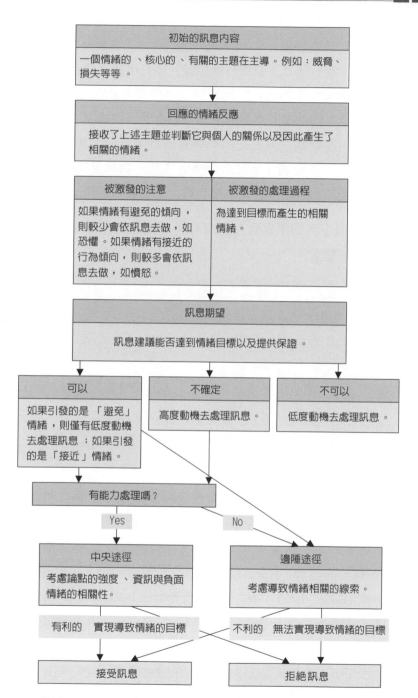

圖 10-5　負面情緒的訊息處理與態度勸服的認知模式

資料來源：Nabi, 1999: 307.

1. 包含「自覺嚴重性」、「自覺罹患率」、「自覺反應效能」、「自覺自我效能」以及「自覺行動障礙」等五項訊息要素。

2. 選擇與操作激發恐懼的刺激時，必須避免出現違背受眾日常經驗的敘述，同時還要克服受眾的「不會受傷的幻覺」。

3. 針對所提建議的效能提供科學實驗結果或個人親身經驗式證言予以支持，以提高受眾的自覺反應效能。而訊息中也應具備可以協助受眾執行避險反應的具體步驟，或相關可利用的資訊。

下面這個子宮頸抹片檢查宣導案例，就是企圖利用恐懼訴求的負面情緒來影響閱聽眾：

【「六分鐘護一生」譚艾珍母女篇】

（一連串母女兩人的生活鏡頭）

譚艾珍看著女兒：「當一個媽媽看到自己的女兒健康長大，心裡的喜悅真是沒有辦法形容。」

「我愛她，所以我更要照顧自己，因為我沒有本錢倒下去。」

譚艾珍女兒說：「我希望媽媽永遠健康。」

譚艾珍說：「關心家人愛自己，別忘了喔！要定期做子宮頸抹片檢查。」

這則宣導廣告裡的恐懼訴求，不只直接對個人的身體健康發出威脅，還激發受眾對象的「罪惡感」（宣導目標對象生病將累及家人）。根據研究指出，罪惡感會增加順從行為，也就是讓宣導目標對象採納了「洗滌罪惡」的建議（「關心家人愛自己，別忘了喔！要定期做子宮頸抹片檢查」）（Burke, 1965, 1966；引自黃鈴媚，1999，頁114-122）。

另外恐懼訴求所引起的情感效果，在廣告部分研究也多所斬獲。例如：吳萬益、周福星與蘇良育（1997）的研究發現，這種先藉由反面切入的手法來引起人們的注意與關切，激發消費者不安心理的程序，再營造理性思考氣氛以及激起消費者負向和中性的情感，比起其他的訴求方式更有優勢，同時也有助於塑造消費者對廣告的了解與評價。

(二) 媒體暴力與暴力色情

　　近年來的媒體研究發現，大部分的電視、電影、書報雜誌，甚至連運動比賽的轉播，都包含了許多暴力的內容。然而暴露在這些媒體暴力鏡頭之下，是不是會增加觀看者的攻擊行為呢？雖然許多研究無法證實兩者之間有直接因果關係，但是不少心理學者認為，暴露在媒體暴力中，如果再加上其他因素時，將可以導致明顯的攻擊行為。

　　媒體暴力和攻擊關係最有利的證據，是針對一群三年級學童所做的長期追蹤研究。研究人員先蒐集學童當時最常觀看的電視節目，接著詢問同班同學有關他們的攻擊傾向，結果發現，暴露在暴力節目越多的男孩，表現出的攻擊傾向越多。十年後，研究人員再針對同一批學童做測量，所得到的測量結果和十年前一致。

　　Zillmann（1971）以「激發移轉理論」（excitation transfer theory）來支持媒體暴力影響攻擊的結論。Zillmann 等人（1988, 1994）指出，雖然被引發的身體激發狀態會隨時間而慢慢消散，但是當人從一個情境進入到另外一個情境的時候，因為某一部分的激發狀態仍然停留在身體裡，這個時候，只要遇到一個很小的刺激，殘留的激發狀態就會激發人對刺激的反應，結果一個小小的不舒服就會變成暴怒。研究人員發現，競爭性的遊戲、激烈的運動，甚至某些類型的音樂都可能引發攻擊行為（曾華源、劉曉春譯，2000）。

　　激發移轉理論指出，當人們對自己的激發狀態一無所知的時候，就容易出現這種移轉性的影響。而當人們對殘留的激發狀態做出錯誤的歸因，認為殘留激發狀態是導致當下發生的刺激事件，也會產生激發移轉現象（曾華源、劉曉春譯，2000）。

　　除了暴力之外，色情結合暴力的畫面，在網路上或錄影帶裡，經常可見。甚至連部分漫畫裡，也都有強暴、虐待等色情暴力的鏡頭。媒體的色情暴力是否會導致強暴等攻擊行為呢？社會心理學家曾經在一個研究當中，分別要求參與者觀看有暴力的色情影片、無暴力的色情影片以及無暴

力無色情的影片，結果發現，觀看有暴力色情影片的觀看者對於強暴事件的反應冷淡，甚至出現了心理學上所謂的「減敏感效果」，也就是隨著觀看的影片增多，觀看的人對暴力的負面反應也越來越少，因而間接增強了男性從事這類暴力行為的動機（曾華源、劉曉春譯，2000）。媒體色情是否會導致強暴等暴力犯罪？雖然至今仍無定論，不過色情暴力所引發的負面情緒，卻會對閱聽眾的心理造成影響，比如說收看的時候會覺得不安、恐懼或驚嚇等，也是媒體不得不認真留意的社會責任。

(三) 悲劇電影

還記得電影〔鐵達尼號〕裡，蘿絲哭著放掉傑克的手，看著愛人沉入海底，天人永隔的場景嗎？每每看到這一幕，就感到胸口揪結在一起、眼淚快要奪眶而出，即使看了無數遍，心裡頭總是覺得很難過……

關於悲劇電影，從 Aristotle 開始，就已經多所論述，認為悲劇可以激起同情和害怕，以及具有淨化情緒的作用；或者是認為悲劇所激起的悲傷情緒是對藝術中的美的感受；Mills（1993）則認為，觀眾從悲劇電影裡感到滿足是一種同理心與美德的感受。Oliver（1993）則提出，對某些觀眾來說，感受悲傷本身就是一種享受的說法等等。

悲劇電影之所以感人肺腑，Mills（1993）認為，這和故事的敘事手法有極大的關係，因為悲劇電影裡總是有個令人感到恐懼、悲慘或者是可憐的結局，因此觀眾看了之後，就會感到很悲傷和憂鬱。而學者們在研究當中還發現，有時候看悲劇電影反而會讓人有一種滿足和享受的感覺呢！

Zillmann（1988）就指出電影當中的矛盾之處，像是一對原本善良、令人稱羨而且相愛的主角卻不幸死亡，這樣的結果除了會讓觀眾為他們可悲的命運感到不值，同時也會讓觀眾有滿足和享受的情緒經歷。

另外有專家研究指出，悲劇電影裡運用了大量的女性特質元素，比如說女性角色比較多，而且大都以浪漫關係的消失作為主要結局等等，因為與角色的社會親近性會增加觀眾的情緒反應，也就是說，觀眾會對

跟自己同性別的角色比較有社會親近性，因此女性對悲劇電影的享受程度會高於男性（Oliver, Weaver, & Sargent, 2000）。或許這可以說明每次看完淒美的悲劇電影或電視劇的時候，女性觀眾常會哭紅了雙眼，而男生卻依然神色自若的原因吧！

二、正面情緒的影響

在心理學的情緒理論中，正面情緒包括許多種情緒的內涵，如有趣、興奮、堅定、熱切、驕傲、體貼……等。然而，在傳播研究與實務操作上，正面情緒的應用則顯得單純，甚至單調許多。以下就以傳播手法常見的兩種正面情緒操作來探討。

（一）幽默訴求（humor appeal）

幽默，是一種微妙、難以界定的心理現象，也是最受歡迎的情緒。依據基本情緒理論來看，幽默是驚訝與快樂的混合體，它能在出乎意料之外又帶來快樂喜悅的感覺，而表現於外則會產生激烈的生理喚起以及笑的表情變化。關於幽默的定義，學者們有著不同的說法（參見**表10-1**）：

幽默刺激在被觀看之後，會伴隨著高度的生理喚起，而刺激當中的「遊戲氣氛」和「幽默內容」會讓我們的認知產生愉悅的解釋，知道刺激內容只是玩笑罷了，而且這些內容還可以讓人達到潛意識的滿足或提升

表10-1　幽默的參考定義舉隅

Wilson（1979）	指任何一種會使人覺得有趣或好笑的刺激。
Long & Graesser（1988）	任何有意或無意做出來的或說出來的事物，而能引發人們喜悅或好笑的感覺。
Nazareth（1988）	任何可笑或有趣的事物。
陳學志（1991）	受試者主觀上感到好笑的感覺。
Brooker（1981）	幽默是一種在訊息中包含有娛樂、矛盾、幻想和荒唐的想法，並藉此引發出受訊者的歡笑。

資料來源：摘自唐士祥，1993，頁5-6。

自我的相對尊嚴，有助於人們將生理衝動往正向、喜悅的方向解釋。另外，Zillmann（1983）則提出了「幽默的錯誤歸因理論」（misattribution theory of humor），指出當我們看到不喜歡的團體、個人或事物失敗、被貶抑或被毀滅，會有「活該」的想法，這會讓人有正向的情緒反應。這是因為在幽默刺激中，一些「無害的幽默線索」隱藏或轉移人們內疚的道德壓力。人們把心理的喜悅歸因於這些「無害的幽默線索」，而讓內在的攻擊欲望得以釋放（引自王震武等，2001，頁323-325）。

廣告當中經常運用幽默訴求來對消費者進行說服動作，無非是希望借助幽默來降低受訊者對廣告訊息的反抗，並藉由讀者對幽默產生注意而附帶將廣告訊息內容一併記住。常見的幽默廣告包括了「雙關諧語」、「笑話」、「不完全的陳述」、「行文的轉折」、「諷刺文體」、「嘲弄反語」、「鬧劇」或「失諧」等等。例如：好自在衛生棉美少女系列，從「棉片最薄」的商品切入，利用時下最流行的「白癡造句法」來包裝，企圖用最辛辣的點子和語彙，一槍擊中青少女的心（要刻薄──棉片要刻意很薄）、（我愛吸血鬼──我愛上超吸血棉片不再做膽小鬼）、（不厚道──不再跟厚的棉片打交道）。

幽默訴求會對閱聽人產生什麼樣的效果呢？有研究指出，在演講的情境裡加入幽默的例子，可以增加受試者對演講內容的回憶；文章當中加入幽默的內容，會影響讀者對文章「令人快樂」的評估。不過廣告中針對幽默訴求效果的研究，卻是呈現兩極化的現象。學者 Duncan 和 Nelson（1985）的研究指出，幽默和訊息的注意、喜愛廣告和喜愛廣告中的產品是存在正向關係。Mowen（1990）也指出幽默會增加讀者對訊息的注意力，減少對訊息的反駁而且增進訊息的可信度。相反地，Sternthal 和 Craig（1973）則認為幽默會阻礙讀者對訊息的理解，並降低訊息的可信度，而且 Wu 等人（1989）的研究也發現，幽默的效果並不持久，對不同群眾也將產生無法預期的效果。

吳萬益、周福星及蘇良育（1997）則試著從情感訴求的理論構面因素來加以分析，提出幽默訴求的廣告，其表現手法主要是強調以詼諧、

歡笑為主，藉此吸引消費者注意，進而達成最終購買目的，所以在傳遞品牌訊息方面、營造感性思考氣氛以及激起消費者正向情感上，明顯優於恐懼訴求。另外，幽默訴求在使消費者對廣告的喜愛態度方面，也高於恐懼訴求，所以在廣告的說服力上，幽默訴求可能比較容易說服消費者接受廣告訴求內容。

(二) 性訴求

　　美好或美麗的事物總是讓人賞心悅目。在廣告裡就經常看見創意人員打出性感的俊男美女牌，希望藉此來提高讀者對廣告訊息的注意。根據學者 Biswas、Olsen 和 Carlet（1992）的研究指出，廣告中主要用裸露的女（男）性、文字方面的性暗示及激情的動作來進行性訴求，又以法國的廣告使用最多。其主要的影響方式是透過視覺感受的刺激，激起閱聽眾產生正向的情緒和反應，達到感官的滿足，進而達到說服購買的目的。不過吳萬益、周福星及蘇良育（1997）的研究卻發現，雖然性訴求在感官刺激訊息的傳遞與激起閱聽眾產生正向愉悅的情緒上，明顯高於幽默和恐懼訴求，不過對閱聽眾的說服程度，卻不如幽默訴求來得有力。筆者認為可能是將具有隱私性的性訊息坦露出來，也同時會造成羞赧的輕微負面情緒；在一些性壓抑社會中，更會有這種效應產生，因此抵銷了一些它所帶來的正面效果。

三、傳播敘事結構對情感的影響

　　除了直接訴求正面或負面的情緒之外，傳播者也常利用訊息中的其他元素，企圖影響閱聽人的情緒、操弄傳播訊息中的敘事結構便是一種常見的手法。Brewer 和 Lichtenstein 在 1982 年正式提出了「結構—情感論」，強調所有的故事，都是敘事體當中具有娛樂力的次類型。他們發現故事當中，有三種產生娛樂（enjoyment）的言說結構：

1. 驚訝：驚訝情緒的安排往往是在此事件結構的開端當中，省略了最關鍵的訊息，不讓讀者知道，一直到後面才揭曉。而當讀者讀到被省略的關鍵訊息時，就會感到驚訝。

2. 懸疑：懸疑性結構通常具備一個可能引出重要結果的起始事件和結果，最重要的是中間放一些製造緊張懸疑的言說材料。

3. 好奇：好奇性的安排也是在事件開始之前隱含一個重要的內容，但是和驚訝不同的是，必須讓讀者一開始就知道文中略過了某個重要的事件，卻不知道實情爲何來引發讀者好奇。

其中，懸疑就是一種藉由即將來臨的情節產生的不確定感，它常常是焦慮所造成的，而且通常還融合了歡樂與痛苦。像閱聽人知道劇中人物正一步一步邁向危險，卻無法告訴主角，因此而感到緊張和焦慮。比如說在西部片裡，經常可以看到女主角被綁在鐵軌上，一輛火車向著鏡頭疾駛而來，緊接著是男主角騎著馬正努力的前往營救的畫面。而隨著畫面變換頻率和速度的加快，會讓觀眾也感覺到心理上的壓力和緊張。

Zillmann（1980）認爲，懸疑是一種躊躇不定的不確定狀態，或是對這不確定狀態的焦慮，以及對預期事物的興奮狀態。他從戲劇的終極本質分析，指出當劇情中所期望或所害怕的結果出現的機會是五五波的時候，不確定感最爲強烈。而包括以負面結局爲焦點、使主角限於危險當中，或威脅所喜愛主角的悲慘事件產生的一種激烈、害怕的掛慮，都可以構成懸疑的條件。

除此之外，言說結構的重組與排列，不但能引發不同情感反應程度，也和閱讀過程中的情緒起伏變化有關。像是閱讀具有懸疑結構的敘事體時，情感曲線在懸疑時會出現強烈的情緒上揚，而在讀驚訝的敘事體時，也會在主要關鍵訊息披露的時候，有明顯的情緒反應。

朱玉芬（1995）在新聞結構對情感及興趣影響的研究上也發現，新聞寫作的方式「正寶塔」和「倒寶塔」，會引發讀者不同的情緒反應。「倒寶塔」式的新聞，讀者閱讀的情緒變化是從驚訝開始，然後感到無奈

和悲泣。到第三段開始詳述經過時，讀者又產生了好奇，等到第四、第五段交代原因和背景時，又回到無奈失望的情緒。而「正寶塔」的閱讀情緒變化，則是從好奇出發，隨著當事人背景的鋪陳而讓讀者延續憤怒和無奈失望的情緒，直到結果反應的展現，讀者的情緒則變成了悲泣和無奈失望。

　　事實上這樣的研究發現，不僅有助於對閱聽人的了解，也點出了傳播的迷思。像是過去新聞寫作將「倒寶塔」式的寫作方式當作是唯一的準則，但是研究卻指出，這樣的寫作方法會讓讀者感覺上像在嚼口香糖，越嚼越失去原味，反倒是「正寶塔」式容易讓讀者漸入佳境，所以值得傳播界來參考。

第三節　情感的互動對傳播效果的影響

　　如前所述，傳播者用盡心思設計訊息，甚至運用各種不同的訴求，企圖透過激發閱聽人情緒的方式，展開攻勢，影響閱聽人。不過，閱聽人是不是肯買這筆帳，傳播者就未必敢拍胸脯保證了！因為我們的情緒是如此的多變和變化快速，可能前一分鐘我們微笑，下一分鐘我們又感到悲傷，所以情緒對傳播的影響，絕對不是只從單一情緒和單向的影響研究，例如：幽默訴求引起閱聽人愉悅的正向情緒，這麼單純敘述就能含括的。事實上，當傳播刺激發生時，閱聽人本身也應該是處於某種情緒狀態之下，不可能像空殼一般毫無情緒反應，因此，要徹底了解情緒在傳播裡所扮演的角色，閱聽人的情緒會對傳播訊息帶來什麼樣的影響，不得不注意。

　　有學者研究指出，傳播效果的發生，很有可能是受到先前情緒的影響，不一定單純是傳播訊息的功勞；同樣地，閱聽人對傳播訊息沒反應，很有可能是先前的情緒作祟，減弱了傳播的效力。例如：Miller、Wattenberg 和 Malanchuk（1986）的選舉研究發現，選民習慣使用與個人

相關的資訊評估總統候選人，而這些與個人相關的資訊又是深受情感好惡所左右，證明閱聽人的情緒確實會對傳播造成一定的影響（引自徐美苓，1995，頁58）。閱聽人的情緒與傳播所激起的情緒反應，會產生什麼樣的互動與狀態呢？Solomon 與 Corbit 在 1974 年提出了「情緒的相對歷程論」（opponent process theory of emotion），來說明情緒之間的交互作用。理論指出，人對某事件的最初情感反應，通常會引發一種相反向度的情態，將我們的情感帶回中立（neutrality）的狀態。也就是說，負面情態出現之後，緊接著會出現正面情態；反之亦然。「例如：Piliavin 等人（1982）對一千八百四十六名捐血者的研究發現，有些人有慣性捐血傾向，捐血前是焦慮和不舒服，捐血後則有滿足感」（引自徐美苓，1995，頁59-61）。

另外一個討論情態的重要論述，是 Zillmann（1971）所提出來的「激發移轉理論」。這個理論主張，經由一個事件所引發的交感神經作用，會移轉到後續的事件上。例如：恐懼可能會增加性的吸引力（Dutton & Aron, 1974；引自徐美苓，1995，頁63）。徐美苓（1995）採取了刺激移轉理論與對立過程理論，來檢視情感與新聞解讀之間的差距，以了解情感的交互作用對傳播的效果。首先研究者以情態操縱方式，將美國密西根大學二百零六位受試者隨機分成正面或負面情態組，閱讀一組能引發期待中情感狀態的新聞，接著再使受試者讀一則略負面的高顯著性或低顯著性的新聞。研究結果顯示，分派到負面情態組的受試者再接觸到負面屬性的議題新聞時，由於情感強度削弱，後側的情感強度會低於先分派至正面情態組。而從情感對立過程裡，應驗了閱聽人原始的情感狀態會對後續新聞解讀之間的情感反應產生影響。

胡紹嘉（1999）在靈異節目的研究上，也發現閱聽人情感對傳播效果的影響。他首先從國內靈異節目的始祖〔玫瑰之夜〕裡，挑出兩個內容不同，但主題相近的鬼故事作為受試者情緒前測（一個是屏東大橋上找替死鬼，另一個為九彎十八拐遇怪事），接著又讓受試者看一則車禍新聞，做情緒後測。研究發現，情緒會讓閱聽人做出偏向與情感向度相近

的資訊判斷，也就是說，閱聽人的情緒對傳播效果握有生殺大權。

另外，在 Zillmann 與 Wakshlag（1985）的犯罪節目研究上，也存在著閱聽人的情緒影響傳播效果的論點；並認為觀眾是先有害怕成為犯罪受害人的恐懼感，而這個恐懼感驅使著觀眾去觀看電視犯罪節目，而不是因為看了犯罪節目之後產生累積恐懼感，然後導致依賴節目的關係（Reith, 1999）。

當電視新聞播放 525 華航空難事件，引發了閱聽人的悲傷情緒，如果接下來播出的是引人發笑的廣告或綜藝節目，會造成閱聽人什麼樣的反應呢？是不滿還是愉悅的情緒呢？Goldberg 和 Gorn（1987）研究快樂和悲傷的節目對情感訴求、資訊訴求廣告的影響，發現看快樂節目的廣告效果大於悲傷節目，且回想比較多。而在節目廣告的交互作用下，節目效果在情感訴求會比資訊訴求來得顯著。Aylesworth 和 MacKenzie（1998）在受試者觀看的電影片段中穿插廣告，也發現影片所引起的負面心情對於廣告有負面的認知，而正面心情則有較正面的認知。

現象萬花筒

小心性奮過度！

高收視率等於高的廣告效果嗎？

近年來國內媒體掀起一股腥羶風，暴力、色情等「重口味」的題材不斷暴露在觀眾面前。對於歪風日盛，媒體工作人員常把責任推到閱聽人身上，認為唯有迎合觀眾嗜血的心態，才能有高的收視率，也才能爭取廣告來源。不過，美國愛荷華州立大學所公布的一項研究報告指出，含有強烈的情色或暴力內容的電影或是電視節

情色、暴力節目 削弱廣告效果

歷歷畫面暗移電視觀眾注意力 廣告內容易被遺忘

目，會阻礙觀眾對穿插其中的廣告內容記憶。其中又以廣告主最愛的十八至二十五歲消費主力群的觀眾，最容易忘記廣告內容。

研究人員推論，可能是情色節目讓觀眾腦中充斥節目的性愛內容，轉移了觀眾的注意力，也可能是節目改變觀眾情緒或挑起性欲，導致觀眾對廣告的反應能力降低。

這項研究正好給廣告主和節目製作人員一項警告，情色或暴力固然容易吸引閱聽人注意，但是卻可能得不到想要的效果，反而會嚇跑觀眾呢！

資料來源：《自由時報》，2000/6/18。

一般而言，電視所呈現的情緒比報紙多，可從兩方面來看：從媒介技術層面特性來看，電視的特性易造成情緒反應，從社會文化理論來看，由於電視新聞獨特的說故事播報方式，使得傳遞的情緒多於資訊。例如：911 恐怖攻擊事件的電視與報紙新聞間的研究，發現電視新聞比較能夠引起觀眾的負面情緒反應，而這些情緒反應又加強日後收看電視新聞的行為。

動機、情緒與人們之間的糾葛，從心理學上多到數不清的研究來看，就可以知道其複雜程度。然而相較於心理學投入的心力，傳播領域裡有關動機與情緒的研究則稍嫌不足，以至於無法和心理學完整扣連。就以情緒來說，目前台灣在交互作用的研究方面，尚有不足之處。像是有線電視裡，經常可以看到第四台業者任意在節目裡插播廣告，這樣的行徑是否會導致閱聽人不願意收看接檔的電視節目？或是內容枯燥、訊號品質不佳或讓觀眾覺得不舒服的電視節目，是否會影響觀眾收看廣告，以及之間情緒的變化等等，都是值得傳播領域在未來做更進一步的研究。

關鍵詞

情緒輪　emotion wheel

James-Lang 情緒理論　James-Lang theory

臉部表情回饋假設　Facial feedback hypothesis

Cannon-Bard 情緒理論　Cannon-Bard theory

情緒雙因素論　two-factor theory of emotion

心情一致的判斷效果　mood-congruent judgment effect

恐懼訴求　fear appeal

防衛動機理論　protection motivation theory

新平行過程模式　extended parallel process model, EPPM

不會受傷的幻覺　illusion of invulnerability

激發移轉理論　excitation transfer theory

幽默訴求　humor appeal

幽默的錯誤歸因理論　misattribution theory of humor

情緒的相對歷程論　opponent process theory of emotion

第三部分　大眾傳播效果

第十一章

無遠弗屆的魅力——媒介效果導論

- 前　言
- 第一節　媒介效果研究的軌跡
- 第二節　媒介效果的分類
- 第三節　影響媒介效果的閱聽人活動
- 結　語

前　言

才與一群好友共度了一個美好的山林民宿之旅，除了身心放鬆之外，也體驗台灣山林之美。規劃這趟山林民宿之旅，吳小姐靠的全是多年以來養成的好習慣——剪報。對有心人來說，再冷僻的版面、乏人問津的節目，也一定有「死忠派」的閱聽大眾。但是對漫不經心的閱聽大眾，再精美的訊息設計，恐怕也難逃被「過目即忘」的命運。曾有人以為，媒體的力量是無遠弗屆的，真的是如此嗎？

媒體效果一直是傳播研究不可或缺的議題，試想，如果媒體的傳播沒有效果，那麼整個傳播領域，不管是學術界或實務界，便無存在的意義了。所幸，媒體從未失去魅力，只是其帶給閱聽人的影響有時大而遠，有時小而微，因此傳播的學術研究中「媒介效果」（media effects）此一研究議題可用「歷久不衰」與「汗牛充棟」來形容。

第一節　媒介效果研究的軌跡

要探討媒介效果的研究之前，對「人性」的基本假定是不能略過的。長久以來，許多媒介效果的理論研究背後，似乎都存在著某種對人性的認定。從 Aristotle 的年代至今，媒介效果研究的人性觀大致上可分為下列兩種：

1. 被動的人性觀認為人是被動且幾近機械似地受環境控制，這種人性假設亦可說是「行為主義的」（behavioristic），意即人類的所有行為都會對環境產生某種影響，而此影響會倒轉過來再影響人類的行為。在這種人性觀點下，研究者對媒介效果的假定（assumption）是直接、巨大且普及的。

2. 主動的人性觀強調人本身的功能性，相信人會主動地處理資訊，而不是被動地照單全收。這種觀點也可以稱之爲「功能主義的」（functionalist），意即社會是由一個又一個的系統（單元）組織起來的，每一個系統都有其功能性，互相牽引，形成社會的運作，即牽一髮而動全身。在此人性觀點下，媒介效果被視爲是有限的（limited），因此在研究時比較重視影響媒介效果的人的相關因素。

在這兩種人性觀的辯證下，回顧長達一世紀的媒介效果研究，可以發現其中經歷了四種典範（paradigms）的轉移。

一、行爲論

此媒介效果研究的典範，出現於二十世紀初至二次大戰之間，與心理學的行爲學派幾乎同時並進。

行爲論的媒介效果研究認爲，人是脆弱且易受環境支配的，與環境互動時，人常常如機械般地被操縱著，人類的行爲基本上是被外在刺激與內在刺激所構成的。因此，在面對負面訊息時，閱聽人會不假思索地表現出負向的行爲方式，簡言之，邪惡會導致邪惡，因此媒介的效果無遠弗屆地（all-powerful）凌駕於「無知的閱聽人」之上。

在本書的導論中提到，心理學的研究模式整體而言是強調「S-O-R」，行爲論的媒介效果則側重於「S-R」模式的研究，前者主張人類行爲是外在刺激加上個人反應的綜合結果，而後者則僅僅強調外部環境條件對行爲的制約性，忽略人類意識的作用。在行爲論的研究模式下，人本身的地位是被忽略的，閱聽人僅僅被當成「接受者」（receiver），至於人本身的諸多條件、特質與狀態是不被考慮的。此時，媒介效果研究是以媒介訊息（message）爲刺激（S），旨在探究閱聽人在接受媒介訊息後的反應，這些研究多堅信，媒介具有強大無比的「說服力」，閱聽大衆則是十分脆弱而毫無抵抗力的，因此只要媒介訊息一經發出，便會被全盤接

收，如同行為論所強調的「有刺激就有反應」般立即而直接。這類的媒介效果亦被稱為是媒介「大效果」（powerful effects）的研究典範。

二、有限效果論

約莫在二次世界大戰之後到 1970 年代之間，心理學及傳播研究對於「S-R」行為論所以為的直線式（linear）效果論感到懷疑。於是心理學界開始對人內在的機制——「認知」，進行探索[1]。

除此之外，傳播研究亦導入社會學家 Blumler 的符號互動論[2]（symbolic-interactionism）、Parsons 的社會行動理論[3]（social action theories）與 Merton 的結構功能理論[4]（structural function theories）等思維，而提出「多級傳播流程」（multi-step information flow）、「使用與滿足」（Use-gratification）……等多項與傳播效果有關的理論。Klapper（1960）在其專書中正式提出傳播的有限效果論的說法，認為媒介訊息內容並不是促成媒介效果的唯一因素，閱聽人本身的一些狀態與條件，例如：閱聽人的選擇性行為、社會結構、所從屬的社會範疇以及外在情境的影響等等，在在皆是媒介效果重要的影響因素。

在有限效果論的研究典範下，閱聽人的心思與意志極被看重，研究

---

[1]Simon 與 Miller 對思考（thought）的研究，Chomsky 對語言學（linguistics）的研究，都被視為是認知革命（cognitive revolution）的基礎。

[2]符號互動論主張，人們不是單獨地對事實做反應，而是將所有可及的訊息，包括經驗、知識等，一起納入闡釋事實的過程中，以便使得周遭的世界有意義。而人們的行為即是根據這些意義來產生的。

[3]Parsons 主張科學知識觀念的產生是透過篩選（selection）和分類（categorization）。我們所知的社會之所以有可能，乃是透過觀念，經由觀念引導經驗，使經驗成為有意義的類屬，而經驗必須建立在社會控制的範疇內，這種社會控制的根源就是道德的力量（王守昌，1996）。

[4]結構功能論主張，社會是一個穩定、和諧、統整與調適的結構體，而這個有機體有賴社會職業階層的細部分工以及及社會道德規範的建立。

著重於閱聽人如何獲得媒體資訊，並且如何處理（processing）訊息，以建構出行動的意義。

Emmers-Sommer 和 Allen（1999）曾綜合分析傳播界著名的期刊《人類傳播研究》（*Human Communication Research,* HCR）二十五年來刊登過的論文主題，研究結果便可呼應上述的研究現象，他們發現在 1970 年代，《人類傳播研究》中媒介效果的研究集中在政治與兒童兩類的議題上，但這兩類的議題在研究方法上卻有個共通點，那就是將重心放在研究閱聽人觀看電視的認知歷程（cognitive processing）上，此現象顯示出傳播效果研究典範已由「大效果」轉移為重視閱聽人內在歷程的「有限效果」典範。

三、直接效果論

雖然有限效果論的觀點快速地在傳播研究的學術界蔓延，但是心理學者 Bandura 於 1970 年代末期做了一系列的媒介效果研究，似乎得到一個相反的結果。Bandura（1977）發現兒童在觀看暴力攻擊的節目之後，會仿效（imitation）節目中的攻擊行為，因此他主張，電視節目當中的暴力角色與行為，是兒童替代學習的對象，若在現實生活中遭遇相似情境，兒童即可能會模仿相同的暴力行為。此後許多研究亦一致支持此論點，因此在 1970 年代之後，媒介的直接效果論又高唱入雲霄了。

直接效果論或稱社會學習理論（social learning theory）下的人性觀似乎又擺盪回被動觀點。閱聽人在媒介訊息之前只是一個觀看者、接收者，透過模仿的機制，單純地反映出媒介訊息對閱聽人本身的影響。這種研究觀點，掀起 1970 年一系列「兒童與電視」的研究，也將電視對閱聽人的負面影響，充分地揭露出來。

四、訊息處理理論

　　儘管直接效果論或社會學習理論於 1970 年代極受重視，也曾蔚爲一股研究風潮，但是這個近似於行爲論的媒介效果研究典範，與行爲論一樣，能夠讓人們看到媒介的效果在閱聽人行爲面上的明顯影響，但卻無法解決「如何」（how）與「爲何」（why）的問題，因此傳播研究界在 1980 年代以後亦隨著科學界對認知科學的探索，形成一股較成熟的「訊息處理」（information processing）的媒介效果研究典範。

　　訊息處理理論強調，人類的學習行爲是經由訊息輸入、編碼儲存與檢索取用等一連串的心理歷程（王文科譯，1991；葉重新，2004）。此歷程可簡單表示如下：

　　訊息處理的心理歷程起於環境的刺激，不過並非所有的刺激都將被個體當作訊息做全程的處理，許多刺激早在感官收錄[5]（sensory register）的階段即已被遺忘。若個體之感官決定處理刺激，便會將該刺激編碼並輸入至短期—運作記憶區（shot-term-working memory）。短期—運作記憶區的功能主要有兩個：(1)對刺激做出快速且適當的反應；(2)對刺激進行理解，而後進行計劃、執行與驗算工作。然後即是自我監控與調整的工作，最後則是將處理過後的訊息存入長期記憶區（long-term memory）。若個體決定對刺激做出反應，則將短期—運作記憶區以及長期記憶區中的訊息解碼（decoding）後輸出，以作爲反應的主要依據。

---

[5] 指個體憑藉視、聽、嗅、味等感覺器官感應到外界刺激時，所引起的短暫記憶。

現象萬花筒

揉合被動與主動人性觀的語言遊戲「廣告現象」[6]

◆某手機廣告如是說：

　　（手機聲響起）：鈴……鈴……

　　（手機聲響起）：鈴……鈴……

　　女主角：喂，我跟你說喔，這個月……沒來耶。

　　男主角（驚訝狀）：這……這個月沒來？……怎麼會呢？

　　女主角：下個月也不會來了。

　　男主角：以後也……

　　男配角：他，他昏倒了耶！

　　男配角（對車上眾人說）：她說她買了「輕鬆打大哥大儲值卡」，月租費帳單這個月沒有來……下個月也不會來……以後也都不會來了……

◆我的朋友某日也對我說：

　　我的薪水單……

　　這個月沒來……

　　下個月也不會來……

　　以後也不會來了……（意指他「失業」了）

　　這個閱聽人似乎是移植了廣告的語言，但卻不是機械式的重複，而是加入了閱聽人自己的理解與應用，這種現象該歸類於哪一種人性觀之下？看來，被動論與主動論的論戰早已被各種形式的媒介效果消弭於無形了。

---

[6] 此廣告的例子是參考劉慧雯（2001）。〈電視廣告「效果」再論：語言遊戲的觀點〉。《新聞學研究》，66 期，頁 110-115 。

第二節　媒介效果的分類

在歷經一世紀以來，媒介效果的研究經過各種不同研究典範的衝擊和擴充，媒介效果的測量範圍實不易界定，有學者從單面向的短期／長期效果界分媒介效果為個人效果（individual outcomes）（McQuail, 1994），亦有學者認為應從多面向的角度來描述媒介效果的概念（McLeod, Kosicki & Pan, 1991），在這些媒介效果的界分論述中，McLeod 和 Reeves（1980）認為媒介效果的概念背後，隱含著許多複雜的情況，例如：到底「誰」（who）在被影響？「什麼」（what）被改變了？影響是「如何」（how）發生的？以及影響「何時」（when）發生作用？等問題，皆是研究媒介效果所必須思考的基本問題，因此主張以五個面向來探討媒介效果，算是較多元且完整的分類，如此分類可以幫助我們從更多不同的角度來探討媒介效果，因此本章擬以此五大面向為架構，輔以一些研究的例子，來論述媒介效果的分類。

一、微視（micro）／鉅視（macro）觀點

大部分實驗性的媒介效果研究皆鎖定在閱聽人的個人層次（individual level），關心閱聽人個人會如何受媒體影響，此即所謂的微視觀點。例如：孫東顯（1994）研究電視暴力訊息對青少年暴力行為的影響，他指出，出現暴力行為的青少年在電視使用頻率與時數上的確高過一般青少年，如週一至週五，暴力青少年每日收看電視的時數多集中在二至四小時，而大部分一般青少年只收看兩小時以下。

鉅視觀點的研究焦點則在於關心社會整體或某個族群如何受媒體影響，例如：黃如伶（1995）針對愛滋病知識、相關態度與傳播行為進行研究發現，以報紙為獲得資訊的主要管道者，其愛滋病知識比以電視為主要管道者正確，而愛滋病資訊接收管道越多者，其愛滋病知識越豐

富；此外，教育程度高者以及對同性戀的態度越正向者，其愛滋病知識亦越豐富。

二、直接的／條件化的（conditional）改變

許多媒介效果的研究常常必須假定，透過媒體的傳播能帶來直接、立即的改變，因此研究著重觀察閱聽人因媒介的影響而產生了什麼變化。但是，事實上，有許多媒介的影響並不是即刻可見的，甚至有些影響必須在某些條件下才能表現出來，例如：議題設定的效果[7]產生作用的前提是，閱聽人是以媒體為資訊的主要來源，也就是大量的媒介暴露（media exposure）是議題設定效果的條件化變數。此時研究這些條件化的變數的重要性便相對提升了。舉例來說，韓智先（2000）的研究便發現，網路討論區確實具有議題設定的效果，然而不同年齡、不同媒介使用量、不同人際傳播行為以及對議題持不同立場的使用者，其議題設定效果皆不盡相同。

三、特定內容的／一般擴散性的影響

媒介效果的影響力一般人較容易著眼於一對一的影響關係，例如：研究看攻擊影片對攻擊行為的影響（Zillmann, 1971）。但是許多媒體的影響並不一定可以找到如此整齊畫一的影響方式，媒體長期傳播的效果常常累積成非一對一的效果，此處稱之為一般擴散性效果（diffuse-general effect），涵化效果（cultivation effect）方面的研究即是絕佳的例子，例如：李孟崇（2003）的研究顯示，色情網站的涵化效果除了取決於個人的資訊接觸量以及在現實生活中的社會認知，人際互動在其中也扮演著重要角色。

---

[7]議題設定效果（agenda-setting effect）意指「媒體會設定閱聽人該想什麼、討論什麼」（Cohen, 1963: McCombs & Shaw, 1972）。

四、認知／態度／行為的改變

　　如果要區分出媒介效果的主流研究，那是非態度（attitude）的研究莫屬了，甚至態度的研究幾乎貫穿了整個媒介效果的研究史。但是，早期在這類研究中存在著一個少被注意與質疑的邏輯，那就是媒介內容會改變閱聽人的認知，認知的改變會帶來態度的改變，而態度的改變自然會帶動行為的變化。但是這種想當然爾的連帶關係，到了 1970 年代左右，逐漸顯出認知、態度與行為三者之間並不一定有正向的因果關係，尤其是社會心理學的許多相關研究提供給媒介效果研究領域，對認知、態度與行為之間的關聯性有更清楚的理解，本書也將於下一章專章討論與態度有關的傳播效果。

五、改變／維持

　　一般人在探究媒介效果時，比較傾向去觀察閱聽人到底改變了什麼。例如：究竟是態度改變了、認知改變了或行為發生了變化？此即所謂的改變性的效果研究。但是，有許多媒介效果是著重在如何使閱聽人維持現狀，例如：在 1950 年代相當重視研究媒體暴露如何強化先前已有的態度，以及而後對政治立場或消費行為的忠誠度（loyalty）研究，便是著重不變與穩定更甚於研究改變。張淑綺（2000）在研究中同時發現了媒介建構與強化的功能，她指出，媒介中的青少年形象通常可以分為「問題青少年」與「非問題青少年」兩類，其中負面的「青少年＝問題青少年」形象可說是媒介報導的主流，而後此種連結便逐漸成為社會大眾對青少年的刻板印象；而此類型報導的一再出現，便不斷強化與再現了社會對青少年的主流價值判斷，無疑窄化與遮蔽了青少年的真實面貌。

　　熟知上述五個媒介效果的分類面向，我們可以得知，媒介效果的概念是相當複雜的，它可以是個人的／直接的／行為的／改變，也可以是整體社會的／一般擴散性的／認知的／維持，面向與面向間不同的組合

搭配，可以變化出許多不同形式的媒介效果。此外，這五個面向的媒體效果分類，亦無法窮盡，例如：McLeod 和 Reeves（1980）在文章中亦提及，若以學習經驗的新奇與否來看，便很適合用累積／非累積的面向來界分媒介效果。

現象萬花筒

情色、暴力節目削弱廣告效果

腥羶畫面轉移電視觀眾注意力　廣告內容易被遺忘

【編譯陳宜君／綜合報導】美國愛荷華州立大學研究人員16日於《應用心理學期刊》發表的最新研究報告指出，含有強烈情色或暴力內容的電影或電視節目，會阻礙觀眾對穿插其中的廣告內容的記憶。

值得注意的是，廣告商認為最容易接受的各類商品、節目製作單位最希望爭取的十八至二十五歲年齡層觀眾，正是最容易受情色、暴力節目影響而忘記廣告內容的族群。

研究人員將年齡介於十八至五十四歲間的一百六十二位女性受測者，隨機分為三組，分別觀賞暴力、色情，以及不含此兩類內容的中性節目，並在每組的節目中穿插相同的九則一般消費品廣告。

受測者看完節目後，接受另一項測驗，一口氣收看稍早看過的廣告影片，但其中有三則是假廣告，以測試受測者能否認出廣告商品。測試結果發現，收看情色與暴力節目者記得的廣告內容，是中性節目組的三分之一。受測者第二天再度接受測驗，結果暴力與色情節目組對廣告商品的記憶，僅及中性節目的四成。

研究人員推論，可能是情色節目讓觀眾腦中充滿節目的性愛內容，而非廣告，亦即節目內容轉移了觀眾的注意力；另外，也可能是節目改變觀眾的情緒，或挑起其性欲，導致觀眾對廣告的反應能力降低。

　　不過，加拿大多倫多大學的專家傅雷德曼質疑前述推論，表示任何節目內容都能分散觀眾對廣告的注意。美國加州大學洛杉磯分校的傳播心理學教授馬拉穆斯也指出，性和暴力會吸引人類注意力，早已眾所周知，這也就是廣告主經常利用情色影像促銷商品的原因；如果廣告和節目內容調性一致，觀眾的注意力或許就不會轉移。

資料來源：《自由時報》，2002/6/18。

🔭 第三節　影響媒介效果的閱聽人活動

　　雖然主動性與被動性的人性觀在媒介效果的研究中，各有地位，其影響力也在研究軌跡上互有消長，但閱聽人之主動性在媒介效果的研究中，仍是不容忽視的特性與現象。因此，在探討媒介效果時，閱聽人本身的活動如何影響媒介效果，便不能不正視且加以論述了。

　　早在 1964 年，Bauer 便呼籲傳播研究者不能忽略閱聽人的主動性，他認為閱聽人會主動獲取想要的資訊而逃避他們所不要的資訊，閱聽人其實是頑固的（obstinate），而其頑固的行徑對媒介效果而言，有些時候有助長的作用，有些時候則有抑制的作用。也就是說，在使用媒體之前，必定有一需求推動閱聽人的使用動機，然後，他會主動尋找媒體，藉著媒體暴露而使需求得到滿足，因此傳播過程發生與否，以及媒介效果的影響層面，主要決定於閱聽人（Lundberg & Hulten, 1968；引自翁秀琪，2001）。

　　Kim 和 Rubin（1997）曾在研究閱聽人在接收媒體訊息的同時，哪些活動會影響媒介效果，研究結果便進一步將閱聽人的活動分成兩大類：

一、助長媒介效果的閱聽人活動

媒介的訊息對閱聽人要產生效果，其實是取決於閱聽人的決定，且受到閱聽人的個人目標、動機與期望的影響（Ball-Rokeach, Rokeach & Grube, 1984）。因此有許多閱聽人的活動，對媒介效果具有加乘的助長效果，這些助長性的活動至少有三：

(一) 選擇性（selectivity）

閱聽人對媒介訊息是有選擇性的，是一種對各種媒體內容的非隨機式選擇；換句話說，是刻意的選擇，而不是隨機的偶然。而這種刻意選擇會發生在接收媒介訊息之前（before）、接收媒介訊息之時（during）與接收媒介訊息之後（after）（Ball-Rokeach et al., 1984）。

• 在接收媒介訊息之前

閱聽人的選擇性首先表現在「選擇性的暴露」（selective exposure）上，亦即閱聽人會刻意地選擇自己想要或需要的媒介訊息。另外，根據Festinger（1957）的認知失調理論所述，人們大都傾向接觸與己身既存立場一致的訊息，而去避免接觸立場不一致的訊息，以便維持個人認知的穩定狀態（Sternberg, 1998）。

有鑑於「暴露」乃是媒介效果發生的必要前提，因此，選擇性暴露可視為閱聽人助長活動的首要關鍵。

• 在接收媒介訊息之時

閱聽人一旦暴露於某訊息之下，選擇性的作用仍會持續地發揮其影響力，其中經常被納入研究的不外是選擇性的注意（selective attention）與選擇性的知覺（selective perception）了。此乃意指人們會選擇性地注意與知覺自己同意或與自己立場一致的訊息，並且忽略自己不同意的訊息內容，有許多社會心理學方面的研究皆有類似的發現：選民相信自己喜歡的候選人會贏得電視辯論，並且選民會不自主地擴大自己與支持的

候選人之間的相似性。

• 在接受媒介訊息之後

閱聽人在接受訊息之後，其選擇性會表現在媒體的使用（media use）上，也就是閱聽人會繼續選擇使用經驗較滿足的媒體，而形成下一個選擇性的暴露。

(二) 注意力 (attention)

這裡所謂的注意力是指，一個人在接受訊息時所付出的認知努力（cognitive effort）程度，也可定義爲，把意識指引向由感官接收回來的信息的過程。其實在任何一瞬間，感官都會接收到來自外界各種不同的刺激，如果我們可以對這些刺激全不理會，自然就不會知覺到它們的存在，因爲我們只能經驗或感受到我們所注意的事物。然而，如果閱聽人的注意力提升，代表著其認知與投入的程度增加，媒介效果自然增強了。因此閱聽人對媒介訊息所投注的注意力，便成爲助長媒介效果的有利條件了。

但閱聽人的注意力程度，受其偏好與興趣影響，例如：心理學中有個很傳統的研究便發現，即使幼小如初生嬰兒，其視覺的注意力仍偏好注視人臉（參見圖11-1），何況是更成長成熟的個體，人們要不受偏好影響是很困難的。

國內向來過度重視的政治新聞，有許多學者的研究一致發現，對某公共事務議題的注意程度與政治參與會對候選人的支持傾向產生正面的影響力（錢玉芬、傅豐玲、盧恩慈，2000）。

(三) 投入 (involvement)

有些學者定義，投入是指對某媒介訊息感到重要並參與其中的一種被激發的狀態，亦即訊息所引起的喚醒或興趣的程度，包括了注意程度與訊息處理方式（Mitchell, 1981; Greenwald & Leavitt, 1984; Zaichkowsky, 1986）。若以活動的角度來看，投入可以區分爲感情性的投入與認知性的

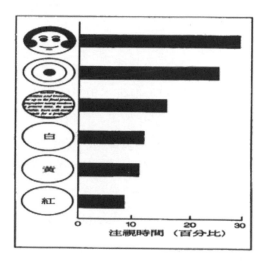

圖11-1　新生嬰兒對形狀的偏好

資料來源：Fantz, 1961 ；引自張春興，1991 ，頁156 。

投入。相關研究發現：

1. 感情性投入的閱聽人會配合媒體宣傳，並且付諸實際的行動（Bryant & Comisky, 1978），例如：參加演唱會、歌友會或示威遊行等，加入這些活動正表達了閱聽人在感情上的認同。

2. 認知性投入的閱聽人則擁有較多的相關知識（Shoemaker, Schooler, & Danielson, 1989），並且對相關的訊息也會有較多認知性的推敲。例如：某候選人的支持者會記得較多此候選人的軼事及選舉的事。

不管是情感性投入抑或認知性投入，投入的活動大大地提高了閱聽人被媒體訊息影響的可能性。不過對廣告主而言，閱聽人的投入程度並非越高越有利，張愛琪（2004）的研究便發現，節目涉入程度對目標廣告再認及廣告態度的影響的確有顯著差異，不過當受測者的節目涉入程度為中度時，相對於節目涉入程度較高或較低者，目標廣告再認與態度皆顯著提高。

二、抑制活動

閱聽人的主動性除了表現在選擇性、注意力及投入等心智活動上之外，有許多的研究亦發現，閱聽人還可以用消極的方式來拒絕媒介訊息的影響，這些消極的方式，使得媒介效果大打折扣，此即爲抑制活動。

爲何閱聽人要採取抑制活動來減弱媒體的影響力呢？Klapper（1960）認爲，當閱聽人已有個人偏好、預存立場、特定的社會類別歸屬或已遵從某團體規範時，傳播者便很難去影響他們。多年來，有許多研究紛紛探討閱聽人抑制傳播效果的活動，這些被研究過的抑制活動至少有三類：

(一) 逃避（avoidance）

閱聽人會因爲其政黨立場、預期或興趣而逃避某些媒體訊息。政治議題尤爲明顯，每到了選舉時期，閱聽人只接受與自己立場一致的候選人的訊息，對於立場對立的候選人的相關訊息會快速逃開或充耳不聞。Wenner（1983）也研究發現，觀眾在晚間看電視時，常會避開政治新聞而去選擇能放鬆、娛樂的電視節目。

此外，廣告訊息也很容易引起閱聽人採取逃避的行動，例如：看電視時，閱聽人遇廣告常會轉台，起身離開或與親友聊天；閱讀報紙或雜誌時，則常常直接略過廣告訊息。曾鼎祥（2000）透過研究發現，不同市場區隔的消費者在電視、廣播、報紙及雜誌等四大傳統媒體的使用上，會出現不同程度的廣告規避行爲[8]（advertising avoidance）。此外，研究並顯示，閱聽人的廣告規避行爲與對廣告的態度與廣告壅塞的知覺[9]有關。

---

[8] 電視觀眾在廣告時段的規避行爲，大致可分爲認知的（cognitive）、行爲的（behavior）和機械的（mechanical）等三種方式，除了最常見的轉換頻道之外（機械策略），廣告迴避行爲還包括了忽略廣告（認知策略）、閱讀書報以及離開座位（行爲策略）等。

[9] 電視觀眾主觀地認定廣告數量過多，廣告干擾了節目搜尋或廣告中斷了節目收視。

(二) 分心 (distraction)

對於不是自己眞正想要的媒介訊息，閱聽人有時也會以分心的活動來減弱媒介效果，分心的活動是指在接受訊息時，亦同時從事一些完全無關的行爲，如吃東西、聊天，甚至是想別的事情。有許多的研究指出，分心會減低閱聽人對訊息的知曉 (awareness)、注意 (attention)、了解 (comprehension)、回憶程度 (recall) 及態度的改變 (attitude change) (Rubin & Perse, 1987; Buller, 1986; Levy & Windahl, 1984)。

(三) 懷疑 (media skepticism)

懷疑是閱聽人不信任媒體內容。研究發現閱聽人懷疑媒體的策略，包括判斷這些訊息不重要 (Wober & Gunter, 1988)，或對其眞實性打折扣 (Cozzens & Contractor, 1987)，甚至不信任媒體訊息 (Blumler & McQuail, 1969)。透過這些懷疑的心智活動，媒介訊息的效果便很難影響閱聽人。此外，媒介屬性亦會影響其內容的可信度，例如：葛健生 (1991) 研究表示，閱聽眾普遍認爲電視新聞的可信度高於報紙，舉凡在正確性、客觀、誠實、專業、說服力強、有權威性以及值得信賴等指標上，電視新聞皆優於報紙新聞。這種閱聽人主觀的認定是很難以客觀的數據加以影響推翻的。

結 語

人們對於傳播效果的研究經歷了半個多世紀的歷程，從傳播萬能論到有限效果論，後來又由兩級傳播模式發展成多級傳播模式。傳播效果理論的演變告訴我們，大眾傳播媒介固然能夠改變閱聽人原有的態度或觀念，但其效果並不能無限上綱，因爲閱聽人具有主動性，他們對資訊的注意、理解和記憶都是有選擇的。

在研究主題上，傳統中有關媒介效果的研究，多將焦點擺放在電視媒體的收視行為，例如：電視暴力對兒童的影響。然而隨著網際網路的發展與普及，閱聽人的媒介使用習慣逐漸從客廳轉移到了臥房，使用時間也從特定時段延伸至全天候，網路的即時性、互動性以及消弭時空距離的特質，拓展了新媒介的傳播能力與滲透力，隨之而來引起關注的，除了新科技帶來的高效率與便利性，便是不正確的使用方式對閱聽人可能造成的戕害，例如：網路成癮、網路疏離症等。

由此可知，在過去，效果研究多著重於媒介影響力的存在與否以及影響程度高低的探討，然而在資訊科技快速成長的今日社會，閱聽人對於新科技的應用與依賴，以及新媒介在人類生活中的穿透與滲透，可能才是今後效果研究應當關注的焦點。

現象萬花筒

大學生對手機過度依賴難以自拔

83% 自認生活離不開手機、網路

每隔幾分鐘便瞄一下有無來電

【記者賴至巧／專題報導】調查指出，83% 大學生自認生活已離不開手機或網路；74% 大學生甚至認為科技產品已主宰了自己的生活，還有63% 肯定「科技被神化，人被工具化」的說法，這些答案說明：現代大學生過度依賴資訊產品，已到了難以自拔的地步。除了手機和電腦，大學生倚賴的資訊產品，還包括數位相機、隨身碟、MP3，而近半的學生都擁有數位相機。

根據學生媒體《文化一周》今年5月以問卷調查北區各公私立大學一千二百名大學生，發現今日大學生幾乎人手一機 (99.2%)，影響所及，走到哪裡，一心都在留意是否有來電，唯恐錯過了任何來電；65.3% 受訪學

生承認，他們會一直注意是否有未接來電，57.4%甚至手機一離身便感到惶恐不安；而73%學生甚至表示，自從手機普及後，早已沒有背電話號碼的習慣，一旦手機故障或遺失，簡直比世界末日還慘。

有近四成學生會反覆看自己電腦上是否有新郵件，72%則不斷注意通訊軟體中有誰正在上線。學生也對手機品牌瞭若指掌，NOKIA公認最耐摔，Motorola最便宜。多數學生持有一支手機，但也有近兩成學生擁有兩支以上。錢從哪來？僅26%受訪學生會省吃儉用，為的是存錢買手機，因為59%受訪學生承認金錢來源靠父母。不過，有學生認為兩支手機是為了省錢，政大學生方崇宇便自稱是精打細算一族，他申辦兩支手機，一支專門接收，一支PHS專門撥打，這樣費用就省了不少。

國立台北師範學院學生小由沒事就「掛網」，每日幾乎起床後就坐在電腦前，回到家第一件事也是開機，用電腦的時間遠超過看電視的時間。她說，除了找報告資料或與朋友通信聊天，就愛在BBS站東看西看、分享生活。也因此，她練就了一身「快打功夫」，打字速度飛快，根本懶得講電話，直接傳簡訊給同學，又簡單又省錢。

「如果電腦開著，卻連不上網路，那種感覺比沒有電腦還焦慮！」文化大學新聞系小甜說，只要開著電腦，自己就很難離開網路；她不但為信箱設定五分鐘自動收信，連msn都要開著，方便朋友留言，一旦聽到喇叭發出「叮咚」訊息，她就衝回電腦前，看看是誰丟進來訊息。

然而，當這種對資訊產品的依賴已到沉迷地步時，也有家長不得不求助醫師。台安醫院心身醫學科醫師許正典指出，這些大學生對手機、電腦過度依賴，正是現代人資訊焦慮症的表現；有些人資訊焦慮固然由於工作需要，但大學生多基於社交需求，三不五時就注意電子郵件來函和簡訊，唯恐資訊來源消失，便陷入極度焦慮中。所幸，大學生較多自由，也較能自制，因此成癮到需要治療地步的仍然有限。

讓許正典擔心的，反而是網路成癮求診的以十二至十八歲青少年居多，且這類個案有越來越多趨勢；「不少青少年是在父母強力要求和陪同

下才就診；他們的共同特徵都是學業突然退步、用餐習慣改變、人際關係出問題和生活習慣改變，有些則是大量冒出痘痘、失眠、注意力無法集中，這些都可能是網路成癮症狀。

資料來源：《民生報》，2004/7/15。

關鍵詞

媒介效果　media effects

大效果　powerful effects

認知歷程　cognitive processing

訊息處理　information processing

感官收錄　sensory register

短期—運作記憶　shot-term-working memory

長期記憶　long-term memory

個人效果　individual outcomes

媒介暴露　media exposure

一般擴散性效果　diffuse-general effect

涵化效果　cultivation effect

選擇性的暴露　selective exposure

選擇性的注意　selective attention

選擇性的知覺　selective perception

認知努力　cognitive effort

第十二章

只要你喜歡，我就可以……——態度本質與說服歷程

📖 前　言

📖 第一節　態度的意義與元素

📖 第二節　說服與態度改變相關理論

📖 第三節　態度、行為意向與行為

📖 第四節　諜對諜的說服大戰

☞ 前　言

「只要你喜歡，我就可以……（嘿！嘿！嘿！）」這個標題有點聳動，令人有一些遐想與聯想，不知道你想到的是什麼？如果句中的「你」是指閱聽人，「我」是指媒體的話，那麼這句話所表達出來的意義便是傳播者在絕大多數的傳播活動中最普遍的意圖，即影響閱聽人的態度（attitude），甚至說服（persuasion）閱聽人接受傳播訊息的觀點與建議。因此，態度與說服的課題，在傳播的研究中一直居於相當重要且核心的地位。

然而，態度到底是什麼？態度有哪些基本元素？改變了閱聽人的態度，就一定能帶動閱聽人的行為變化嗎？還有，閱聽人在態度改變的工作上一定都是被影響與被決定的嗎？閱聽人有沒有抗拒被說服、被改變的策略呢？這些問題都相當有趣，也都是本章將依序說明與探討的議題。

☞ 第一節　態度的意義與元素

週末晚上，爸爸、媽媽帶兒子小光上街吃晚飯，小週末嘛，難得一家三口可以輕鬆一下，換換口味。三個人走著走著，突然爸爸眼睛一亮，看到偌大的招牌上寫著「魯肉飯大王」，這時生理的反應再也壓制不住，爸爸一面想起童年南部鄉下廟口那美味的魯肉飯、肉羹，一面口水一直往肚裡吞。他好懷念也好喜歡那種傳統的台灣口味。「帶太太與孩子去吃吃看，他們一定也會喜歡吃的……」爸爸正要開口時，突然兒子指著遠處一個 "M" 字招牌，很高興地大聲說：「麥當勞耶！」爸爸的眼前馬上浮起生菜、洋蔥、肉片被兩塊圓麵包夾住的漢堡，他皺了皺眉頭。兒子又說了：「我們班班長每次都吃麥當勞的麥香魚，我也要吃麥

香魚。」爸爸轉頭看看媽媽，以為媽媽會說「這種美國速食吃了不健康」這樣的話，結果媽媽牽起兒子的手說：「這樣子呀，那我們也來吃吃看麥香魚是什麼味道好了！爸爸你說怎麼樣？」那眼神彷彿在暗示著爸爸什麼。爸爸聳聳肩，說道：「那就走吧！」兒子高興地大聲歡呼，三人走進了 M 字招牌下面的大門……

　　以上的小故事我們可以看到態度的形成和演變，事實上生活中與態度有關的例子實在是不勝枚舉，幾乎天天在影響著我們的思考與行為。態度與人類行為有著密不可分的關係。究竟態度是什麼呢？現在就讓我們慢慢來了解何謂「態度」。

一、意　義

　　學者認為態度是「個人對一特定對象所持有的評價感覺及行為傾向」（李美枝，2002）。也有學者說，態度是「個人對人、事、物所持有的一種具有持久性而又一致性的行為傾向」（張春興，1991）。綜言之，態度是個人準備做反應之前的心理或精神活動狀態，無法直接觀察得知，可由假設「人是先形成態度，再由態度產生行為」，而用個人的外顯行為來推斷其態度。

　　我們以章節開始時的小故事來舉例，爸爸剛看到「魯肉飯大王」的招牌時，他想起了小時候的感覺，他喜歡那種鄉土純樸的小吃，這是態度裡的評價感覺，而行為傾向就是指他「正想要帶兒子和媽媽一起去吃」的那個念頭。爸爸從看到招牌到想要帶媽媽和兒子去吃魯肉飯的過程，都是內隱的個人內在歷程，我們可以從觀察爸爸自外界接收到什麼資訊後，看他的言語舉止做出什麼反應來揣測他的「態度」。於是爸爸的態度可能是喜歡鄉土小吃、懷念童年時光、想要吃魯肉飯等等。

　　在大致了解態度的定義後，我們如果把態度再更細微地切割出它所具備的成分，便能更了解「態度」。「態度」到底可以進一步分析出什麼元素呢？以下分別從靜態與動態角度，介紹學術界對態度元素的分析。

二、態度包括知、情、義

多數的心理學家同意態度分成三個元素：認知（cognition）、情感（affection），以及意向（intention 或 conation）。也就是說，在任何態度裡面，都包含了這三個元素。而這三個元素是什麼意思？三者之間又有怎麼樣的關聯性呢？

1. 知－認知：理智而不涉入個人主觀情感的知覺或知識。例如：「抽煙是有害健康」，這是大家都「知道的事實」，不包括主觀情感的價值判斷。

2. 情－情感：個人對人、事、物的情緒反應，乃主觀的、個人化的情緒，這個成分常會凌駕於認知成分之上，使得人們在陳述對人、事、物的認知時，經常會帶著評價意味的情感成分。例如：不喜歡煙的味道，這是一種情感上的偏好與判斷，並不是在描述它的味道是什麼樣子，而是在描述「主觀的不喜歡」。

3. 意－意向：個人對人、事、物的行為傾向。是一種意念上的想法，而非落實的行動。簡單來說，就是「想要」去做的那個想法。譬如說小王從沒抽過長壽煙，有一天他突然「想要」去買一包來抽抽看，結果他發現忘了帶錢在身上，所以他沒有買。在這個例子中，小王雖然最後沒買到長壽煙，但他的意念產生了「想要買」，這也是一種態度。所以我們可以說他的態度是「對長壽煙好奇而想嘗試」。

大部分的學者在描述「態度」時都是用這三種元素來定義，但是也有學者嘗試用四種元素來描述態度的動態歷程。這又是怎麼樣的一個剖析態度的方法呢？

三、態度是方向、強度、涉入與封閉性的作用結果

最早開始學者是用一維空間的概念來描述態度，也就是分「正面」的態度與「負面」的態度，正面的態度好比是喜好助人的、熱誠、信任等等，而負面的態度指的就是孤僻、冷寞、懷疑等等。

而Guttman為了找尋更完整描述態度的方法，將「強度」（intensity）、「涉入程度」（involvement）與「封閉性」（closure）三個要素定義出來，並再加上前言所述的「方向」共四個要素來表示何為「態度」（Guttman, 1954），其研究結果如圖12-1所示。

首先，Guttman認為態度是正向與負向態度的一維圖形（見圖12-1(a)）；並請注意，正向與負向態度之間沒有辦法找到一個零點或中性點來描述態度由正轉負。圖12-1(b)呈現的是二次曲線中的無異曲線，當態度的方向越趨近正向時，態度的「強度」（intensity）也越強；而當態度方向越趨向負向時，態度的強度亦呈現越強的趨勢。圖12-1(c)則表示，

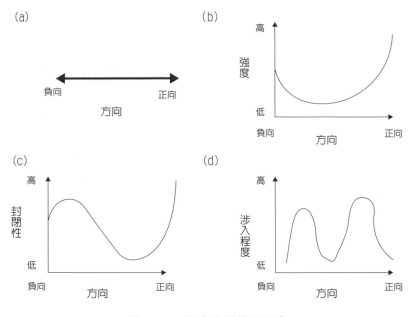

圖12-1　態度的動態四元素

態度傾向改變的可能性〔即封閉性（closure）〕與態度的方向呈三次曲線的關係，而圖12-1(d)顯示「涉入程度」（involvement）與態度的方向同樣爲三次曲線的關係，此曲線說明了中度負向與高度正向態度兩者的封閉性較高，其他狀態的態度，相較來說，比較容易改變。這裡的涉入程度（involvement）是指人對於某項事物參與、投入心力與了解深入度的程度，而圖12-1(d)的曲線表示，不論是態度的正向或負向中等強度時，個體的涉入度最高，若當態度呈現極端化，則會使涉入程度下降。

以涉入程度與態度的方向之間的關係來舉例說明，當某項政治議題在媒體上發酵時，很容易引起藍綠兩黨支持者極端的意見相對，而我們可以試著去觀察，有些民衆根本對這項議題沒有深入的了解，他便固執自己支持的立場而言之鑿鑿。另外有些人在深入蒐集相關資料後，做出了判斷而選擇某項立場支持，他一樣也是態度強硬的死忠派。而中間那個谷底區域不妨就看作是不關心此項政治議題的人，他不但毫無興趣，也沒有什麼明顯的政治立場。

總而言之，從靜態的角度來看，把態度的定義分成知、情、意三塊區域來解釋，有助於理解態度的內涵。第一個是認知的部分，理性的了解、知曉某事物的現實狀況，這是態度中含有認知的成分部分。而情感是指對某事物具有主觀的偏好與情愫，這是人的態度中極重要的一個成分，有些理論甚至視情感即是態度。最後是意向部分，態度是一種對某事物的行爲意向，是一種傾向、意圖，這與前兩者知、情同樣是一種內隱的歷程，但已是態度中最接近「行爲」的一個部分。這三種態度的元素讓我們更了解態度的內涵、內容與定義，並且可以較具體說出何謂態度。

Guttman（1954）從動態的角度描繪「態度」的面貌，並以一維及二維空間圖描述態度的作用狀態。姑且不論此說法在學術界獲致多大的注意，但是它清楚提醒對態度研究有興趣的人們，別忽略態度的運作是動態的。

🔖 第二節　說服與態度改變相關理論

　　態度既然是看不到、摸不著的心理過程，那麼剛剛那個例子裡爸爸本來是要吃魯肉飯的，為何改變「態度」順從小孩子的意願？而我們要怎麼說服一個人去轉變他原有的態度呢？說不定我們也可以找一個方法來轉變小孩子想吃麥當勞的態度，這樣爸爸就可以吃到他想吃的鄉土小吃了。

　　關於態度與態度之間轉換的相關文獻非常多，其中以 Festinger 在 1957 年提出的認知失調理論（Theory of Cognitive Dissonance）最為有名；此外，我們也會在本節中再介紹社會判斷理論（Social Judgment Theory）及推敲可能性模式（Elaboration Likelihood Model, ELM），透過了解這些理論，我們可以更了解態度改變的狀況。

一、認知失調（cognitive dissonance）

　　認知失調指的是，當兩種認知不一致時，便會有失調感產生。而所謂認知就是一個人對環境、自己、還有自己的行為上有任何的思想、信念和意見。說得更具體一點，當兩種態度之間或是態度與行為之間有不一致時，就是「認知失調」。例如：某人知道抽煙是不好的，但又很想抽煙，這就是兩種態度上不一致的狀況。一是想抽煙的態度，另外一個是認知到抽煙有害健康的態度，如圖 12-2(a)情況一。另外一種情況是，譬如某人明知抽煙有害健康，但卻是每天抽三包煙，其態度與行為是不一致的，如圖 12-2(b)情況二。經由 Festinger 的理論可知這兩種不一致的狀況都會產生一種不舒服（discomfort）的感覺。

　　認知失調理論認為，當認知不一致所導致的不愉快發生時，每個人都有降低這種不愉快的動力產生，促使他去做一些改變，以平衡之間的失落感。那麼他會做什麼事來消除不舒服感呢？Festinger 說，個體在認

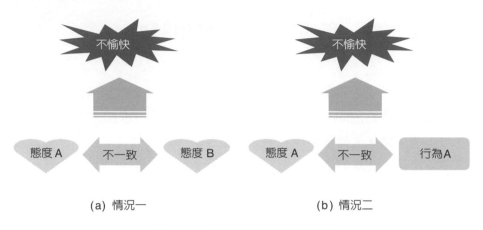

(a) 情況一   (b) 情況二

圖 12-2　認知失調理論示意圖

知失調後可能有三種調適方法：改變行為、改變態度，以及尋求另一因素以合理化。

(一) 改變行為

當個人感覺到其態度與行為不一致時（如上之情況二），他可以選擇改變行為，如此就能使態度與行為一致。依之前所述例子，某人知道抽煙有害健康，卻仍一天抽一包煙，此不一致的現象可經由「戒煙」這項行為改變，使其永遠不會再做有害健康的抽煙行為，行為與態度相符合後，便消除了不舒服的感覺。

(二) 改變態度

同上述抽煙例子，若是不選擇改變行為，某人可選擇改變態度，將原先認知「抽煙有害健康的態度」，轉變成「飯後一根煙，快樂似神仙」。於是他便可以自在地繼續每天一包煙的生活。

(三) 尋求另一因素以合理化

如果既無法改變態度，也不能改變行為，那麼個人會尋求另一個認知

因素來解釋這個不一致的現象。仍以抽煙為例，假使不改變每天一包煙的抽煙行為，也不改變吸煙會有害健康的認知，那麼個人會找一個外在因素，可能是「抽煙會使人精神較好，有利於熬夜工作」，或是「抽煙是交際應酬的工具」等等來解釋，進而消除認知不一致產生的不舒服感。

二、社會判斷 (social judgment)

社會判斷理論 (Sherif, Sherif & Nebergall, 1965) 幫助我們了解為何說服如此困難，並且提供一個常識性的說服計劃，好在真實世界中運用。社會判斷理論有五個原則：

1. 當閱聽人在接收許多不同的說服訊息時，會有許多種類的判斷，我們可以把它們歸類成三種區塊：接受、中立、拒絕。在接受區塊中的所有不同程度的判斷，我們都能接受；在拒絕區塊中的訊息，我們則會予以拒絕；而在中立區塊中的意見，我們則會認為自己「沒意見」。

2. 當閱聽人接收到說服資訊時，他們會把它列入其中一種判斷的種類裡。

3. 而且，一個人對該議題的涉入程度會影響到這三塊區域的大小程度。

4. 人們會改變接受到的資訊，以適應自己的三種判斷的分類區域。譬如某人對某一個議題有自己的想法，而外界給予一個資訊讓他評判，此時這人會讓這個資訊落在三個區塊裡的真實位置，並往自己的想法那邊靠攏。

5. 當人們接受說服資訊與自己的想法相近時，比較有可能改變；如果兩者差異太大，則人們不但會不想改變自己的態度，反而會更強化自己的態度，以防範自己被說服。

運用這些原則在傳播現象中，這五項原則意味著我們必須避免讓說

306

服訊息落入閱聽人的拒絕區域裡，否則閱聽人會完全拒絕並且負面化說服訊息。倘若要改變閱聽人，則必須採用潛移默化的方式，但是我們不能冀望閱聽人在短期內有巨大的改變，因為改變是需要花長時間的。最後，考量的是避免讓說服訊息與閱聽者切身議題掛鉤，因為這意味著閱聽人的「拒絕域」一定比「接受域」大許多，例如：「深藍」或「深綠」的政治傾向的人最難搖動，如果一個說服訊息是與政治立場有關，「深藍」或「深綠」的閱聽人會有較大的拒絕區塊，因此也比較無法容許一些所謂的「中立」意見。

三、推敲可能性模式（Elaboration Likelihood Model, ELM）

ELM 可以翻譯成推敲可能性模式，這是 Petty 和 Cacioppo 在 1981 年所提出的，大意是指人的態度改變可以經由兩個途徑，一個是中央途徑（central route），一個是邊陲途徑（peripheral route）（參見圖12-3）。

中央途徑是一種以理性來處理訊息的方式：某人主動地接觸訊息，並且經過仔細思考，且有能力、有動機去處理所得到的訊息，我們便稱

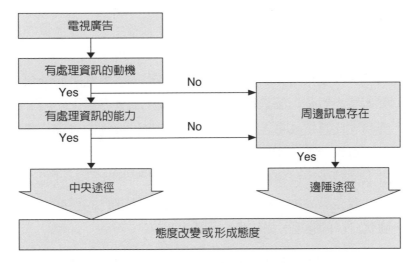

圖12-3　態度改變的推敲可能性模式

此人是以中央途徑來處理訊息。或者我們可以說，此人所接受到的訊息是以中央途徑的方式來說服此人形成或改變其態度。

邊陲途徑則是指某人以較感性的方式來處理訊息。某人若是較被動地接觸訊息，也未經過審慎思考，只是注意到資訊中的說服情境、來源可信度及個人情緒或偏好（這些稱為「周邊訊息」）等較無關主題的訊息，而來決定自己的態度，那麼此人便是以邊陲途徑來處理訊息。

Petty 和 Cacioppo 提出的理論是以產品廣告造成消費者態度為例，以下我們也舉一個廣告上的例子，進一步來說明推敲可能性模式的內容。例如：李先生想要買一支新手機，於是他認真地去很多賣場詢問了許多手機的相關知識，並且翻閱手機雜誌來認真評估他要買哪一支手機，他所注意到的產品資訊可能是價格、維修、功能、通話品質等訊息，於是他從完全不懂各種手機，到非常了解各家手機，甚至對各家手機有各種不同的品牌認知（態度），我們可以說，他是透過中央途徑形成或改變他對各家手機的態度。若是此人並不是主動且認真地去找尋手機訊息，而是在某天看電視時，看到一則手機廣告，裡面不但有帥哥美女，而且廣告非常有時尚感，拿手機的人好像一定是萬眾矚目的焦點，於是他隔天馬上到通訊行買了這支手機。那麼我們稱這個人是經由邊陲途徑形成他對此手機的態度。

四、溝通與說服理論

Hovland、Janis 和 Kelley（1953）於 *Communication and Persuasion* 一書裡，曾定位溝通是指 "Who says what to whom by what channel with what effect" 的歷程，經過 Fishbein 和 Ajzen（1975）的再次解釋後，形成了圖 12-4 的溝通與說服模式，此模式主要把自變數分成三類：訊息來源者、訊息本身與收訊者，造成閱聽者的注意、理解、接受三階段的內在歷程，最後是造成閱聽者的態度改變的效果：包含意見、認知、情感和意向的改變（施方潔，2003）。因此，如果想要改變閱聽人的態度，以

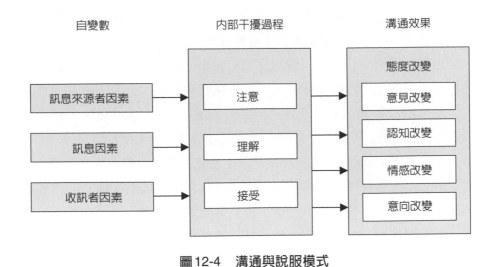

圖12-4　溝通與說服模式

資料來源：Fishbein, & Ajzen, 1975, p.453.

操作變項爲訊息來源者來看，企業會使用廣告代言人來加強說服力；如果是訊息因素的部分，則是各種文字、語言、圖片等訊息內容上做強化說服效果；而收訊者（receiver，也就是閱聽者）因素，其涉入程度、動機、能力等也可以影響說服效果！

第三節　態度、行爲意向與行爲

在了解一些有關態度改變的相關理論後，我們不禁要問，這些都是人內心狀況的改變，一般人很難觀察得知或了解。那麼到底態度是否會表現在人的實際行爲上呢？如果是的話，我們才能由人外顯的行爲來判斷其內在的態度爲何。可是其實有許多研究指出，人們的態度和行爲的關聯性並不高（Wicker, 1969）。

那麼為什麼會這樣呢？有學者指出，其實態度是衡量意圖的必要條件，但是並非是充要條件（Soloman, 2002）。也就是說，正面的行為背後一定有正面的態度，但對某件事物有正面的態度，並不表示一定會表現一致、相符的行為。Soloman（2002）認為，人們在制定行為決策時，不一定只取決於對此事物的態度影響，還需要考量到人們對於其周邊事物的態度，它們都會影響到人們的行為結果。另外還要考量到此行為表現是否易被人們達成，否則態度形成後，在形成行為表現時卻有障礙阻撓。

例如：小李非常喜歡賓士及它的廣告，他已經打算要去買賓士了，但是因為有他的死黨以自己的親身使用經驗來勸阻小李，所以小李最終買的房車卻是Lexus。這就是對賓士及其廣告的態度並未顯現在購買行為上，且因小李相信死黨的使用經驗，故也影響了小李是否要購買賓士的最終行為。又例如：小李的死黨也推薦賓士，小李也想去買賓士，但是因為小李的錢不夠（障礙阻撓），但又急著用車，所以只好買其他品牌的房車。

Kim 和Hunter（1993）整理以前學者的資料，並徹底探討了態度→行為意圖→行為之間的關係，他認為其實態度和行為的關係是強烈相關的，且近代的研究都認為行為意圖是態度和行為間的中介變項，也就是態度造成行為意圖後，行為意圖才會再造成行為。其中值得注意的是，態度與行為意圖的關係是比行為意圖與行為的關係還要來得強烈。以剛剛小李的例子為例，小李在電視上看到賓士廣告後，非常喜歡賓士的高貴尊榮（態度），算了算荷包，東借借、西湊湊之後應該可以買一台，於是他起心動念決定今年底發年終獎金和股票後要去訂購一台賓士（行為意圖）。我們可以看出態度與行為意圖的關係是很強的。但是小李去蒐集了有關賓士的資料後發現，他不但得負擔車子的費用，維修的費用也是高得嚇人，而離他家最近的賓士保養場在十公里外，這些因素（針對其他事物的態度及障礙阻撓）使小李雖然有強烈購買賓士的意願（行動意圖），但是卻始終沒有真正購買賓士（行為）。

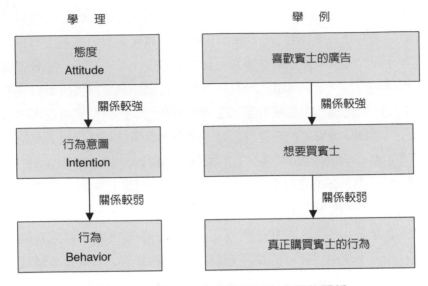

圖12-5 態度、行為意圖與行為之間的關係

第四節 諜對諜的說服大戰

　　從上述許多說服理論的論述中可以看到，如何藉著訊息的傳達來改變閱聽人原有的態度，是傳播人員或行銷人員，甚至是所有想要說服他人的人非常關心的事。

　　因此「說服訊息」是我們每天都會接收到的，學生上課時發表個人意見，買東西時的討價還價，電視上叩應節目的談話等等，我們幾乎隨時隨地在「被說服」，但是人們對於說服訊息是全盤接受的嗎？是毫無招架、反抗能力嗎？還是閱聽人其實也有一些對抗的策略呢？有許多研究發現，人們並不是完全被動地接受訊息，事實上，人們也有屬於自己的一套「反說服」策略。因此，在說服活動的攻防之間，彷彿是一場「諜對諜」般的戰爭，充滿了活躍的、內在的攻防策略，本章以下便是從這個角度，來介紹傳播活動中的反說服活動：

一、隱含的說服理論

當人們無法避免接觸說服訊息時，人們到底是如何理解「說服」的呢？有學者認為「說服」是人與人之間溝通的基本能力，即使是一般人，心中亦會有一套「說服理論」，這是不需要閱讀說服理論，人們就會有的理論。這套「說服理論」幫助人們去理解說服訊息或說服者的動機與策略，這種理解也影響人們最後如何因應這些說服訊息。於是Roskos-Ewoldsen（1997）便進行研究，以了解人們是不是不須看過學者理論，就隱隱約約會有一套內在說服理論。

Roskos-Ewoldsen（1997）的研究發現，一般人常用兩個構面來描述「說服」：

(一) 關係策略抑或訊息策略（association strategies vs. message-oriented strategies）

關係策略是以「關係」來說服人，訊息策略是以客觀理性來呈現訊息內容。「想套關係，門都沒有！」──當一個說服訊息是試著與訊息接收者「博感情」，而被訊息接收者偵測到的時候，可能就會落得這種下場。所謂「關係」策略就是以「關係」來說服人。說服者可能會以「攀親帶戚」的方式，告訴你「我們姓錢跟姓×的在三百年前是同一家，所以我們一定要一起支持×××競選……」。

訊息策略則是指以客觀理性的方式說服別人。例如：你大概可以猜測，想賣濾水器給你的推銷員，必定一方面會說水不過濾的話會如何威脅健康，另一方面還會批評市面上其他濾水器的缺點，如果你有足夠的時間聽他申論的話，說服者一定會把許多產品特色、實驗的證明……等，講得「口沫橫飛」、「頭頭是道」。

(二) 說服策略的社會接受性 (social acceptability of a persuasive strategies)

　　此概念是指說服策略被社會所接受的程度。俗話說「見人說人話，見鬼說鬼話」，雖然如此說法不甚高雅，但也道盡一個普遍存在於人們心中的說服策略，那就是人們會評估、判斷說服訊息被社會所接受的程度，說服者會依說服是否有效而改變說服策略，這跟學者 Kelman (1958) 的認同與內化功能理論 (identification and internalization function) 的觀點是一致的，也就是說在說服時，尋求對方的認同，是人心中的一種普遍原則。

　　此外，在說服過程中還要考慮「說服者與被說服人之間的未來關係」、「議題的重要性」與「被說服者對議題的了解程度」等因素。因為人們會因這些因素的改變而更換說服策略，「用關係策略或用訊息導向策略」，甚至其互動較強的因素會讓說服效果更明顯強烈。

二、強化價值觀

　　當面對講求邏輯的閱聽人，真的要呈現嚴謹性的邏輯、絕佳的理由，才能說服這些「講理」的閱聽人嗎？其實並不然，有時「價值觀」的呈現便可使閱聽人跳脫「邏輯思維」而產生說服效果。至於，「價值觀」的威力有多大，從墮胎議題便可窺得一二。備受爭議的墮胎議題，在正反立論上一直都有相當的擁護者，而兩派立論分別根基在「尊重選擇」(prochoice) 與「尊重生命」(prolife) 的人類基本價值觀上，並藉由強調自己所堅持的基本價值觀來支持他們的立場，以致此議題一直無法獲得圓滿的解決。

　　因此，可以了解「價值觀」呈現是個人內心對人、事、物重視追求的程度。這也是宗教領袖和父母師長總是盡可能將價值觀灌輸給我們，並以此有效抵擋違背這些價值觀的說服性訊息。當然，說服者也可藉由

強化價值觀、捍衛閱聽人的價值觀，或是轉移閱聽人的邏輯思維，並進
而說服閱聽人。然而，這種方法並非無往不利，當呈現的價值觀與閱聽
人的價值觀對立，或是閱聽人無法認同說服者所建立的價值觀時，這種
方式可能就無法奏效。

三、免疫理論

此理論認為人們有些信念會像長居無菌環境下的人，一旦別人給予
反面意見刺激時，就好比遇到自然環境中的病菌，人就會受到病菌感
染，因而改變自己的意見。所以McGuire（1964）認為，只接觸過正面資
訊的閱聽人，後來接觸反面資訊時易改變態度；反之，接觸正面資訊並
支持此論點的閱聽人，若是也曾接觸過反面資訊，則較不易改變態度
（好比打了預防針一樣有免疫效果）；且在接觸到反面資訊時，主動接觸
者比被動接觸者之免疫效果較差，因為被動接觸者可以解釋自己的行為
是出於無奈，因此不用改變原有的態度。

追究讓這些閱聽人彷彿打了預防針，而有免疫效果的原因在於：(1)
因為先前接觸過反面資訊，故再次接受到反面資訊時，接收者會認為這
些資訊自己已經知道了，它並不重要或不值得在乎。(2)在先前接觸反面
資訊時，閱聽人會尋找其他能支持自己原有信念的理由來解釋，故再次
接觸反面資訊時，便不會受到影響。

例如：國內支持國民黨新任黨主席的民眾，他們原來的想法就是要
讓黨內能世代交替，如果他們一直只接受到支持他們想法的正面資訊，
等到要黨內選舉前一天，突然有人站出來講了一堆不應該換黨主席的
話，則一直只接受正面資訊的民眾較有可能改變原本態度。相對於在之
前，若支持改革群眾偶爾就會聽到有反對聲音出現，則他們在選舉前一
天受到他人影響而改變態度的機率會較低。有研究指出，這種免疫理論
可能應用於選戰，使候選人贏得勝利（Pfau et al., 1990）。亦有學者建議
家長讓孩童先接觸少許電視廣告並進行討論，以避免孩童受到過多廣告

傳播心理學 ————————————

宣傳的影響（Pratkanis & Aronson, 1992），這也是免疫理論之實際用途之一。

四、過度辯護效應

Mark Twain 將動機區分為二：內在動機與外在動機，這是說明閱聽人對某一主張通常會有外在動機和內在動機兩種原因，當外在動機比內在動機的強度還要強烈許多時，閱聽人的內在動機會漸漸削弱。一旦沒有內在動機的支持，而單只有外在動機時，閱聽人很容易因說服者提供的誘因大小而改變態度。

例如：一般年輕人不抽煙通常有兩類的理由，第一是自己討厭煙味或為了自己健康著想，這是自發內在動機。第二則是害怕親友不認同抽煙行為。當外在動機過於強烈時，年輕人會忽略原有自己的內在動機，只剩下怕他人不認同這個理由，於是就很容易受媒體或另外一群愛抽煙的朋友影響，而改變他不抽煙的態度。Amabile（1996）在研究中，讓一般受試者完成某項活動，結果發現，當內在動機高昂的時候較具創造力；當讓美術專家去評鑑作品且可獲取金錢鼓勵時，則作品的品質較低。此研究結果再一次證明了內、外在動機會影響到態度，並進而影響到行為的結果。

關鍵詞

態度　attitude

說服　persuasion

認知　cognition

情感　affection

意向　intention, or conation

強度　intensity

涉入程度　involvement

封閉性　closure

認知失調理論　Theory of Cognitive Dissonance

社會判斷理論　Social Judgment Theory

推敲可能性模式　Elaboration Likelihood Model, ELM

中央途徑　central route

邊陲途徑　peripheral route

關係策略抑或訊息策略　association strategies vs. message-oriented strategies

說服策略的社會接受性　social acceptability of a persuasive strategies

認同與內化功能理論　identification and internalization function

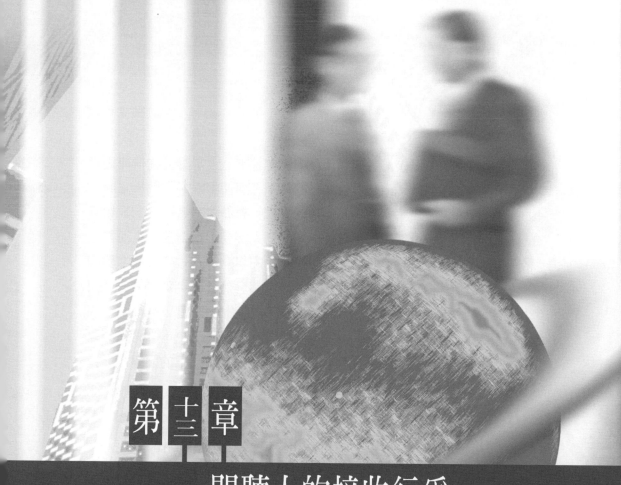

第十三章

閱聽人的接收行為

- 前　言
- 第一節　閱聽人的動機、需求與使用滿足
- 第二節　閱聽人到底是主動的還是被動的訊息接收者？
- 第三節　人口特性與閱聽人的收視行為
- 第四節　閱聽人接收行為的研究實例

傳播心理學

前　言

　　每個人每天都要接觸各種媒體，媒體無遠弗屆的影響力在前面幾章都已經有詳細的概述。而在操作媒體的傳播者與使用媒體閱聽人之間的互動行為，更是一個相當重要且有趣的課題。對於傳播者而言，最希望的就是其透過媒體透露出的訊息能夠被閱聽人接受；而對閱聽人而言，希望的當然是能夠接受真正需要且符合期望的訊息。在這樣各懷鬼胎的互動之下，對傳播者而言，閱聽人的接收行為當然就不可不了解。然而要了解閱聽人的媒體接收者，仍須從「閱聽人為什麼要使用某種媒體？」此問題開始，因此我們仍需要從閱聽人的動機著手。是故本章將先陳述閱聽人接觸各種媒介的動機，和各種影響閱聽人接收行為的因素，最後再對於特定的媒體接受行為做簡單的介紹。

第一節　閱聽人的動機、需求與使用滿足

一、閱聽人接觸媒介的動機

　　人本心理學家Maslow（1987）的需求階層理論，提供研究閱聽人個體尋求媒介資訊動機一個完整的概念架構。人類個體由最低階層的生理需求，到自我實現的最高層次，每個層級的目標都具有動機性。Williams基於Maslow的理論基礎，提出了閱聽人接觸媒介的動機：

1. 彌補人際接觸（human contact）的不足：藉由媒介，閱聽人能夠得到更多的外界訊息，畢竟媒介無遠弗屆與快速的特性，使閱聽人能夠滿足經由人際接觸而無法獲得的資訊。

2. 守望監督（surveillance）環境：媒介所提供的資訊具有告知的功能，閱聽人能從資訊中得到日常生活所需的訊息。例如：颱風消

息、民生物資（如油價、菜價）的漲跌等訊息，都須透過媒體報導提供閱聽人生理與安全需求的滿足的必要資訊。

3. 教導社會文化環境：人類既是群居性的動物，爲了使生存過程順利，必定發展出一套秩序與規則，使得群體得以遵守，使生活充滿舒適感。媒介傳遞的資訊也具有類似的功用，不管是明顯的呈現或僅僅是用隱喻的方式；重要的是，閱聽人藉著接收訊息來認識與理解所處的社會文化系絡，達到產生歸屬感的目的。從許多社會現象便可看出端倪，像是 e 世代族群常委身於網路世界中，藉著 BBS 虛擬遊戲、聊天室、MSN ⋯⋯等方式拉近與某人、某族群的關係，並從中獲得認同與歸屬感。

4. 逃離現實：社會生活畢竟不是全然美好的，個體在面對生活壓力時往往會產生逃避的感覺。現代社會中，媒介成功地扮演了閱聽人與現實社會間的緩衝角色，讓閱聽人能夠釋放（release）與放鬆（relax），得到逃離的愉快感。連續劇的出現就提供了最好的說明。

5. 尋求社會認同：訊息經由媒介提供，使得接收到的閱聽人個體共享相同的資訊。這些訊息讓想法、理念相似或一致的個體彼此間產生共鳴與認同。例如：在工作場域中，常聽到同事們正熱烈討論時下正流行的電視劇，這時沒有收看電視劇的同事會出現「狀況外」的窘境而無法融入其中；此時挽回「尊嚴」的唯一途徑，就是回家準時看電視劇，摸清劇情的來龍去脈。

6. 獲取知識：媒介是重要的知識來源，閱聽人在需求層級上，具有對知識尋求的動機。舉例來說，「國家地理」與「探索」兩頻道，提供了大量的生物、科學、醫藥等知識，閱聽人藉由聲光影視畫面的呈現，得到相關知識。再者，透過網際網路的發達，使閱聽人也能夠使用網路並搜尋所需的知識。

7. 啓示與激勵（inspiration）：報章雜誌、電視廣播、甚至是網際網路上電子郵件的轉寄信件中，常散播許多感人的奮鬥故事，閱聽人往往在接收這些訊息後，會產生激勵作用，來達成自我實現的目標。

傳播心理學

現象萬花筒

　　民視 2000 年大戲〔飛龍在天〕，風靡了台灣大街小巷。根據 AC 尼爾森收視率公司的調查，在競爭激烈的八點檔黃金時段，收視率往往超過 5%。由筆者與同班同學的觀察分析，收視者以中南部的觀眾，年齡大都為中高者，且職業為從事農、漁、工等勞力付出者及家庭主婦為主。其實這倒不難理解，上述閱聽人在辛苦工作一天後，有著極大「放鬆心情」的動機與需求，〔飛龍在天〕為閩南語連續劇，與絕大多數目標收視者的語言背景相同，提供了閱聽人親近的歸屬感。另外淺顯易懂的劇情，使得教育程度不高者容易接受。更重要的是，〔飛龍在天〕有著重要的社交功能，使閱聽人產生尋求「社會認同」的動機；如果不信，走一遭中南部，發現婆婆媽媽們閒來無事聚在門口，討論「玉紅」如何死後變成「白劍英」就可以得到證明。

二、使用與滿足

　　當閱聽人懷著不同的動機接觸媒體時，媒體是否能夠滿足閱聽人的需求，便影響了閱聽人是否會以相同的模式繼續使用該媒體，抑或閱聽人會改變使用媒體的行為，以便獲得更多的滿足。這些觀點，就是「使用與滿足」理論（use and gratification theory）的基本論調。

　　「使用與滿足」的基本觀點在於：閱聽人使用媒介是為了滿足某些需求，而需求的來源是多方面的。這個基本觀點類似社會學中的功能理論，不同的是，「使用與滿足」是從個人需求角度出發，來探討個人如何使用媒介以及獲得什麼樣的滿足。

　　經由上述觀點，Katz、Blumler 和 Gurevitch（1974）等人提出了使用與滿足研究的基本理論假設：

<table>
<tr><td>心理的
閱聽人　　　需求
社會的</td><td>→</td><td>媒介
對　或　的期望
其他來源</td><td>→</td><td>媒介暴露
或
從事其他活動</td><td>→</td><td>滿足
或
其他結果</td></tr>
</table>

圖13-1　使用與滿足

1. 閱聽人會使用媒介來滿足心理或社會因素所引起的需求。

2. 在傳播的過程中，需要靠閱聽人把媒介的使用和需求的滿足聯繫起來，亦即在媒介和閱聽人的關係上，閱聽人是主動的。

3. 大眾傳播媒介僅是人類滿足需求的管道之一。所以，必須與其他管道（如人際傳播）相互競爭，才能獲得閱聽人的青睞。

4. 使用與滿足研究的資料蒐集，大部分來自於閱聽人的自我報告。此命題假定閱聽人是理性的，能了解自己的興趣和動機，且能清楚地表達出來。研究者能夠根據閱聽人的自我報告，依某些項目加以分門別類，來推斷閱聽人使用媒介的目的爲何。

Katz 等人（1974）對於「使用與滿足」理論的研究架構如圖13-1 所列。

依據圖13-1，Katz 等人對於「使用與滿足」的研究途徑有二：一是以需求爲出發點，先觀察閱聽人的需求，之後再探究媒介與其他來源如何滿足閱聽人的需求。二則是以滿足爲出發點，先觀察閱聽人的滿足狀況，再重新建構閱聽人的心理或社會需求。

第二節　閱聽人到底是主動的還是被動的訊息接收者？

——閱聽人訊息接收的研究取向

早期對於閱聽人研究的取向是將閱聽人視爲被動的個體，這種假定是基於心理學「制約學習」的理論基礎。這個研究取向認爲閱聽人是被

動的，其接收訊息的行爲受制於所身處的社會與文化，閱聽人可以說是毫無自主選擇的能力，像傳播研究中著名的「魔彈理論」（magic bullet theory）便是基於此觀點發展出來的。

在 1938 年美國著名的「火星人入侵記」的廣播事件中，受此影響的人雖然爲數不少，但是在收聽到這部廣播劇的聽衆比例上，不受影響的人仍占大多數。令人好奇的是，這些大多數的人爲什麼不會受影響？Cantril（1940, 1958）的研究發現指出，不同性格的人會產生不同的反應，有些人天生性格就容易受到外界環境的影響，有些人對同樣的刺激卻不易受擺布；即個體人格上的差異對於接收到的外界訊息會產生不同的反應。而 DeFleur 和 Ball-Rokeach 在過去探討對傳播效果具有影響力的因素時，也提到了個體本身的差異與接收、理解，以及記憶訊息有密切關聯（DeFleur & Ball-Rokeach, 1989；引自杜力平譯，1995）。

上述所提到的，只是對閱聽人個體的天生性格差異與訊息接收間的過程做一淺白的導引；傳播學者 McQuail 的概念架構頗能從「被動」、「主動」、「主動／被動」三個觀點出發，更完整的說明閱聽人個體與訊息接收行爲間的關係（McQuail, 1994）。

McQuail 認爲閱聽人研究的取向分爲三類：

1. 結構與文化（structural & cultural）：這個研究取向基本上著眼於閱聽人在接收訊息的行爲過程中，會如何受所身處的社會與文化影響，形成結構性的因素；換句話說，在此研究取向上假定閱聽人是被動的，外界訊息如何呈現，閱聽人就如何照章接收與反應。

2. 行動與動機（action & motivation）：此研究取向假定閱聽人對媒介訊息的接收行爲是具有主動性與目的性的。閱聽人不受媒介訊息的擺布，訊息的接收與否完全取決於閱聽人本身的判斷。

3. 功能（functional）：閱聽人個體既不主動，也不被動，與媒體間存在著一種相互影響的互動關係。而閱聽人面對社會環境時所產生的心理性因素，會影響個人的需求、態度、動機，並進而影響

使用媒介的滿足程度。

就閱聽人個體對於訊息的認知過程，大約可分為幾個過程與步驟：首先是聚集資訊（gathering information）：對於外界的資訊先加以集結；其次是選擇（selection）：閱聽人對於資訊具有選擇性；再者是混合（mixing）的步驟：閱聽人會提取腦中的知識與所蒐集外界資訊合併；然後是組織（organize）：使上述過程能條理化；最後加以分析與推理形成閱聽人的理解（comprehension）過程。

然而，閱聽人的認知過程是相當複雜的。從訊息面看來，包括訊息的內容、訊息的來源等都會影響閱聽人的認知；而從個體面觀察個人的各種外在條件以及其內在的歷程，如動機、情緒、態度、知識、性格、預存立場等，也都會影響個體對資訊的認知與處理。然而，在本書的第一部分已從訊息面的外在刺激的角度探討，第二部分則從個體內在歷程的諸多因素去探討閱聽人的傳播行為了，因此便不在此贅述。以下本章想進一步就閱聽人的人口特性，探究其與閱聽人收視行為之間的關聯，期能將閱聽人的媒體接收行為做更清楚的描述。

第三節　人口特性與閱聽人的收視行為

一、年齡發展任務與閱聽人的收視行為

美國教育心理學家 Havighust 對於個體在每個年齡階段所發展出來符合社會期望的行為，稱為發展任務（development task）；換句話說，即是指個體在生理年齡達到什麼程度，其心智能力的發展也應該和生理年齡相呼應。個體的發展任務，與接收環境中大大小小的訊息有密切的關係，因為接收訊息原本即為社會期望行為。因此，Havighust 在 1972 年

將個體各年齡階段的發展任務分類，而本章以下則僅抽離出與傳播接收行為較為直接相關的特性（轉引自張春興，1991，頁354-355）：

1. 嬰兒期到前兒童期（一至六歲）：包括了會說話、辨別簡單的邏輯事務、學習識字閱讀、具基礎道德觀、開始理解抽象表意行為等等。

2. 後兒童期（六至十三歲）：學會基本的讀寫能力、意識到自己是獨立的個體、持續建立屬於自己的道德觀念與價值目標。

3. 青少年期（十三至十八歲）：社會中的性別角色能適度扮演、開始為婚姻準備、為日後的就業學習專長、屬於自己的價值觀與倫理標準成為行為導向。

4. 成人期（十八至三十五歲）：結婚、生育並照顧孩子、開創事業、建立良好社會關係、善盡階段性的社會責任。

5. 中年期（三十五至六十歲）：完成階段性社會責任、享受事業與家庭的成就與滿足等。

6. 老年期（六十歲以上）：適應逐漸衰老的身體、忍受孤獨、尋求同儕老人間的認同等。

　　從上述的描述可知，隨著年齡的變化與發展任務的不同，做一個閱聽人，也會有不同的媒介接收行為。在傳播研究中，也有不少以年齡為變項的接收行為研究，因此本章將於此分類整理介紹：

(一) 兒　童

　　從兒童心理發展的研究角度看來，兒童與媒介間的關係為心理學家所關切的，當屬電視暴力節目對兒童心理發展的影響（張春興，1991）。心理學的觀點認為電視節目許多的暴力畫面，不但會使得兒童模仿學習，當面臨問題時，容易以暴力手段解決問題；暴力節目也會使兒童在成年後對世界感到恐懼與悲觀。

　　雖然這兩項假設在實徵研究上並無明顯證據證明兩者間具絕對因果

關係，不過收看過多的暴力電視，對兒童的確有許多不良影響。其實傳播學者 Gerbner 和 Gross（1976）所提出的涵化理論（cultivation theory）就說明，長期的收看某類型的電視節目，會由電視所提供的資訊形塑成某一套世界觀及價值系統，而這套世界觀與價值系統與電視中所呈現的世界類似。

謝旭洲（1997）在〈暴力卡通影片與國小學童侵略行為的研究〉中指出，受測學童收看電視暴力卡通的頻率與侵略行為之間，具有顯著正向關聯。他的解釋是：第一、比較常看暴力卡通的學童，受到暴力內容的影響，會產生較多的侵略行為。第二、具有侵略傾向的學童，因為喜歡刺激，會收看更多的暴力卡通影片。不過，他也提到，收看暴力卡通節目雖然有可能對學童的侵略行為產生影響，但也不是唯一或是主要的因素；學童的年齡、性別、家庭環境及同儕團體都是影響學童收視行為的因素。

伍至亮（2001）在《國小高年級學生自我概念與電視收視行為、偶像崇拜之研究》中也指出，國小學生普遍具有正向的自我概念，而家庭狀況和社經地位會影響學生的自我概念，而且不同性別、學校區域、社經地位的學生，對電視節目的收視偏好也有所不同。此外，自我概念高的國小學生看電視的時間較短，對於具有教育性的節目接受度較高。收視時間越長的學生，對影視明星、影片角色的崇拜越高。

(二) 青少年

青少年是指一段生命歷程，從生理觀點看來，所指的是青春期開始，持續到骨骼發育完成。人格發展理論提倡者 Erikson（1968）認為，青少年在面臨自身生理現象轉變後，將對自己為何存在於社會，以及在社會中所扮演的角色地位感到興趣，同時也對家庭、學校以及社會所賦予的期望有所認知。在以上自我與外界兩者的相互衝擊下，青少年在認知、價值觀的建立將影響青少年的人格發展，此即為青少年的認同危機時期。許多學者皆同意，青少年期是從性生理成熟到心理成熟的時期，

這段時期中，青少年將重塑其道德感與價值判斷。

因此，青少年時期的收視行為是研究傳播者所關切的一環。一項以「美國電視對青少年的影響」的研究中指出，美國學生在高中畢業前，每人平均要花二萬二千小時看電視，美國電視對青少年的影響則有：占用青少年的課餘時間，除了減少看書、做功課的時間外，也使得青少年缺少戶外活動。同時，青少年不容易培養看電視以外的興趣與專長，失去接近大自然的機會。此外，青少年對電視節目虛構的情節發生幻想，產生不切實際的想法，尤其是包裝精緻的商業化節目中的奢靡生活與暴力色情，極容易使心智尚未成熟的青少年有不正確的觀念，因而導致偏差的行為（袁佐鈿，1986）。王小惠（1990）對國內青少年收視行為的研究則指出，青少年的性別、年級、家庭社經地位和校區都市化程度等人口學變項不同，收看電視的頻率將有所差異。

另外，青少年時期在人格發展過程中，所產生於同儕成員間的自我風格、生活經驗、行為模式等等，形成了一種獨特的文化形態，這種特殊的文化形態即為青少年次文化。

如傳播新科技的快速翻新，「網咖」成為時下最流行的青少年次文化場域。「網咖」對青少年的主要功能性作用大致為尋求網友交談與提供線上遊戲。魏麗香（2001）研究指出，在網咖的主要活動中，以連線對打最刺激，許多青少年已到了網路成癮狀況。而使用電動的線上遊戲則會影響青少年的「暴力傾向」以及「成癮行為」的心理反應，並且隨使用時間的增加，在暴力與成癮兩個部分也會有較高程度的表現；另外，使用時間越長，則青少年的親子關係、學業等也會表現不好（林周宏，2002）。

(三) 成年人

一般說來，許多閱聽人接收行為研究是以成年人為對象的，在這些成人的接收研究中，年齡便不是研究的重點，因此傳統心理學研究取向，成年人的接收行為研究中，動機成為重要的指標。就收看電視而

言，研究發現成人理性的態度與思考會以節目的製作水準、時段的安排、娛樂性、時間長度等因素決定收視與否。

(四) 老年人

看電視為老人最常做的休閒活動（魏素芬，1997），消遣與打發時間為最主要的接收動機。不過，有學者指出，老齡閱聽人只有認知學習快速或遲緩等程度問題。除非有生理疾病以致對接收與記憶產生重大影響，他們仍能透過電視或其他大眾媒體學習（蔡琰、臧國仁，2002）。因此，即使是在老年人，媒介仍有其相當大的影響力。

二、影響閱聽人收視行為的其他要素

(一) 教育程度

Barwise 和Ehrenberg（1998）對英國閱聽眾的調查研究發現，看電視幾乎是英國人的習慣，不過高教育程度者的收視時間約略低於每天三個小時，且比其他族群的收視時間少。此外，就國內對兒童電視識讀能力的研究也指出，父親或母親教育程度越高的兒童，其電視識讀能力越高（蔡菁秤，2000）

(二) 社會認同

閱聽人自身會尋求能增強對社會上某個團體認同的媒介訊息，而這個訊息能夠使閱聽人更強化對這個社會團體的認同。例如：國小、國中學生喜歡玩的線上遊戲，有一大部分的因素，是因為「同學都有玩」，為了爭取同儕的社會認同，很多青少年也加入線上遊戲的族群之中。此現象延伸到媒體接收行為，社會認同滿足與媒體有關；如果社會認同滿足會影響閱聽人收看電視的選擇，當閱聽人選擇後，對社會認同的滿足勢必增強。

(三) 宗教信仰

Klapper（1960）認為閱聽人的預存立場、團體規範、人際關係、意見領袖及媒介本質等因素，都會影響傳播的勸服效果。以基督徒為例，研究發現信徒個人往來的團體、所處的社會環境、團體規範及心理結構上都與非信徒具差異性，所以在態度、價值及信仰上有所不同，因此基督徒在使用媒介的行為也受上述因素影響，而與非信徒不盡相同（黃葳威，1998，1999）。

Festinger（1957）指出，如果個人的認知體系中同時存在有兩個相互衝突的認知項目時，會引發認知不和諧的現象。而基督信徒因其信仰產生之價值信念所形成之預存立場，如外界媒體訊息與其信仰不合時，信徒可能會選擇性的接受或根本漠視訊息，以免產生認知不和諧的情況。

另外，宗教認同程度不同會產生收視行為上的差異，即信仰強度越強者，收看電視的時間、節目偏好、收視動機相對信仰強度較弱者，有顯著差異。另外，不同信仰的閱聽人在收看電視的時間、節目偏好、收視動機等，亦有顯著差異。

第四節　閱聽人接收行為的研究實例

在探究人口特性對閱聽人接收行為的影響之後，本章在此想進一步以不同的媒體別來論述閱聽人的接收行為的相關研究。

一、電　視

(一) 收視忠誠度（The loyalty of TV viewing）

從閱聽人的收視忠誠度研究中，能夠發現有關於其接收行為的動機與滿足。重複收視行為（repeat viewing）的現象主要有二：一是每天在

同一時間收看電視；另外則是觀眾習慣性的收看相同內容的節目。

Zubayr（1999）對德國觀眾所做的研究中，從重複收視率的調查結果看來，女性的重複收視率要比男性來得高，年齡高的人（四十歲以上）要比年齡低的人（四十歲以下）的重複收視率來得高，而重複收視率最高的節目形態則是連續劇。

這項研究不難分析出閱聽人的人口學變項所造成的內在需求對收視忠誠度的影響。整體而言，相較於男性，女性由於在家工作（一般為家管），時間較多，也因此看電視的機會與時間比男性來得多；另外，年紀大的人要比年齡小的人收看電視的時間多，主要也在於年紀大的人退休後閒暇時間較多，收看電視的機會也就大增。

Zubayr（1999）的研究中也指出，如果某一節目的收視率原本就高，那麼它的重複收視率也會高，而以播出頻率來說，每天播出，會比一週只播一次的重複收視頻率來得高。

Brosius 等人（1992）則將收視行為的忠誠度加以不同的概念化。他們區分收視忠誠度為四種：(1)一般看電視的忠誠者；(2)某一頻道的收視忠誠者；(3)針對節目形態的收視忠誠者；(4)對特定節目的收視忠誠者。Brosius 等人的研究也指出，收視時間的總量、節目的接近性、週間與週末的電視節目編排等等，都是影響上述忠誠收視行為的變項，不過閱聽人需求上的偏好，加上節目形態，這兩者因素的綜合仍是導致持續收看特定節目或頻道的主因。

(二) 遙控器使用與轉台行為的研究

遙控器的出現，對閱聽人而言，成為收看電視一個主要的決策工具（Heeter, 1988）。遙控器使得閱聽人的選擇性大為增加，電視頻道的切換率也隨之提高。換句話說，遙控器讓閱聽人除了有極大的便利性外，也使得閱聽人的主動地位增加（劉幼琍，1997）。

學者 Greeno（1976）認為，閱聽人收看電視原本就是沒有任何目的，如果在電視播送的節目內容中，刺激了感官需求，這個時候，閱聽

人當下就會認為收看這個節目會達到需求上的滿足。換句話說，閱聽人自身存在一種尋求資訊解決問題的機制，當某類資訊能使問題得以解決，那麼這類資訊的再出現，將使閱聽人在無任何目的的情況下，自動使閱聽人得到滿足。

其實遙控器的使用，本身即為對資訊複雜性與不確定性的一種尋求過程。閱聽人選台過程中，尋找出一套選擇節目的規律性，作為處理資訊的策略（Heeter, 1985）。

Thompson 曾界定出三種轉台行為（Thompson, 1986，引自鍾起惠，1995，頁94），包括：

1. 中途轉台：指隨時都可能發生的轉台行為。
2. 避開廣告的轉台：指閱聽人刻意避開廣告的轉台行為。
3. 飛快轉台：指錄影機中的快轉方式，迴避影帶內廣告出現的行為。

Heeter 等人認為閱聽人快速轉台的原因是：(1)看看其他頻道的播送內容；(2)迴避廣告；(3)正在看的節目很無趣；(4)多方瀏覽；(5)可以同時看很多節目（Heeter & Greenberg, 1985，轉引自劉幼琍，1997，頁280）。

陳信榮（1999）在針對台灣地區電視觀眾遙控器使用行為之研究中指出，年齡、教育程度、收入與職業等人口變項與遙控器轉台行為間，都有顯著差異存在。同時，電視觀眾的各類遙控器轉台行為可分為好奇寶寶型、中堅忙碌型、待退邊緣型、電視兒童型、社會退縮型等。總而言之，因遙控器而產生轉台行為，其中已蘊含了許多不同心理機制的運作。其他因傳播技術的進步而產生收視行為的變化，都是值得一探究竟的心理研究議題。

現象萬花筒

　　相信大家都有相同的經驗，在經過疲勞的一天後，坐在電視機前放鬆身心時，拿著遙控器飛快的在各台間轉換後，最後停留的，通常都是最不需要思考、並且已重複觀賞過多次的節目，或許是電影、或許是綜藝節目。此種現象或許可以將遙控器使用行為做另一種方向的思考。因為經過勞累的一天後，觀賞電視的行為大部分並不能視為資訊的吸收或搜尋行為，而是藉著電視作為放鬆的媒介，在此行為之下，因為精神無法專注，所以藉著遙控器的快速選台，尋找在短短的接觸時間內能夠不經過思考就能理解的電視節目，藉此達到放鬆的效果，這項飛快轉台的原因，就不包含在上述所提出的原因之一，不過也是相當有趣的現象。

二、網路─電子報閱聽人研究

　　楊台恩等人（1999）用深度訪談，探討台灣六個電子報的現況，透過各電子報會員登錄的資料，發現各電子報的會員，男性占70％以上，至少有一半具大專學歷，年齡以二十歲至三十歲居多。洪懿妍（1997）的電子報研究，則發現男性占使用者的69.2％，女性占25.7％；年齡上50.3％為二十一至二十五歲；學歷則以大專為主（67.8％）、研究所其次（26.8％）；職業方面絕大部分是學生（79.7％）。羅美玲（1999）針對電子報讀者以網路問卷所做的分析，發現在性別上：電子報的讀者以男性居多，占58.5％；女性使用者所占百分比為41.5％。男女閱讀電子報的比例在這項研究中與先前調查相較之下，差異沒有那麼大。總結各研究的調查，可歸納出下列使用人口特質：

　1.性別方面：男性閱讀電子報的比例較女性為多，但差距似已逐漸
　　　縮小。

2. 年齡方面：電子報的讀者年齡多數集中在二十一至二十五歲之間，其次為二十歲以下及二十六至三十歲的年齡層，也就是大約四分之三以上的讀者年齡在三十歲以下。

3. 教育程度方面：電子報的讀者有高教育程度的傾向，大專程度的讀者最多，其次為研究所。

4. 職業：在職業的分布上，電子報的讀者以學生最多，占總人數近八成的比例，其次為專業技術人員及軍公教人員。

5. 每月平均收入：由於電子報的讀者學生比例相當高，因此在收入的統計數字上，反應出年齡和職業所呈現的特性，大部分電子報讀者的收入，每月在兩萬元以下。

6. 婚姻狀況：電子報的讀者以未婚居多，所占比例高達九成以上。

藉由以上的資料，基本上可以描繪出電子報使用者的人口特質為「高學歷、未婚、具專業背景、月收入在兩萬元以下、未滿三十歲的年輕男性，其中又以大學生居多」。這個結果可能與暴露在網路媒介下時間最多者也是以大學生為主的因素，有相當的關聯性。

另外，在電子報使用的動機與使用行為方面，羅美玲（1999）發現，讀者閱讀電子報的時間大都在半小時以內，以十至二十分鐘為最多（28.5%），其次為二十至三十分鐘（24.7%）。大部分的讀者都是偶爾閱讀電子報，一週只看電子報一至二天（42%）。而《中時電子報》是最多人曾經看過的電子報（74.5%）。由此看來，電子報並未成為大部分受訪者天天使用的媒介，而民眾的媒介使用行為並未因多了網路媒體而產生太大改變，仍然是以電視、報紙等傳統媒介為主要的消息來源。就讀者在電子報上閱讀的內容而言，主要以「新聞」為主（占86%），其次為包括理財及旅遊訊息的「特定題材」，再其次為電子報所特有的「資料庫」資訊（羅美玲，1999）。

動機方面，內容五花八門、具多媒體特性、擁有龐大資料庫可供檢索的「網路特性」，則是讀者使用電子報的主要動機，其次是「打發時

間、逃避」、「社會互動」及「尋求資訊」，而使用時間越長、頻率越高的讀者，因電子報具有「網路特性」而使用的動機也愈強（羅美玲，1999）。

在讀者對電子報的認知上，洪懿妍（1997）發現，「互動性」、「易取得／易瀏覽」及「發行對象」是讀者所認知電子報與傳統報最明顯的差異。而接觸電子報或網路越頻繁的閱聽人，對電子報內容的評價卻越低。

電子報可視為報紙與網路科技的一項整合產品，可說是目前相當熱門的後起媒介，如網路廣播、網路電視等整合媒介，也都是隨著網路普及而漸漸熱門的媒體。

現象萬花筒

知名入口網站 PCHOME 開放民眾「免費」訂閱的電子報就有一百九十五本，還不包括需要付費的電子報，而內容應有盡有，共包括娛樂嗜好、人文抒情、科技電腦、行銷管理、教育學習、投資理財、女性時尚、旅遊運動、家庭健康、政治財經、消費美食、生活指南等十二大項，由此可見電子報的蓬勃發展。

三、廣播──叩應效果研究

在媒體沿用權的概念下，廣播媒體吹起了一陣「叩應風」，許多廣播節目都開放機會讓聽眾藉由打電話進節目聊天、參與節目，於是關於廣播的媒體使用行為就有了一個有趣的研究議題──廣播參與效果（broadcast teleparticipation effect, BTE）的研究。

廣播參與效果的研究主要目的在研究閱聽人對於叩應閱聽人的看法（Grant, Guthrie, & Ball-Rokeach, 1991）。

　　而在聽眾喜愛收聽廣播叩應節目的因素部分，王舜偉（2002）的研究指出，聽眾在收聽廣播叩應節目的過程中，可能會認同叩應者、把叩應者當成朋友般，聽眾也可能喜歡聽叩應者分享興趣與感覺，這種友善的交流，聯繫聽眾的信任感，聽眾也可以藉由叩應者所給予的忠告來判斷事物。這種叩應者介入節目主持，提升了大眾媒體對閱聽人的影響，也提升閱聽人與主持人之間發展的「擬社會人際互動（para-social interaction, PSI）關係」（Skumanich, & Kintsfather, 1998）。

　　在一般聽眾收聽廣播節目的相關因素研究方面，以媒介的親近度做比較，報紙讀者需要識字能力、電視閱聽眾需要購買價格昂貴的電視機、電腦使用者除須具備基本的電腦常識，還需要足夠的資金，因此，廣播的親近度最高，廣播收音機便宜，不需要專心接觸即可得。

　　另外，徐佳士、楊孝濚、潘家慶（1975）等人研究指出，「打發時間」、「尋求快樂」以及「尋求解決困難的方法」是廣播最能滿足聽眾的幾個因素。陳世敏（1985）研究一般成人收聽廣播的動機，結果顯示收聽動機依序為「消遣娛樂」、「聽新聞氣象」、「打發時間」、「作伴」、「獲取新知」、「幫助買東西」及其他。

四、雜誌——女性雜誌讀者閱讀行為研究

　　雜誌的讀者區隔應該是所有媒體中最明顯的，幾乎所有雜誌都有明確區隔自己的讀者群，包括電影類、音樂類、八卦類、旅遊類、男性雜誌、女性雜誌……等。

　　在此針對女性雜誌的讀者閱讀行為的研究實例做簡單的介紹。在女性雜誌讀者的閱讀動機方面，陳淑芬在 2000 年研究發現，女性雜誌讀者各有偏好閱讀的主題，讀者各有一套自己的「看」法。不論是服裝美容或是兩性關係，女性雜誌讀者都能夠按圖索驥的選擇自己的偏好。

　　而呂姿雯（2004）對於女性雜誌的讀者人口學背景及其愛情形態之關聯的研究中表示，在使用愛情觀量表搭配閱讀行為與人口變項做調查

後，發現女性雜誌讀者的學歷越高，與現實考量式的愛情相關性越高，同時，戀愛次數越多的女性雜誌讀者，越傾向於遊戲人間式的愛情，而較不傾向友誼之愛。

而在女性雜誌讀者的戀愛次數與閱讀行為間的關聯上，發現戀愛次數越多的女性雜誌讀者，越喜歡閱讀女性雜誌上關於兩性互動的論述，尤其是戀愛多次（七至九次）的女性雜誌讀者，相對於毫無戀愛經驗的女性雜誌讀者差異顯著。也許女性雜誌提供了許多在兩性戰場上的教戰守則，滿足了戀愛次數豐富（研究中發現，戀愛次數豐富的讀者，愛情態度越傾向於遊戲人間式的愛情）的讀者需求，她們不僅在閱讀中得到滿足，可能進一步將之用於日常生活的實踐中而得到成就感，自在優游、遊戲人間，而成為女性雜誌中兩性互動論述的重度喜好者。而毫無戀愛次數的女性雜誌讀者，對於閱讀或進一步實踐與驗證兩性互動論述的興趣，顯然就沒有那麼濃厚。

這個研究對於閱聽人接收行為的動機部分提供了比較不同的觀點，除了生活形態等基本因素會影響閱聽人的閱讀動機外，對於特定的傳播媒介，閱聽人也會受到特殊因素的影響。

關鍵詞

使用與滿足理論　uses and gratification theory

魔彈理論　magic bullet theory

發展任務　development task

涵化理論　cultivation theory

收視忠誠度　the loyalty of TV viewing

重複收視行為　repeat viewing

廣播參與效果　broadcast teleparticipation effect, BTE

擬社會人際互動　para-social interaction, PSI

參考文獻

一、中文部分

？作者（1998/9）。〈新聞主播的專業角色〉。《新聞評議》，285，6-7。

？作者（1999/11）。〈「無冕王」心中的尺——新聞自由界線在哪裡？〉。《新聞評議》，299，1。

？作者（2002/10/10）。〈旅行社之狼要求換裝「她」成了偷拍女主角〉。《中時電子報》。

？作者（2002/4/2）。〈三箱金條，在南非流落一百年〉。《中時晚報》，版1。

？作者（2002/5/22）。〈馬妞停報　藝人叫好〉。《Kuro娛樂快報》。

？作者（2002/5/30）。〈馬妞八出老闆花邊　卦掉總監飯碗〉。《聯合新聞網》。

大紀元報導（2003/7/3）。〈台灣霹靂火結局　秦楊：劉文聰掛掉才能交代〉。
http://www.epochtimes.com/b5/3/7/3/n337549.htm。

小知堂編譯組譯（1994）。《二十四個比利：多重人格分裂的紀實小說》。台北市：小知堂。Keyes, D. (1981). *The minds of Billy Milligan.*

文化總會電視文化研究委員會（1995）。〈開放天空下的文化衝擊——台灣觀眾收看外國節目研究報告〉。《電視文化研究叢書》，5。台北市：文化總會電研會。

方蘭生（1984）。《傳播原理》。台北市：三民。

王小惠（1990）。《青少年收看電視新聞的動機主動性及收看程度三者關聯性之研究》。未出版之碩士論文。台北縣：輔仁大學大眾傳播研究所。

王文科譯（1991）。《學習心理學：學習理論導論》（二版）。台北市：五南。Hergenhahn, B. R. (1988). *An introduction to theories of learning* (3rd ed.).

王永隆（1996）。《電視新聞時段觀眾轉台行為之研究》。未出版之碩士論文。台北市：文化大學新聞研究所。

王守昌（1996）。西方社會哲學。北京市：東方出版。

王宜燕、戴育賢譯（1994）。《文化分析》。台北市：遠流。Wuthnow, R. (1984). *Cultural analysis the work of Peter L. Berger, Mary Douglas, Michel Foucault, and Jurgen Habermas.*

王敏如（2000）。《閱聽人與電視劇互動情形之探索：以兒童詮釋連續劇性別刻板印象為例》。未出版之碩士論文。台北市：世新大學傳播研究所。

王舜偉（2002）。《廣播賣藥節目研究——媒介系統依賴理論之觀點》。未出版之碩士論文。嘉義縣：南華大學傳播管理學研究所。

王嵩音譯（1993）。《傳播研究里程碑》。台北：遠流。Lowery, S. A. & DeFleur, M. L.(1988). *Milestone in mass communication*(2nd ed.).

王澄華（2001）。《人格特質與網路人際互動對網路成癮的影響》。未出版之碩士論文。台北縣：輔仁大學心理研究所。

王震武、林文瑛、林烘煜、張郁雯、陳學志（2001）。《心理學》。台北市：學富。

古又仁（2001）。《微型網站廣告著陸網頁互動性多媒體效果音效與廣告效果關係之探討》。未出版之碩士論文。台北市：國立台灣科技大學創新設計研究所。

民視新聞（2002/10/10）。〈經理假面試之名　向應徵者伸魔爪〉。

石振弘（2001/3/10）。〈漫話，漫畫，《台灣論》〉。http://www.bp.ntu.edu.tw/WebUsers/taishe/frm_twl2_shizhenhong.htm 。

伍至亮（2001）。《國小高年級學生自我概念與電視收視行為、偶像崇拜之研究》。未出版之碩士論文，屏東市：屏東師範學院國民教育研究所。

朱玉芬（1995）。《新聞結構對情感及興趣之影響》。未出版之碩士論文。台北市：國立政治大學新聞研究所。

朱有志（1995）。《大陸地區報紙廣告的文化價值分析：以南方日報與解放日報為例，1979-1993》。未出版之碩士論文。台北市：國立政治大學新聞研究所。

朱美慧（2000）。《我國大專學生個人特性、網路使用行為與網路成癮關係之研究》。未出版之碩士論文。彰化縣：大葉大學資訊管理研究所。

朱詣璋（1998）。〈媒體傳播的新挑戰〉。《動腦雜誌》，262，40-43。

吳宜蓁（1998）。《議題管理》。台北市：正中。

吳明志譯（1995）。《多媒體革命：影音新世界與資訊建築師》。日經產業新聞編。台北市：遠流。

吳祉芸（2002）。《兩岸品牌個性之跨文化比較——以報紙廣告為例》。未出版之碩士論文。台北市：國立政治大學企業管理研究所。

吳進生（2000）。《新台幣紙鈔意象符號認知之研究》。未出版之碩士論文。新竹市：國立交通大學應用藝術研究所。

吳萬益、周福星、蘇良育（1997）。〈廣告內容、情感激起度及廣告說服力之關係——以平面廣告為例〉。《管理學報》，14(2)，197-255。

吳翠珍（1994）。〈兒童之電視釋意基模初探〉。《新聞學研究》，48，1-41。

呂姿雯（2004）。《女性雜誌讀者之閱讀行為、愛情態度及其解讀形態之研究——以女性雜誌讀者為例》。未出版之碩士論文。台北市：中國文化大學新聞研究所。

岑永康（1985）。《電影中之非語言傳播：以「愛情萬歲」為例》。未出版之碩士論文。台北市：銘傳管理學院大眾傳播研究所。

李亞梅譯（1999）。《好萊塢類型電影：公式、電影製作與片廠制度》。台北市：遠流。Schatz, T. (1981). *Hollywood genres: formulas, filmmaking, and the studio system.*

李坦營（2003）。《文化對國中學生建構視覺圖像意義的影響》。未出版之碩士論文。彰化市：國立彰化師範大學藝術教育研究所。

李孟崇（2003）。《色情網站資訊對台北市高職生的涵化路徑之研究》。未出版之碩士論文。台北市：中國文化大學心理輔導研究所。

李欣青（1997）。《視覺圖像在教學上的設計與運用》。未出版之碩士論文。台北縣：淡江大學教育資料科學學系研究所。

李金銓（1990）。《大眾傳播理論》（修訂六版）。台北：三民。

李美枝（2002）。《社會心理學：理論研究與應用》（二版）。台北市：文笙。

李茂政（1984）。《大眾傳播新論》。台北市：三民。

李茂政（1991）。《人類傳播行為大系通論》（三版），台北縣：學英。

李郁桂（2002）。《資訊通信產品圖像介面使用性之評估研究》。未出版之碩士論文。台北市：國立台北科技大學創新設計研究所。

李培蘭（2003）。《幽默廣告機制與形式分類之初探——以1997至2001年時報廣告獎平面類作品為例》。未出版之碩士論文。台北市：國立政治大學廣告研究所。

李闡（1998）。《漫畫美學》。台北市：群流。

杜力平譯（1993）。《大眾傳播學理論》。台北市：五南。DeFleur, M. L. & Ball-Rokeach, S. (1989). *Theories of mass communication*(5th ed.).

沈文英（1996）。〈媒體使用與滿足理論之發展〉。《廣播與電視》，2(4)，45-81。

沈文英（2001）。〈階程化之「媒體使用」模式：動機、媒體使用、動機滿足〉。《廣播與電視》，16，87-125。

汪琪（1990）。《文化與傳播：「世界村」裡的溝通問題》（三版）。台北市：三民。

汪琪、鍾蔚文（1998）。《第二代媒介：傳播革命之後》。台北市：東華。

周亦龍（1999）。《媒體的做點》。台北市：動腦傳播。

周金福（1999）。《台灣電子報線上記者新聞價值判斷之研究》。未出版之碩士論文。台北市：銘傳大學傳播管理研究所。

周倩、楊台恩（1998）。〈電腦網路的特質及相關問題初探〉。《社教雙月刊》，84，17-20。

周書玄（1993）。《不同文化背景非語文行為趨勢之分析——以台灣與美國雜誌廣告模特兒為例》。未出版之碩士論文。新竹市：國立交通大學管理科學研究所。

林文淇（2003）。〈侯孝賢電影中的寫實風格與敘事〉。http://www.ncu.edu.tw/~wenchi/article/HouReal.htm。

林巧敏（1999）。〈社教文化活動如何善用傳播媒體加強宣傳〉。《國立中央圖書館台灣分館館刊》，5(3)，22-27。

林朱燕（1998）。《以非語言行為與說謊建構來探究謊言的偵測》。未出版之碩士論文。台北縣：輔仁大學應用心理學系。

林周宏（2002）。〈青少年使用電動玩具對心理與社會反應之影響〉。未出版之碩士論文，高雄市：高雄醫學大學行為科學研究所。

林柳君譯（1999）。《媒體探戈》。台北市：經典傳訊。Katz, H. (1995). *The media handbook.*

邱秀貴（1984）。《台北市民使用錄影機的行為與動機之研究》。未出版之碩士論文。台北市：國立政治大學新聞研究所。

邱高生（2004/1）。〈重寫三打理論的有效指標〉。《突破雜誌》，222，112-113。

侯明秀（2004）。《無字圖畫書的圖像表現力及其敘事藝術之研究》。未出版之碩士論文。台東市：國立台東大學兒童文學研究所。

施方絜（2003）。《訊息來源、訊息架構與訊息負荷量對溝通效果之影響》。未出版之博士論文。台北市：銘傳大學國際企業學研究所。

洪英正、錢玉芬譯（2003）。《人際溝通》。台北市：學富文化。DeVito, J. A. (1999). *Essentials of human communication* (3rd ed.).

洪慧純（2001）。《台中市青少年收看日本偶像劇市場區隔之研究》。未出版之碩士論文。台中縣：朝陽科技大學企業管理系。

洪蘭譯（2004）。《記憶的祕密》。台北市：貓頭鷹。Rupp, R. (1998). *Committed to memory: how we remember and why we forget.*

洪懿妍（1997）。《網路使用者對電子報的認知圖像：以交大資科BBS站為例》。未出版之碩士論文。台北市：國立政治大學新聞研究所。

珍珠（2001/7）。〈從閱讀報紙辨性格〉。http://www.libertytimes.com.tw/2001/new/jul/31/life/star-3.htm。

胡崇慈（1986）。《對被強姦者態度與歸因過程研究》。未出版之碩士論文。台北市：國立政治大學心理研究所。

胡紹嘉（1999）。〈誰怕夜的黑──靈異節目的情感影響與閱聽人歸因判斷之研究〉。《民意研究季刊》，207，115-146。

范宜善（2000）。〈映象中視覺設計的方法〉。「視覺藝術與數位文化學術研討會」，台北市：台北市立師範學院。

范琪斐（2003/7）。〈百年來頭一遭　紐約愛樂有台灣提琴手〉。http://www.tvbs.com.tw/news/news_list.asp?no=vestashi20040721194216。

范琪斐（2004/7/21）。〈百年來頭一遭　紐約愛樂有台灣提琴手〉。http://www.tvbs.com.tw/news/news_list.asp?no=vestashi20040721194216。

唐士祥（1993）。《幽默廣告在不同情境下對不同涉入程度產品的說明效果》。未出版之碩士論文。台北市：國立政治大學心理研究所。

唐維敏譯（1994）。《文化、社會與媒體：批判性觀點》。台北市：遠流。Gurevitch, M.(1994). *Culture, society, and the media.*（原著1982年出版）。

唐維敏譯。（1998）。《英國文化研究導論》。台北市：亞太。Turner, G.(1996). *British culture studies: an introduction* (2nd ed.).

孫東顯（1994）。《青少年電視暴力訊息接觸與暴力行為之研究》。未出版之碩士論文。台中市：東海大學社會工作學系。

孫曼蘋（1997）。〈中美青少年家用電腦使用及其家庭生活之比較研究〉。《民意研究季刊》，199，49-72。

孫曼蘋（1997）。〈青少年對新電視使用與其家庭人際關係之研究〉。《新聞學研究》，54，211-235。

孫曼蘋（1998）。〈都會家庭多頻道電視使用、家庭休閒、家庭人際關係之研究〉。《中華傳播學會1998年學術研討會》。台北縣。

孫曼蘋（1998）。《現代家庭電視收看、家庭休閒、家庭社會關係之研究：質化研究法初探》。國科會專案研究。

孫曼蘋（2001）。〈青少年家用電腦使用之研究──質化研究法初探〉。《廣播與電視》，16，27-51。

徐佳士（1966）。《大眾傳播理論》。台北市：台北市新聞記者公會。

徐佳士、楊孝濚、潘家慶（1975）。《台灣地區民眾家庭計畫傳播模式：通道、訴求與反應》。台北市：國立政治大學新聞研究所。

徐美苓（1995）。〈男女有別乎？──情感與新聞解讀〉。《新聞學研究》，51，57-85。

徐美苓（1996）。《愛滋病議題媒體建構與民眾認知態度及行為意向(I)》。台北市：行政院國科會科資中心。

徐達光（2003）。《消費者心理學：消費者行為的科學研究》。台北市：東華書局。

徐麗麗、胡文郁、邱泰源、陳慶餘（2005）。〈音樂治療於緩和醫療之應用〉。http://med.mc.ntu.edu.tw/~fm/educate/1-6r.html 。

祝鳳岡（1996）。〈「廣告理性訴求策略」之策略分析〉。《廣告學研究》，8，1-26。

翁秀琪（1992/1998/2001）。《大眾傳播理論與實證》。台北市：三民。

翁秀琪（1992）。《傳播內容與社會價值變遷：以報紙對婦女運動的報導為例》。台北市：國立政治大學新聞研究所。

翁新涵（2004/6/25）。〈網路追追追〔特洛伊〕搞飛機？〉。http://www.ettoday.com/

2004/06/25/91-1649133.htm。

袁佐鈿（1986）。《美國電視對青少年的影響》。未出版之碩士論文。台北縣：淡江
　　大學美國研究所。

馬道容、賴錦宏（2002/4/3）。〈挖到同盟會金條？愚人節新聞〉。《聯合新聞網》。

張成軍（1997）。〈直播衛星電視──新一代的付費電視〉。《衛星與有線電視雜
　　誌》，9(12)，42-47。

張春興（1991）。《現代心理學：現代人研究自身問題的科學》。台北市：東華。

張春興（2002）。《張氏心理學辭典》（六刷修正版）。台北市：東華。

張淑綺（2000）。《我是誰？青少年的再現──以平面媒體為例》。未出版之碩士論
　　文。台北縣：輔仁大學大眾傳播學研究所。

張愛琪（2004）。《廣告破口、涉入程度、廣告位置對綜藝節目廣告態度效果影響之
　　研究》。未出版之碩士論文。台北市：中國文化大學新聞研究所。

張滿玲（1990）。《立論基礎、傳播者身分與內容呈現方式之說服效果》。未出版之
　　碩士論文。台北市：國立政治大學心理研究所。

張瓊惠。〈以敘事性設計引導空間設計的手法：以「Rumjungle 酒吧餐廳」為例解讀
　　空間設計意涵〉。http://home.educities.edu.tw/lingyf/na/col037.html。

曹逸雯（2004/1）。〈「曉玲　嫁給我吧」謎底揭曉　大樂透讓你也可以這樣浪漫〉。
　　http://ap1.ettoday.com/more/more2.php?messageid=1566728。

莫季雍（2001）。〈兒童、青少年與傳播媒介：我們所知與不知的閱聽行為〉。《廣
　　電人》，81，14-19。

許峻豪（2002）。《圖像式刺激與語文訊息的幽默理解歷程》。未出版之碩士論文。
　　中壢市：中原大學心理學系。

許舜青（1994）。《新聞寫作歷程初探》。未出版之碩士論文。台北市：國立政治大
　　學新聞研究所。

陳世敏（1995）。《廣播收聽行為及使用程度調查之──一般民眾收聽廣播習慣之研
　　究》。未出版之碩士論文，台北：國立政治大學新聞研究所。

陳伊君（2003）。《產品愉悅感的模式語言》。未出版之碩士論文。台北市：國立台
　　北科技大學創新設計研究所。

陳金祝（1997）。《國小教師教學時非語言行為運用之研究》。未出版之碩士論文。
　　台東市：國立台東師範學院教育研究所。

陳信榮（1999）。《電視觀眾遙控器使用行為之研究──兼論其對主流節目策略之意
　　義》。未出版之碩士論文。台北市：文化大學新聞研究所。

陳俊榮（1998）。《有線電視網際網路服務之潛在採用者類型研究》。未出版之碩士

論文。台北市：銘傳大學傳播管理研究所。

陳建安（2000）。《傳播科技對媒介消費者影響分析——比較傳統媒介、電腦網路與有線電視網路》。未出版之碩士論文。台北市：文化大學新聞研究所。

陳晉玄（2003）。《消費者對產品識別之視覺認知研究——以汽車造型為例》。未出版之碩士論文。台北市：國立台北科技大學創新設計研究所。

陳淑芬（2000）。《她們的美麗與哀愁：女性雜誌的美貌建構與讀者使用之研究》。未出版之碩士論文。台北市：國立政治大學廣告研究所。

陳淑惠（2003）。〈探問 e 世代青少年的迷「網」問題——兼談青少年網路成癮的相關因素與輔導策略〉。《學生輔導》，86，12-15。

陳順孝（2003/7）。〈版面設計也是一種政治〉。http://ashaw.typepad.com/edi-tor/2003/07/post_10.html。

陳運璞（1986）。《我國電視新聞守門人之研究：以台視晚間新聞為例》。未出版之碩士論文。台北市：國立政治大學新聞研究所。

陳曉開（1995）。《新聞編輯的專家與生手解題表現研究》。未出版之碩士論文。台北市：國立政治大學新聞研究所。

章倩萍（1994）。《新聞記者的認知策略之研究》。未出版之碩士論文。台北市：國立政治大學新聞研究所。

喻靖媛（1994）。《記者及消息來源互動關係與新聞處理方式之關聯性研究》。未出版之碩士論文。台北市：國立政治大學新聞研究所。

曾華源、劉曉春譯（2000）。《社會心理學》。台北市：洪葉。Baron, R. A. & Byrne, D. (1997). *Social Psychology.*

曾鼎翔（2000）。《消費者廣告壅塞知覺及其影響之探討——以台南市消費者為例》。未出版之碩士論文。台南市：國立成功大學工業管理學系。

游恆山編譯（1994）。《心理學》。台北市：五南。Zimbardo, P. G.(1989). *Psychology.*

程紹同（2000/2）。〈企業最佳代言人——運動名人品牌背書的廣告策略〉。《廣告雜誌》，105，114-119。

賀乙舜、蕭遠斌（2004/3/26）。〈秦慧珠按鈴　控告中選會有計畫作票〉。http://www.tvbs.com.tw/news/news_list.asp?no=jean20040326120533。

馮建三譯（1993）。《大眾文化的迷思》。台北市：遠流。Swingewood, A. (1977). *The myth of mass culture.*

馮建三譯（1995）。《電視、觀眾與文化研究》。台北市：遠流。Morley, D. (1992). *Television, audiences, and cultural studies.*

黃天中、洪英正（1992）。《心理學》。台北市：桂冠。

黃如伶（1995）。《閱聽人愛滋病知識、先前態度、傳播行為與愛滋病防治政策態度
之關聯性分析》。未出版之碩士論文。台北市：文化大學新聞研究所。

黃安邦、陳皎眉編譯（1986）。《社會心理學》。台北市：五南。Sears, D. O. (1970).
Social psychology.

黃希庭、李文權、張慶林譯（1992）。《認知心理學》。台北市：五南。Solso, R. L.
(1988). *Cognitive psychology* (2nd ed.).

黃崇彬（2002/11/28）。〈設計後設語系中造型文法之結構分析〉。http://www.prod-
uct.tuad.ac.jp/robin/Research/meta.html 。

黃新生（1994）。《電視新聞》。台北：遠流。

黃義書（1994）。《新聞產製場域中的攝影記者——認知、角色、專業權力及生存心
態分析》。未出版之碩士論文。台北市：世新大學傳播研究所。

黃鈴池（1996）。《標誌設計中表達行業特性之色彩與造型要素之探討》。未出版之
碩士論文。新竹市：國立交通大學應用藝術研究所。

黃鈴媚（1999）。〈恐懼訴求與健康宣導活動：宣導訊息內容設計之研究〉。《新聞
學研究》，61 ，99-135 。

黃葳威（1998）。〈非商業廣播頻道節目走向分析——以宗教社區電台為例〉。《廣
播與電視》，3(4)，71-113 。

黃葳威（1999）。〈非商業電視頻道節目走向分析——以好消息頻道為例〉。《1998
年世界心理衛生與輔導會議論文集》。

黃嘉勝（1998）。〈新科技媒體對國小美勞科教學之影響及其應用趨勢〉。《教學科
技與媒體》，42 ，15-22 。

黃耀德（1995）。《色彩形式在空中教學電視字幕呈現過程中對收視者之影響研
究》。未出版之碩士論文。新竹市：國立交通大學傳播研究所。

黃馨台（2000）。《廣告媒體、廣告國家與產品類型對於廣告訴求與廣告內容資訊性
之影響》。未出版之碩士論文。台南市：國立成功大學國際企業研究所。

黃馨儀、李文玲、呂易霖、張瑋（2004）。〈政治漫畫　嘲諷時事　畫中有話〉。
《文化一週新聞網》，1018 。http://jou.pccu.edu.tw/weekly/communication/
1018/08.htm 。

黃蘭雯（1996）。《青少年金錢觀：ERG 理論之探討》。未出版之碩士論文。台北
市：國立政治大學心理研究所。

楊久瑩、胡幼偉（1995）。〈報社甄選記者過程之研究〉。《民意研究季刊》，193 ，
68-92 。

楊台恩、徐欣瑩、鄭安授（1999）。〈台灣電子報現況：從守門人角度談起〉。《新

興傳播科技對兩岸大眾傳播交流之影響研討會論文集》。台北市。

楊治良（2001）。《記憶心理學》。台北市：五南。

楊惠娥（1980）。《台北市國小高年級學童收看電視益智猜謎節目動機之研究：以
「美國與中共建交」事件為例》。未出版之碩士論文。台北市：國立政治大學新
聞研究所。

楊惠琪（2001/7）。〈新聞倫理與知的權利的拉鋸戰——從犯罪新聞談起〉。
http://home. kimo.com.tw/iseecom/report_4.htm#f。

楊瑞明（2001）。〈網路媒體對青少年的影響〉，《資訊與教育》（特刊），302-
318。

楊瑪利（2001/3）。〈媒體也瘋狂〉。《天下雜誌》，238，166-168。

溫世仁、莊琬華著，蔡志忠繪圖（1999）。《媒體的未來》。台北市：大塊。

溫華添（1986）。《大眾傳播媒介可信度及其關聯因素研究》。未出版之碩士論文。
台北市：國立政治大學新聞研究所。

葉至誠（1997）。《蛻變的社會：社會變遷的理論與現況》。台北市：洪葉。

葉明德譯。（1978）。《傳播工具新論》。台北市：巨流。McLuhan, M. (1964).
Understanding media: the extensions of man.

葉恆芬（2000）。《網路媒體可信度及其影響因素初探研究：以台灣地區網路使用者
為例》。未出版之碩士論文。嘉義縣：國立中正大學電訊傳播研究所。

葉重新（2004）。《心理學》。台北市：心理。

葉素萍（2004/03/04）。〈吳淑珍：若有內線交易勝華股票　不會持股少早賣出〉。
http://www.ettoday.com/2004/3/4/11099-1595966.htm。

葛健生（1991）。《報紙和電視新聞可信度比較之研究》。未出版之碩士論文。台北
市：中國文化大學新聞研究所。

詹德斌（2001）。《多媒體資訊對新興金融產品宣導之研究》。未出版之碩士論文。
桃園縣：國立中央大學資訊管理研究所。

路全勝（1992）。《台灣地區報紙市場區隔之研究》。未出版之碩士論文。台中市：
東海大學企業管理研究所。

網友作品（2006）。〈中國武俠劇十大必備情節〉。http://hk.myblog.yahoo.com/jw!
yAoOoSaTBQUHhSF9gau6IMgOt3fAZvV1b n8n/article?mid=1349。瀏覽日期：
2006 /11/1。

臧國仁（1999）。《新聞媒體與消息來源——媒體框架與真實建構之論述》。台北
市：三民。

臧國仁、鍾蔚文、黃懿慧（1997）。〈新聞媒體與公共關係（消息來源）的互動〉。

朱立等編，《大眾傳播與市場經濟》（頁141-183）。香港：爐峰。

趙志立（2001）。《從大眾傳播到網絡傳播：二十一世紀的網絡傳媒》。成都市：四川大學。

趙雅麗（1994）。〈電腦情境的人際溝通與「人際」互動省思〉。《第四屆電影電視錄影國際學術會議論文集》。

趙雅麗（2003）。〈符號版圖的迷思：影像化趨勢下語言的未來發展〉。《新聞學研究》，77，187-215。

劉幼琍（1997）。《多頻道電視與觀眾：九〇年代的電視媒體與閱聽人收視行為研究》。台北市：時英。

劉慧雯（2001）。〈電視廣告「效果」再論：語言遊戲的觀點〉。《新聞學研究》，66，110-115。

蔡菁秤（2000）。《兒童電視識讀能力與父母介入兒童收視行為之相關研究》。未出版之碩士論文。台中市：國立台中師範學院國民教育研究所。

蔡琰、臧國仁（2002/5）。〈電視劇與老人研究（傳播研究之另一取向？）：從老人觀賞電視劇論榮格心理學對閱聽眾研究之啟示〉。《「傳播學術新發展：傳承與展望」研討會》。台北市：政治大學傳播學院。

鄭自隆（1997）。《競選廣告：理論、策略、研究案例》。台北市：行政院國科會科資中心。

鄭自隆、黃深勳、郭良文、陳尚永（2001）。《廣告管理》。台北市：空中大學。

鄭昭明（1993）。《認知心理學：理論與實踐》。台北市：桂冠。

鄭淑雲（1997）。《台灣與美國雜誌廣告中文化價值呈現之比較分析》。未出版之碩士論文。台北市：世新大學傳播研究所。

鄭麗玉（1989）。〈淺談人類的記憶〉。《教師之友》，30(3)，16-21。

鄭麗玉（1993）。《認知心理學：理論與應用》。台北市：五南。

盧鴻毅（1992）。《新聞媒體可信度之研究》。未出版之碩士論文。台北市：國立政治大學新聞研究所。

賴乃綺（2001）。《誘因贈獎式網路廣告效果研究》。未出版之碩士論文。台北市：國立政治大學廣告研究所。

賴孟寬、劉淑凰（2001）。〈台灣近代廣告文化訴求趨勢與不同文化訴求對情感激起度、廣告態度之影響〉。《管理學報》，18(3)，377-394。

賴思妤（2004/7）。〈「辣妹」管理員　租屋暴漲〉。http://210.60.90.134/ shownews. asp?newsid=3578&group=around 。

錢玉芬（1998）。《新聞專業性概念結構與觀察指標之研究》。未出版之博士論文，

台北市：國立政治大學新聞研究所。

錢玉芬（2001）。〈網路色情研究的省思〉。《傳播研究簡訊》，28，7-8。

錢玉芬、傅豐玲、盧恩慈（2000）。〈比較電子報與傳統報紙之傳播效果——以閱聽人對新政府的態度形成爲例〉。《淡江大學國際傳播學術研討會會議論文集》，261-278。

戴伯芬（2000）。《媒體產業的全球地方形構——台灣有線電視的政治經濟學分析》。未出版之博士論文。台北市：國立台灣大學建築與城鄉研究所。

戴怡君（1999）。《使用網際網路進行互動者特質之探索》。未出版之碩士論文。嘉義縣：南華管理學院教育社會學研究所。

聯合新聞網（2004/4/7）。〈網路世代學運　藍綠網友互掀底〉。http://archive.udn.com/2004/4/7/news/national/nats2/194428.shtml。

謝文雀編譯（2001）。《消費者行爲》（二版）。台北市：華泰。Blackwell, R. D., Miniard, P. W., & Engel, J. F. (2001). *Consumer behavior* (9th ed.).

謝文傑（2002）。〈音樂治療對心理與身心健康的影響〉。http://www.psychpark.org/psy/music.asp。

謝旭洲（1997）。〈暴力卡通影片與國小學童侵略行爲的研究〉。《廣播與電視》，3(1)，71-94。

謝炫達（2001）。《「全球化廣告」的接收分析——影響閱聽人解讀形態之因素研究》。未出版之碩士論文。台北市：國立政治大學廣告研究所。

鍾起惠（1995）。《多頻道環境觀眾收視行爲之研究：以有線電視新店經營區爲例》。未出版之博士論文。台北市：國立政治大學新聞研究所。

鍾聖校（1990）。《認知心理學》。台北市：心理。

鍾蔚文（1992）。《新聞媒介使用與認知結構關係之研究》。台北市：行政院國科會科資中心。

鍾蔚文、臧國仁（1994）。〈如何從生手到專家〉。臧國仁主編，《新聞「學」與「術」的對話》。台北市：國立政治大學新聞研究所。

韓佩凌（2000）。《台灣中學生網路使用者特質、網路使用行爲、心理特性對網路沉迷現象》。未出版之博士論文。台北市：國立台灣師範大學教育心理與輔導研究所。

韓智先（2000）。《網路討論區的議題設定效果研究：以中華民國八十九年總統大選爲例》。未出版之碩士論文。台北市：世新大學傳播研究所。

瞿海源（1993）。《走出亂象》。台北市：允晨文化。

簡如君（1990）。《訊息接收者的涉入程度、訊息來源數，及專家身分對說服效果之

影響》。未出版之碩士論文。台北市：國立政治大學心理研究所。

顏朱吟（2003）。《與平面媒體互動關係之公關策略研究──以高雄地區大學為例》。未出版之碩士論文。高雄市：國立中山大學傳播管理研究所碩士在職專班。

魏素芬（1997）。《城鄉老人休閒活動之探討》。未出版之碩士論文。台北市：國立台灣大學農業推廣學研究所。

魏麗香（2001）。《青少年沉迷網咖經驗及其影響之研究：一位學校老師對學生網咖經驗之初探》。未出版之碩士論文。嘉義縣：國立中正大學犯罪防治研究所。

羅文輝（1988）。〈讓報紙更好看〉。《時報社刊》，44，110-114。

羅文輝（1995）。《新聞從業人員專業價值觀之研究》。台北市：行政院國科會科資中心。

羅文輝、吳筱玫、Paddon, A. R.（1999）。〈台灣報紙頭版設計的趨勢分析：1952-1996〉。《新聞學研究》，59，67-90。

羅世宏譯（1992）。《傳播理論：起源、方法與應用》。台北市：時英。Severin, W. J. & Tankard, J. W. (1988). *Communication theories: origins, methods, and uses in the mass media.*

羅世宏譯（1992）。《傳播理論：起源、方法與應用》。台北市：時英。Severin, W. J. & Tankard, J. W. (1988). *Communication theories: origins, methods, and uses in the mass media.*

羅美玲（1999）。《電子報讀者之動機分析》。未出版之碩士論文。桃園縣：元智大學資訊研究所。

蘇郁凱（2002/7/25）。〈恐嚇歌星黃乙玲，重殘男子譜悲歌〉。《中國時報》。

蘇蘅（1995）。《開放天空下的文化衝擊：台灣民眾收看外國節目研究報告》。台北市：文化總會電研會。

二、英文部分

Allport, G. W. (1961). *Pattern and growth in personality.* New York: Holt, Rinehart, & Winston.

Altheide, D. L. (1976). *Creating reality: how TV news distorts events.* Beverly Hills: Sage.

Altheide, D. L. (1985). *Media power.* Beverly Hills, CA, and London: Sage.

Amabile, T. M.(1996). *Creativity in context.* New York: Westview.

Aylesworth, A. B. & MacKenzie, S. B. (1998). Context is key: The effect of program-induced mood on thoughts about the ad. *Journal of Advertising, 27,* 17-31.

Bagdikian, B. (1990). *The media monopoly.* Boston: Beacon.

Ball-Rokeach, S. J., Rokeach, M., & Grube, J. W. (1984). *The great American value test.* New York: Free Press.

Bandura, A. (1977). *Social learning theory.* Englewood Cliffs, NJ: Prentice-Hall.

Barwise, T. P. & Ehrenberg, A. (1988). *Television and its audience.* London: Sage.

Bauer, R. (1964). The obstinate audience: the influence process from the point of view of social communication. *American Psychologist, 19,* 319-328.

Berelson, B. (1963). *The behavioral sciences today.* New York: Basic Bk.

Berkowitz, L. & Rogers, K. H. (1986). A priming effect analysis of media influence. In J. Bryant & D. Zillmann, (Eds.), *Perspectives on media effects* (pp.57-81). Hillsdale, NJ: Lawrence Erlbaum.

Berlo, D. K., Lemert J. B., & Mertz R. J. (1969-1970). Dimensions for Evaluating the Acceptability of Message Sources. *The Public Opinion Quarterly, 33*(4) Winter, 563-576.

Bernt, J. P., Fee, F. E., Gifford, J., & Stempel III, G.H. (2000). How well can editors predict reader interest in news. *Newspaper Research Journal, 21*(2), 2-10.

Biswas, A., Olsen, J.E. & Carlet, V. (1992). A comparison of print advertisements from the United States and France. *Journal of Advertising, 21*(4), 73-81.

Blumler, J. & McQuail, D. (1969). *Television in politics: its uses and influence.* Chicago: University of Chicago Press.

Breed, W. (1955). Social control in the newsroom: a functional analysis. *Social Forces, 33,* 326-335.

Brewer, W. F. & Lichtenstein, E. H. (1982). Stories are to entertain: a structural affect theory of stories. *Journal of Pragmatics, 6,* 473-486.

Brosius, H. B., Wober, M., & Weimann, C. (1992). The loyalty of television viewing: how consistent is TV viewing behavior? *Journal of Broadcasting & Electronic Media, 36,* 321-335.

Bryant, J. & Comisky, P. W. (1978). The effect of positioning a message within differentially cognitively involving portions of a television segment on recall of the message. *Human Communication Research, 5*(1), 63-75.

Buller, D. B. (1986). Distraction during persuasive communication: a meta-analytic review. *Communication Monographs, 53,* 91-114.

Buzzell, R. D. (1968). Can you standardize international marketing? *Harvard Business Review, 46*(November-December), 102-113.

Cantril, H. (1958). The invasion from Mars. In E. E. Maccoby, T. M. NewComb, & E. L. Hartley (Eds.), *Readings in Social Psychology* (3rd ed). New York: Basic Books.

Cantril, H. (1958). *The Politics of Despair.* New York: Basic Books.

Cantril, H., et al. (1940). *The invasion from Mars.* Princeton, N. J.: Princeton University Press.

Carey, J. (1975). Culture and communications. *Communication Research, 2,* 173-191.

Carey, J. (1989). *Culture as Communication.* London: Unwin Hyman.

Carroll, J. B. (1985). The nature of the reading process. In H. Singer & B. R. Robert (Eds.), *Theoretical models and the processes of reading* (3rd ed.) Newark, DE: International Reading Association.

Cattell, R. B. (1943). The description of personality: basic trait into clusters. *Journal of Abnormal and Social Psychology, 38,* 476-506.

Cheng, H. & Schweitzer, J. C. (1996). Cultural values reflected in Chinese and U.S. television commercials. *Journal of Advertising Research, 36* (3), 27-45.

Cook, K. S. (2000). Advances in the microfoundations of sociology: recent developments and new challenges for social psychology. *Contemporary Sociology. 29* (5), 685-692.

Costa, P. T., Jr. & McCrae, R. R. (1985). *The NEO personality inventory manual.* Odessa, FL: Psychological Assessment Resources.

Costa, P. T., Jr. & McCrae, R. R. (1989). *The NEO personality inventory manual.* Odessa, FL: Psychological Assessment Resources.

Costa, P. T., Jr. & McCrae, R. R. (1992). *Revised NEO personality inventory (NEO-PI-R) and NEO five-factor (NEO-FFI) inventory professional manual.* Odessa, FL: Psychological Assessment Resources.

Cozzens, M. D. & Contractor, N. S. (1987). The effect of conflicting information on media skepticism. *Communication Research, 14,* 437-451.

Craik, F. I. & Lockhart, R. S. (1972). Levels of processing: a framework for memory research. *Journal of Verbal Learning and Verbal Behavior, 11,* 671-684.

Douglas, S. & Dubois, B. (1997). Looking at the cultural environment for international marketing opportunities. *Columbia Journal of World Business (winter), 12,* 47-56.

Downs, A. (1972). Up and down with ecology: the issue-attention cycle. *The Public Interest, 28,* 38-50.

Duncan, C. P. & Nelson, J. E. (1985). Effects of humor in a radio advertising experiment. *Journal of Advertising, 14*(2), 33-40.

Dyer, G. (1982). *Advertising as communication.* London: Methuen.

Emmers-Sommer, T. M. & Allen, M. (1999). Surveying the effect of media effects: a meta-analytic summary of the media effects research. *Human Communication Research, 25*(4), 478-497.

Entman, R. M. (1993). Framing: toward clarification of fractured paradigm. *Journal of Communication, 43*(4), 51-58.

Erikson, E. H. (1968). *Identity, youth, and crisis.* New York: W. W. Norton.

Estrada, C. A., Isen, A. M., & Young, M. J. (1995). *Positive affect facilitates integration of information and decreases anchoring in reasoning among physicians.* Paper presented at the annual meeting of the Society for Medical Decision-Making, Tempe, AZ, October.

Eysenck, H. J., & Eysenck, M. W. (1985). *Personality and individual difference: A natural science approach.* New York: Plenum.

Facorro, L. B. & Defleur, M. L. (1993). A Cross-Cultural Experiment on How Well Audiences Remember News Stories from Newspaper, Computer, Television, and Radio Sources. *Journalism Quarterly, 70*(3), 585-601.

Festinger, L.(1957). *A theory of cognitive dissonance.* CA: Standford University Press.

Finn, S. (1997). Origins of media exposure: linking personality traits to TV, radio, print, and film use. *Communication Research, 24*(5), 507-529.

Fishbein, M. & Ajzen, I. (1975). *Belief, attitude, intention and behavior: an introduction to theory and research reading.* MA: Addison-Wesley.

Fiske, S. T. & Taylor, S. E. (1991). *Social cognition* (2nd ed.). New York: McGraw-Hill.

Forceville, C. (1996). *Pictorial metaphor in advertising.* London/New York: Routledge.

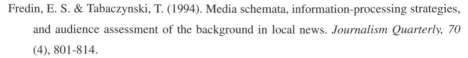

Fredin, E. S. & Tabaczynski, T. (1994). Media schemata, information-processing strategies, and audience assessment of the background in local news. *Journalism Quarterly, 70* (4), 801-814.

Garramone, G. M. (1992). A broader and "warmer" approach to schema theory. In S. A. Deetz (Ed.), *Communication Yearbook, 15.*

Gerbner, G. & Gross, L. (1976). Living with television drama. In R. K. Baker & S. J. Ball (Eds.), *Violence in the media.* Staff Report to the National Commission on the Causes and Prevention of Violence, Washington D.C.

Gerhards, J. & Rucht, D. (1992). Mesomobillization: organizing and framing in two protest campaigns in West Germany. *The American Journal of Sociology, 98*(3), 555-596.

Goffman, E. (1974). *Frame analysis: an essay on the organization of experience.* New York: Harper & Row.

Goldberg, M. E. & Gorn, G. J. (1987). Happy and sad TV programs: how they affect reactions to commercials. *Journal of Consumer Research, 14,* 387-403.

Graber, D. A. (1988). *Processing the news: how people tame the information tide* (2nd ed.) New York: Longman.

Grant, A. E., Guthrie, K. K., & Ball-Rokeach, S.J. (1991). Television shopping-media system dependency perspective. *Communication Research, 18*(6), 773-798.

Greeno, J. (1976). Indefinite goals in well-structured problems. *Psychological Review, 83*(6), 419-491.

Greenwald, A. G. & Leavitt, C. (1984). Audience involvement in advertising: four levels. *Journal of Consumer Research, 11*, 581-592.

Guttman, L. (1954). The principal components of scalable attitudes. In P. F. Lazarsfeld (Ed.), *Mathematical thinking in the social sciences* (pp.216-257). Glencoe, IL: Free Press.

Hall, A., Anten, T., & Cakim, I. (1999). Perceived typicality: American television as seen by Mexicans, Turks, and Americans. *Critical Studies in Mass Communication. 16*(4), 436-455.

Hall, E. T. (1976). *Beyond culture.* Garden City, NY: Doubleday.

Hall, S. (1980). *Culture, media, language: working papers in cultural studies.* London: Hutchinson [Birmingham, West Midlands]: Centre for Contemporary Cultural Studies, University of Birmingham.

Heeter, C. & Greenberg, B. (1985). Cable and program choice. In D. Zillmann & J. Bryant

(Eds.), *Selective exposures to communication* (pp.203-224). Hillsdale, New Jersey: Lawrence Erlbaum Associates.

Heeter, C. & Greenberg, B. S. (1988). *Cableviewing. Norwood*, New Jersey: Ablex

Heeter, C. (1985). Program selection with abundance of choice: a process model. *Human Communication Research, 12*(1), 126-152.

Heeter, C. (1988). The choice process model. In C. Heeter & B. S. Greenberg (Eds.), *Cableviewing* (pp.11-32). Norwood, New Jersey: Ablex.

Heider, F. (1946). Attitude and cognitive organization. *The Journal of Psychology, 21,* 107-112.

Heider, F. (1958). *The psychology of interpersonal relations.* New York: Wiley.

Hite, R. E. & Fraser, C. (1988). International advertising strategies of multinational corporations. *Journal of Advertising Research, 28,* 9-17.

Hofstede, G. (1983). National cultural in four dimensions: a research-based theory of cultural difference among nations. *Introduction Studies of Man & Organization, XIII* (1-2), 46-74.

Hornick, W. F., Enk, G. A., & Hart, S. L. (1984). *Improving impact assessment: increasing the relevance and utilization of scientific and technical information.* Boulder, Colo.: Westview Press.

Hovland C. I., Janis, I. L. & Kelley, H. H. (1953). *Communication and persuasion: psychological studies of opinion change.* New Haven: Yale University Press.

Hovland, C. I. (1953). *Communication and persuasion: psychological studies of opinion change.* New Haven: Yale University Press.

Ishii, K., Su, H., & Watanabe, S. (1999). Japanese and U.S. programs in Taiwan: New patterns in Taiwanese television. *Journal of Broadcasting and Electronic Media, 43*(3), 416-431.

James, W. (1890). *Principles of psychology.* New York: Holt, Rinehart & Winston.

Janis, I. & Feshbach, S. (1953). Effects of fear-arousing communications. *Journal of Abnormal and Social Psychology, 48,* 78-92.

Janis, I. L. (1967). Effects of fear arousal on attitude change: recent developments in theory and research. In L. Berkowitz (Ed.), *Advances in experimental social psychology, 3,* (pp.166-224). New York: Academic Press.

Johnson, T. J. & Kaye, B. K. (1998). Cruising is believing?: comparing internet and traditional sources on media credibility measures. *Journalism & Mass Communication*

Quarterly, 75 (2), 325-340.

Johnstone, W. C., Slawski, E. J., & Bowman, W. W. (1976). *The news people.* Urbana: University of Illinois.

Katz, E. & Blumler, J. G. (1974). *The uses of mass communications: current perspectives on gratifications research.* Beverly Hills: Sage.

Katz, E., Blumler, J. G., & Gurevitch, M. (1974). Utilization of mass communication by the individual. In J. G. Blumler & E. Katz (Eds.), *The uses of mass communications.* Beverly Hills: Sage.

Kelman, H. C. (1958). Compliance, identification, and internalization: Three processes of attitude change. *Journal of Conflict Resolution, 2,* 51-60.

Kim, J. & Rubin, A. M. (1997). The variable influence of audience activity on media effects. *Communication Research, 24*(2), 107-135.

Kim, M. S. & Hunter, J. E. (1993). Relationships among attitudes, behavioral intentions, and behavior: a meta-analysis of past research, Part 2. *Communication Research, 20*(3), 331-364.

Klapper, J. T. (1960). *The effects of mass communication.* Illinois: Free Press of Glencoe.

Kretchmer, E. (1921). *Köperbau und Charakter.* Berlin.

Krugman, H. E. (1972). Why three exposures may be enough. *Journal of Advertising Research, 12*(6), 11-28.

Lang, A. (2000). The effects of edits on arousal, attention, and memory for television messages: when an edit is an edit can be too much? *Journal of Broadcasting & Electronic Media, 44*(1), 94-110.

Lang, A., Potter. D., & Grabe, M. E. (2003). Making new memorable: applying theory to the production of local television news. *Journal of Broadcasting and Electronic Media, 47*(1), 113-123.

Lasswell, H. D. (1927). *Propaganda technique in the world war.* New York: Peter Smith.

Lasswell, H. D. (1949). *The analysis of political behavior: an empirical approach.* London: Routledge & Kegan Paul Lit.

Lazarsfeld, P. & Elihu, K. (1955). *Personal influence.* Illinois: The Free Press.

Lazarsfeld, P. F. (1948). *The people's choice: how the voter makes up his mind in a presidential campaign.* New York: Columbia University Press.

Lenormand, J. A. M. (1964). Is Europe ripe for the integration of advertising? The *International Advertiser, 5,* 14.

Leventhal, H. (1970). Findings and theory in the study of fear communications. In L. Berkowitz (Ed.). *Advances in Experimental Social Psychology, 5,* 119-186. New York: Academic Press.

Levy, M. & Windahl, S. (1984). Audience activity and gratifications: a conceptual clarification and exploration. *Communication Research, 11,* 51-78.

Levy, M. R.(1978). Opinion Leadership and Television News Uses. *The Public Opinion Quarterly, 42*(3), 402-406.

Lull, J. (1990). *Inside family viewing: ethnographic research on television's audiences.* London, New York: Routledge.

Lumsden, G. (1996). *Communicating with credibility and confidence.* Belmont: Wadsworth Pub.

Lutz, K. A. & Lutz, R. J. (1977). Effects of interactive imagery on learning: application to advertising. *Journal of Applied Psychology, 62,* 493-498.

Madden, T. J. & Weinberger, M. G. (1982). The effects of humor on attention in magazine advertising. *Journal of Advertising, 11*(3), 8-14.

Mallen, B. E. & Litvak, I. A. (1964). *Marketing: Canada: recent readings.* New York : McGraw-Hill.

Mandler, G. (1982). The structure of value: accounting for taste. In S. C. Margaret & S. T. Fiske (Eds.), *Affect and cognition: the seventeenth annual carnegie symposium on cognition.* Hillsdale, NJ: Lawrence Erlbaum.

Maslow, A. H. (1954). *Motivation and personality.* New York: Harper.

Maslow, A. H. (1970). *Motivation and personality.* 2nd ed. New York: Harper.

Maslow, A. H. (1987). *Motivation and personality* (3rd ed.). New York: HarperCollins.

Mayer, R. E. (1981). *The promise of cognitive psychology.* San Francisco: W. H. Freeman and Company.

McComas, K. (1999). Telling stories about global climate change: measuring the impact of narrative on issue cycles. *Communication Research, 26*(1), 30-57.

McCombs, M. E. & Shaw, D. L. (1993). The evolution of agenda-setting research: twenty-five years in the marketplace of ideas. *Journal of Communication, 43*(2), 58-67.

McCroskey, J. C. (1966). Scales for the measurement of ethos. *Speech Monographs, 33,* 65-72.

McGuire, W. J. (1964). Inducing resistance to persuasion. In L. Berkowitz (Ed.), *Advance in experimental social psychology* (Vol. 1) (pp. 192-229). New York: Academic Press.

McGuire, W. J. (1968). Personality and attitude change: an information processing theory. In A. G. Greenwald, T. C. Brock, & T. M. Ostrom (Eds.), *Psychological foundations of attitudes,* (pp.171-196). New York: Academic Press.

McLeod, D. M. & Detenber, B. H., (1999). Framing effects of television news coverage of social protest. *Journal of Communication, 49* (3), 3-23.

McLeod, J. M. & Reeves, B. (1980). On the nature of mass media effects. In S. Withey, & R. Abeles (Eds.), *Television and social behavior: beyond violence and children.* Hillsdale, NJ: Lawrence Erlbaum.

McLeod, J. M., Kosicki, G. M., & Pan, Z. (1991). On understanding and misunderstanding media effect. In J. Curran, & M. Gurevitch, (Eds.), *Mass media and society* (pp.82-117). London: Edward Arnold.

McQuail, D. (1992). Media performance: mass communication and the public interest. London: Newbury Park, Calif.: Sage.

McQuail, D. (1994). *Mass communication theory: an introduction* (3rd ed.). London: Thousand Oaks: Sage.

McQuail, D. (2000). *McQuail's mass communication theory.* London: Sage.

Merrill, J. C. & Lowenstein, R. L. (1971). *Media, messages, and men: new perspectives in communication.* New York : D. McKay.

Mills, J. (1993). The appeal of tragedy: an attitude interpretation. *Basic and Applied Social Psychology, 14,* 255-271.

Mitchell, A. A. (1981). Dimensions of advertising involvement. In K. B. Monroe (Ed.), *Advances in Consumer Research, 8,* (pp.25-30). Ann Arbor, MI: Association for Consumer Research.

Mowen, J. C.(1990). *Consumer behavior* (2nd ed.). N.Y.: Macmillan.

Mueller, B. (1992). Standardization VS specialization: an examination of westernization in Japanese advertising. *Journal of Advertising Research, 32*(1), 15-24.

Munson, J. M. & Shelby, H. M. (1979). Developing practical procedures for the measurement of person values in cross cultural marketing. *Journal of Marketing Research, 16,* 48-52.

Nabi, R. L. (1999). A cognitive-functional model for the effects of discrete negative emotions on information processing, attitude change, and recall. *Communication Theory, 9,* 292-320.

Noelle-Neumann, E. (1989). Advances in spiral of silence research. *Keio Communication*

Review, 10, 3-34.

Ohanian, R. (1991). The impact of celebrity spokesperson's perceived image on consumers intention to purchase. *Journal of Advertising Research, 31* (1), 46-54.

O'Keefe, D. J. (1990). *Persuasion: theory and research.* Newbury Park, CA: Sage.

Oliver, M. B. (1993). Exploring the paradox of the enjoyment of sad films. *Human Communication Research, 19,* 315-342.

Oliver, M. B., Weaver, J. B., & Sargent, S. (2000). An examination of factors related to sex differences in enjoyment of sad films. *Journal of Broadcasting & Electronic Media, 44,* 282-300.

Palmgreen, P.; Wenner, L.A.; Rosengren, K.E. (1985). *Uses and gratifications research: the past ten years.* In: Rosengren, K.E., Wenner, L.A., Palmgreen, P. (Eds.), Media Gratifications Research: Current Perspectives. Sage, Beverly Hills, CA.

Parsigian, E. K. (1992). *Mass media writing.* Hillsdale, NJ: LEA.

Perloff, L. S., and Fetzer, B. K. (1986). Self-other judgments and perceived vulnerability to victimization. *Journal of Personality and Social Psychology, 50,* 502-510.

Perry, S. D., Jenzowsky, S. A., & King, C. M., et al. (1997). Using humorous programs as a vehicle for humorous commercials. *Journal of Communication, 47* (1), 20-39.

Petty, R. E. & Cacioppo, J. T. (1981). *Attitude and persuasion: classic and contemporary approaches.* Dubuque, IA: Wm. C. Brown.

Petty, R. E. & Cacioppo, J. T. (1983). Central and peripheral routes to advertising effectiveness: the moderating role of involvement. *Journal of Consumer Research, 10,* 134-148.

Petty, R. E. & Cacioppo, J. T. (1986a). The elaboration likelihood model of persuasion. *Advances in Experimental Social Psychology, 19,* 123-205.

Petty, R. E. & Cacioppo, J. T. (1986b). *Communication and persuasion: central and peripheral routes to attitude change.* New York: Springer-Verlag.

Petty, R. E., Cacioppo, J. T., & Schumann, D. D. (1983). Central and peripheral routes to advertising effectiveness: the moderating role of involvement. *Journal of Consumer Research, 10,* 135-146.

Pfau, M., Kenski, H. C., Nitz, M., & Sorenson, J. (1990). Efficacy of inoculation strategies in promoting resistance to political attack message: application to direct mail. *Communication Monographs, 88,* 760-763.

Piaget, J. (1979). Correspondences and Transformations (DiLisio, Trans.). In B. M. Frank

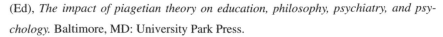

(Ed), *The impact of piagetian theory on education, philosophy, psychiatry, and psychology*. Baltimore, MD: University Park Press.

Plutchik, R. (1980). *Emotion: a psychoevolutionary synthesis*. New York: Harper and Row.

Plutchik, R. (1994). *The psychology and biology of emotion*. New York: HarperCollins College Publishers.

Pratkanis, A. & Aronson, E. (1992). *Age of propaganda: the everyday use and abuse of persuasion*. San Francisco: Freeman.

Reith, M. (1999). Viewing of crime drama and authoritarian aggression: an investigation of the relationship between crime viewing, fear, and aggression. *Journal of Broadcasting & Electronic Media, 43*(2), 211-221.

Richmond, V. P., McCroskey, J. C., & Johnson, A. D. (2003) Development of the Nonverbal Immediacy Scale (NIS): Measures of Self- and Other-Perceived Nonverbal Immediacy. *Communication Quarterly, 51*(4), 504-517.

Rogers, E. M. (1962). *Diffusion of innovations*. New York: Free Press of Glencoe.

Rogers, R. W. (1975). A protection motivation theory of fear appeals and attitude change. *Journal of Psychology, 91,* 93-114.

Rogers, R. W. (1983). Cognitive and physiological processes in fear appeals and attitude change: A revised theory of protection motivation. In Cacioppo, J. R. & Petty, R. E. (Eds.). *Social psychology: A sourcebook,* pp.153-176. New York: Guilford Press.

Roskos-Ewoldsen, D. R. (1997). Implicit theories of persuasion. *Human Communication Research, 24*(1), 31-63.

Rubin, A. & Perse, E. (1987). Audience activity and television news gratifications. *Communication Research, 14,* 58-84.

Ruesch, J. & Kees, W. (1956). *Nonverbal communication: notes on the visual perception of human relations*. Berkeley: University of California Press.

Ryans, J. K. & Donnelly, J. H.(1969). Standardized Global Advertising, a Call As Yet Unanswered. *Journal of Marketing, 33*(2), 57-60.

Schank, R. C. & Abelson, R. P. (1977). *Scripts, plans, goals, and understanding: an inquiry into human knowledge structures*. Hillsdale, NJ: Lawrence Erlbaum.

Schramm, W. L. (1973). *Men, messages, and media: a look at human communication*. New York: Harper & Row.

Sherif, M. (1935). A study of some social factors in perception. *Archives of Psychology, 27,* 1-60.

Sherif, M. (1948). *An outline of social psychology.* New York: Harper & Row.

Sherif, M., Sherif, C., & Nebergall, R. (1965). *Attitude and attitude change: the social judgment-involvement approach.* Philadelphia, PA: W. B. Saunders.

Shoemaker, P. J. (1991). *Gatekeeping.* Newbury Park: Sage.

Shoemaker, P. J., Schooler, C., & Danielson, W. A. (1989). Involvement with the media: recall versus recognition of election information. *Communication Research, 16,* 78-103.

Skumanich, S. A. & Kintsfather, D. P. (1998). Individual media dependency relation within television shopping programming-a casual model reviewed and revised. *Communication Research, 25*(2), 200-219.

Slater, M. D. & Rouner, D. (1996). How message evaluation and source attributes may influence credibility assessment and belief change. *Journalism & Mass Communication Quarterly, 73* (4), 974-991.

Solomon, M. R. (1999). *Consumer behavior* (4th ed.). New Jersey: Prentice-Hall.

Solomon, M. R. (2002). *Consumer behavior-buying, having, and being* (5th ed.), Prentice-Hill International.

Solomon, R. L. & Corbit, J. D. (1974). An opponent-process theory of motivation: I. Temporal dynamics of affects. *Psychological Review, 81,* 119-145.

Solso R. L. (1994). *Cognitive Psychology.* 4th ed. Allyn and Bacon, Needham Heights, MA.

Sommers, M. & Kernan, J. B. (1967). Why products flourish here and fizzle there. *Columbia Journal of World Business March/April,* 89-97.

Sternberg, R. (1998). *In search of the human mind.* NY: Harcourt Brace College.

Sternthal, B. & Craig, S. (1973). Humor in advertising. *Journal of Marketing, 37*(4), 12-18.

Stocking, S. H. & Gross, P. H. (1989). *How do journalists think? a proposal for the study of cognitive bias in newsmaking.* Bloomington, NJ:Indiana University Press.

Strahilevitz, M., & Myers, J. G. (1998). Donations to charity as purchase incentives: How well they work may depend on what you are trying to sell. *Journal of Consumer Research, 24*(4), 434-446.

Tannen, D. (1990). *You Just Don't Understand. Men and Women in Conversation.* New York: William Morrow and Co. Ltd.

Taylor, S. E. & Crocker, J. (1981). Schematic bases of social information processing. In E. T. Higgins, C. A. Harman, & M. P. Zanna, *Social cognition: the ontario symposium on personality and social psychology.* Hillsdale, N J: Lawrence Erlbaum.

Thompson, J. B. (1990). *Ideology and modern culture: critical social theory in the era of mass communications.* Stanford, CA: Stanford University Press.

Tuchman, G. (1972). Objectivity as strategic ritual: an examination of newsman's notions of objectivity. *American Journal of Sociology, 77,* 660-679.

Tuten, T. L., Bosnjak, M., and Bandilla, W. (1999-2000). Banner-advertises web surveys: when weighted against external motivators, content-oriented cues emerge the victor. *Marketing Research, 11*(4), 16-21.

Viswanath, K., Kahn, E. & Finnegan, J. R. Jr. et al. (1993). Motivation and the knowledge gap. *Communication Research, 20*(4), 546.

Vroom, V. H. (1964), *Work and motivation.* New York: John Wiley.

Walker, J. R., Bellamy, Jr. R. V., & Traudt, P. J. (1993). Gratification derived from remote control devices: a survey of adult RCD use. In James R. Walker, & Robert V. Bellamy, Jr. (Eds.), *The remote control in the new age of television.* Westport, Connecticut: Praeger.

Watson, D., Clark, L. A., & Tellegen, A. (1988). Development and validation of brief measures of positive and negative affect: The PANAS scales. *Journal of Personality and Social Psychology, 54,* 1063-1070.

Watson, J. B. (1913). Psychology as the behaviorist reviews it. *Psychological Review, 20*(2), 158-177.

Waugh, N. C. & Norman, D. A. (1965). Primary memory. *Psychological Review, 72,* 89-104.

Waugh, N. C. & NORMAN, D. A. (1965). Primary Memory. *Psychol Review, 72,* 89-104.

Weaver, D. & Wilhoit, G. C. (1992). Journalists-who are they really? *Media Studies Journal, 6*(4), 63-80.

Weaver, J. B. (1991). Exploring the links between personality and media preferences. *Personality and Individual Differences, 12,* 1293-1299.

Weaver, J. B., III, Brosius, H., & Mundorf, N. (1993). Personality and movie preferences: A comparison of American and German audiences. *Personality and Individual Differences, 14,* 307-315.

Weinberger, M. G. & Gulas, C. S. (1992). The impact of humor in advertising: a review. *Journal of Advertising, 21*(4), 35-59.

Weinberger, M. G., Spotts, H. E. & Campbell, L., et al. (1995). The use and effect of humor in different advertising media. *Journal of Advertising Research, 35*(3), 44-56.

Wenner, L. A. (1983). Political news on television: A reconsideration of audience orientations. *The western Journal of Speech Communication, 47,* 380-395.

Whitney, D. C. & Becker, L. B. (1982). Keeping the gates for gatekeepers: the effects of wire news. *Journalism Quarterly, 59,* 60-65.

Wicker, A. W. (1969). Attitudes versus actions: the relationship of verbal and overt behavioral responses to attitude objects. *Journal of Social Issues, 25*(4), 41-78.

Wicks, R. H. (1992). Schema theory and measurement in mass communication research: theoretical and methodological issues. In S. A. Deetz (Ed.), *News Information Processing, Communication Yearbook, 15.*

Witte, K. (1992). Putting fear back into fear appeals: The extended parallel process model. *Communication Monographs, 59,* 329-349.

Witte, K., & Allen, M. (1996). *When do scare tactics work?: A meta-analysis of fear appeals.* Paper presented at the annual meeting of the Speech Communication Association, San Diego, CA.

Wober, G. & Gunter, B. (1988). *Television and social control.* Aledershot, UK: Avebury.

Wu, B., Kenneth, C., & Martha R. (1989). Humor and comparatives in ads for high- and low- involvement products. *Journalism Quarterly, 66,* 653-661.

Zaichkowsky, J. L. (1986). Conceptualizing involvement. *Journal of Advertising, 15* (2), 4-14.

Zaltman, G., Duncan, R., & Holbek, J. (1973). *Innovations and organizations.* New York: John Wiley & Sons.

Zillmann, D. & Wakshlag, J. (1985). Fear of victimization and the appeal of crime drama. In D. Zillmann & J. Bryant (Eds.), *Selective exposure to communication* (pp. 141-156). Hillsdale, NJ: Erlbaum.

Zillmann, D. (1971). Excitation transfer in communication-mediated aggressive behavior. *Journal of Experimental Social Psychology, 7,* 419-434.

Zillmann, D. (1980). Anatomy of suspense. In P. H. Tannenbaum (Ed.), *The entertainment function of television* (pp. 133-163). Hillsdale, NJ: Erlbaum.

Zillmann, D. (1983). Disparagement humor. In P. E. McGhee & J. N. Goldstein (Eds.), *Handbook of humor research* (Vol. 1, pp. 85-108). New York: Spring-Verlag.

Zillmann, D. (1988). Mood management: using entertainment to full advantage. In L. Donohow & H. E. Sypher (Eds.), *Communication, social cognition, and affect.* (pp.149-171). Hillsdale, NJ: Erlbaum.

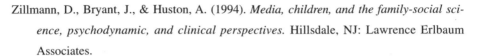
Zillmann, D., Bryant, J., & Huston, A. (1994). *Media, children, and the family-social science, psychodynamic, and clinical perspectives.* Hillsdale, NJ: Lawrence Erlbaum Associates.

Zillmann, D., Johnson, R. C., & Day, K. D. (1974). Attribution of apparent arousal and proficiency of recovery from sympathetic activation affecting excitation transfer to aggressive behavior. *Journal of Experimental Social Psychology, 10*(6), 503-515.

Zimbardo, P. G. (1992). *Psychology and life* (3rd ed.). New York: Harper Colins.

Zubayr, C. (1999). The loyal viewer? patterns of repeat viewing in Germany. *Journal of Broadcasting & Electronic Media. 43*(3), 346-363.

新聞傳播系列1

傳播心理學

編 著 者／錢玉芬

出 版 者／威仕曼文化事業股份有限公司

發 行 人／葉忠賢

總 編 輯／閻富萍

地 　　址／台北縣深坑鄉北深路三段260號8樓

電 　　話／(02)8662-6826

傳 　　真／(02)2664-7633

郵撥帳號／19735365

戶 　　名／葉忠賢

印 　　刷／大象彩色印刷製版股份有限公司

ISBN ／978-986-82142-3-1

初版四刷／2013年9月

定 　　價／新台幣450元

國家圖書館出版品預行編目資料

傳播心理學 = Communication psychology / 錢
玉芬編著. -- 初版. -- 臺北縣深坑鄉：威仕
曼文化, 2007[民 96]
　　面；　公分. -- (新聞傳播系列 ; 1)
　參考書目：面
　ISBN 978-986-82142-3-1(平裝)

　1. 傳播心理學

541.83014　　　　　　　　　　96000233